GRAMMAIRE
FRANÇAISE

Sur un plan entièrement nouveau

DIVISÉE EN CINQ PARTIES :

CONJUGAISON, ANALYSE GRAMMATICALE,
ANALYSE LOGIQUE,
ORTHOGRAPHE DE PRINCIPES, ET ORTHOLOGIE ;

PAR

P.-A. CLOUZET aîné,

Professeur de Belles-Lettres, et Auteur de différents ouvrages
didactiques ; Fondateur et Directeur du Journal d'Éducation.

—————

3me ÉDITION, REVUE ET AUGMENTÉE

Adoptée dans plusieurs Maisons d'Éducation

PRIX : 1 fr. 50 c.

Multi paucis
Ne quid nimis

PARIS,	**BORDEAUX.**
CHEZ	CHEZ L'AUTEUR.
FONTENEY ET PELTIER	Rue Porte-Dijeaux, 45.
Rue de Condé, 28.	À côté du Bureau de l'Indicateur.

1856.

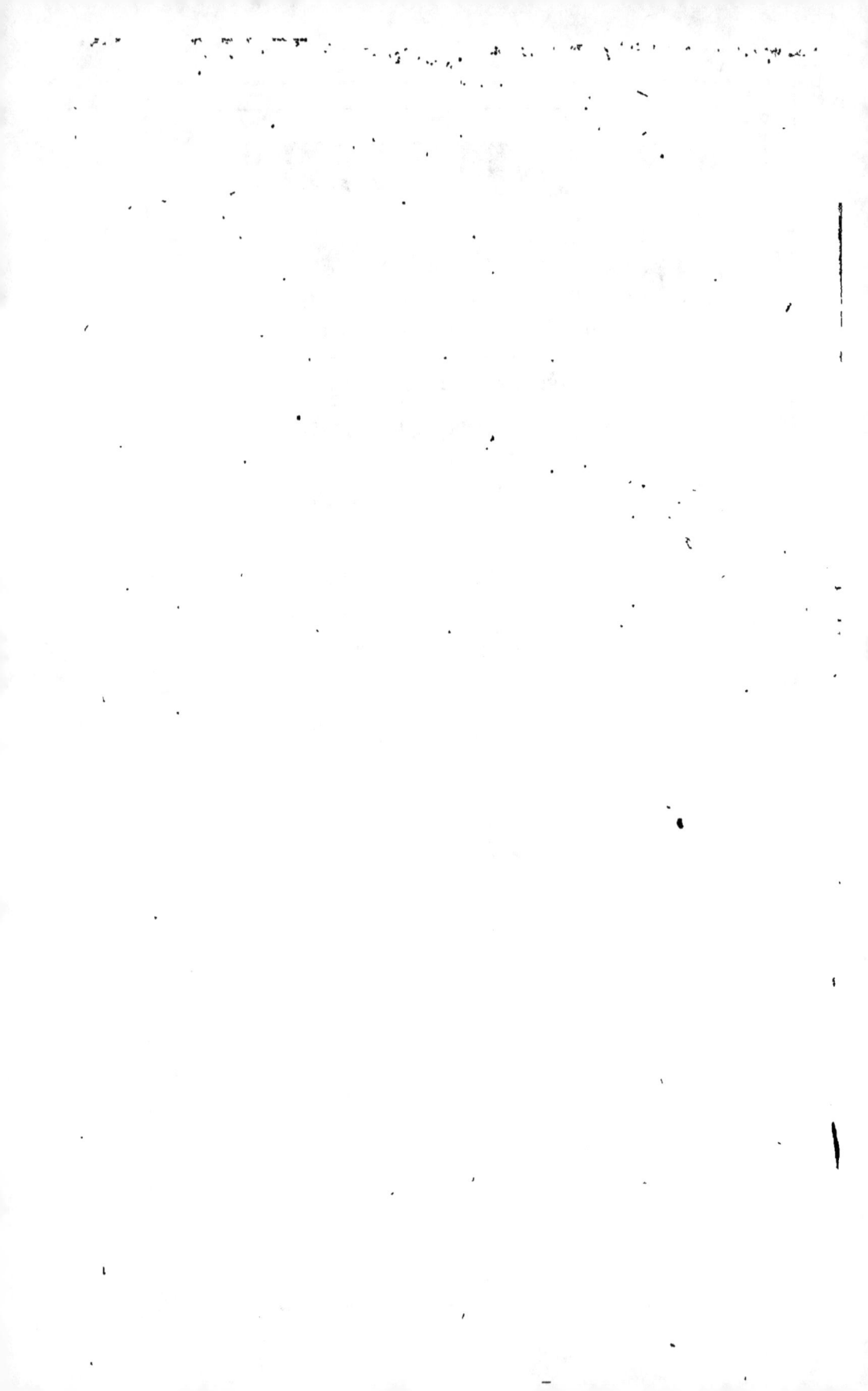

COURS

D'ÉTUDES GRAMMATICALES.(*)

3me DEGRÉ.

(*) Ce Cours se compose de 3 ouvrages :

1o INTRODUCTION A L'ÉTUDE DE LA GRAMMAIRE FRANÇAISE, ou EXERCICES D'ORTHOGRAPHE pour le 1er et le 2e âge.

2o GRAMMAIRE DES COMMENÇANTS. — Et Exercices.

3o GRAMMAIRE FRANÇAISE SUR UN PLAN ENTIÈREMENT NOUVEAU. — Et Exercices.

OUVRAGES DE M. CLOUZET aîné.

Le Livre des Mères de famille pour la première instruction de leurs Enfants, ou Connaissances diverses pour le 1er et le 2e âge. — In-18.

Division de la Grammaire, ou Plan d'une Grammaire complète de la langue française. — Tableau synoptique.

Introduction à l'étude de la Grammaire française, ou Exercices d'Orthographe pour le 1er et le 2e âge, et en général pour tout commençant. — In-18. (11e édition.)

Petit Traité d'Orthographe, ou Recueil des Règles d'Orthographe les plus utiles pour les commençants, et dont on trouve l'application dans l'ouvrage précédent. — In-18. (2e édition.)

Grammaire des Commençants, divisée en 3 parties : Conjugaison, Analyse grammaticale, et Orthographe de principes ; avec des *Exercices* sur chacune de ces parties. — In-12. (5e édition.)

Grammaire française sur un plan entièrement nouveau, divisée en 5 parties : Conjugaison, Analyse grammaticale, Analyse logique, Orthographe de principes, et Orthologie. — In-12. (3e édition.)

Programme de Questions sur les 3 premières parties de cette Grammaire. — In-12.

Petite Épreuve offerte à ceux qui croient savoir l'Orthographe. — In-8.

Exercices de Prononciation française, à l'usage des Étrangers, des Enfants, et des personnes qui ont quelque vice de prononciation. — In-18.

Modèle des quatre conjugaisons et des différentes espèces de Verbes de la langue française. — Grand Tableau synoptique.

Mécanisme de la Conjugaison française, et Application de ce Mécanisme à plus de 1600 Verbes considérés, mal-à-propos, par la plupart des Grammairiens, comme difficiles ou irréguliers. — In-12, avec Tableau synoptique.

De l'Analyse grammaticale. — Traité complet en 3 grands Tableaux synoptiques.

Petit Traité-pratique des Participes. — In-32. (4e édition.)

Résumé des Principes de la Sténographie. (Système d'Aimé Paris.) 2e édition. (Ouvrage épuisé.)

Pensées morales et Poésies, écrites en caractères sténographiques (d'après le système d'Aimé Paris). — In-12. (Ouvrage épuisé.)

Centiloquium, ou Recueil de 100 Maximes écrites en caractères sténographiques (d'après le système d'Aimé Paris). — In-24.

Mélanges en Prose et en Vers, écrits en caractères sténographiques (d'après le système de Bertin). — In-12.

Jeu de tout un peu. — Jeu amusant et instructif pour tous les âges, dédié à ses Élèves. — In-18. (Ouvrage épuisé.)

Échelle des Peuples, ou Epoques de leur origine. — Tableau synoptique.

Questions de Chronologie et d'Histoire de France, avec les Réponses. — In-8.

Cent Dates de l'Histoire de France. — In-8.

Premières Leçons de Géographie ancienne. — In-8.

Tableau de la Numération, pour apprendre à lire et à écrire tous les nombres.

Tableau du Système Métrique, pour apprendre les nouvelles mesures.

Arithmétique des Enfants et de tout commençant. — In-8.

Problèmes sur toutes les parties de l'Arithmétique, suivis de Problèmes donnés aux Examens de l'Hôtel-de-Ville de Bordeaux. — In-8.

Bibliothèque d'une Jeune personne. (Guide des Familles pour le Choix des Livres.) — In-8.

L'Harmonie en Exemples ou **Harmonie-pratique des Jeunes pianistes.** — Recueil d'Accords, de Modulations, de Progressions ou Marches d'Harmonie, etc., pour servir de préparation à l'étude de cette science. — In-4. (Nouvelle édition.)

Journal d'Éducation. (12 cahiers in-8, par an. — Prix : 10 francs par an, payables 5 francs tous les six mois.) — Ce Journal paraît depuis le 1er Novembre 1849.

GRAMMAIRE

FRANÇAISE

Sur un Plan entièrement nouveau,

DIVISÉE EN CINQ PARTIES :

CONJUGAISON, ANALYSE GRAMMATICALE, ANÁLYSE LOGIQUE, ORTHOGRAPHE DE PRINCIPES, ET ORTHOLOGIE;

PAR

P.-A. CLOUZET aîné,

Professeur de Belles-Lettres, et Auteur de différents ouvrages didactiques; Fondateur et Directeur du Journal d'Éducation.

3me ÉDITION, REVUE ET AUGMENTÉE,

Adoptée dans plusieurs Maisons d'Éducation.

PRIX : 1 fr. 50 c.

Multa paucis.
Ne quid nimis.

BORDEAUX,

CHEZ L'AUTEUR, RUE PORTE-DIJEAUX, 45,

(A côté du Bureau de l'*Indicateur*, près de la place Puy-Paulin.)

ET CHEZ LES PRINCIPAUX LIBRAIRES.

1856.

Les exemplaires non revêtus de la signature de l'Auteur seront réputés contrefaits.

Bordeaux. — Imprimerie de BALARAC JEUNE,
7, Rue du Temple.

PRÉFACE.

La plupart des grammaires pèchent par le *plan* et par la *rédaction*, choses cependant indispensables dans les ouvrages destinés à l'enseignement.

Pour ce qui regarde le *plan*, une expérience de plusieurs années m'a convaincu qu'une grammaire de la langue française doit avoir plus de divisions qu'on ne lui en donne ordinairement ; ainsi la *Conjugaison*, l'*Analyse grammaticale*, et surtout l'*Orthographe de principes* doivent être traitées séparément et former autant de parties distinctes ; et puisque la Grammaire est l'art de *parler et d'écrire*, pourquoi mêler sans cesse ces deux choses, si différentes de leur nature ? D'ailleurs cette division de la Grammaire en langue parlée (ou *Orthologie*) et en langue écrite (ou *Orthographe*) simplifie l'enseignement et permet de mettre plus d'ordre dans les études grammaticales ; mais ce qui doit surtout faire détacher l'Orthographe de l'Orthologie, c'est que l'Orthographe est d'une utilité plus générale, et que le besoin s'en fait sentir avec plus de force. La langue parlée est un instrument que nous manions depuis notre enfance ; la pratique de tous les jours et la lecture le perfectionnent à notre insu et sans effort. Il n'en est pas de même de la langue écrite ; ici tout doit être appris, car les difficultés viennent nous arrêter à chaque mot, et nous sommes d'autant plus timides que la langue écrite laisse des traces qui peuvent témoigner de notre ignorance.

Quant à la *rédaction*, les grammaires sont loin d'ê-tre écrites avec cette simplicité si désirable dans les ouvrages didactiques. Les définitions sont en général conçues dans des termes qui ont besoin d'être eux-mêmes définis, défaut bien grave, quoique très-commun, et que ne soupçonnent même pas les auteurs de ces ouvrages, parce que l'esprit de celui *qui sait* descend rarement pour se mettre à la portée de celui *qui ne sait pas.* De plus, des questions oiseuses occupent la place des choses utiles ; et les règles s'appuient sur des théories d'un ordre si élevé que ces théories supposent une grande habitude du raisonnement et de cette analyse rigoureuse qui tend à faire de la Grammaire une science presque exacte.

Enfin, les exemples cités à l'appui des règles sont trop longs ; le sujet et le style en sont trop élevés ou trop abstraits, la plupart étant pris dans les Poètes, les Orateurs, et les Moralistes.

J'ai cherché, dans cet ouvrage, à éviter les défauts signalés ici. Voici le *plan* que j'ai suivi.

Cette Grammaire est divisée en 5 parties, qui donnent la solution d'autant de problèmes généraux auxquels se rapportent toutes les difficultés grammaticales.

1re Partie : **CONJUGAISON.** *Un verbe quelconque (régulier ou irrégulier, actif, passif, ou autre) étant donné, le faire passer par toutes ses formes, en un mot le conjuguer.*

Quoique la Conjugaison appartienne à l'Orthographe et à l'Orthologie, objets de la 4e et de la 5e partie, elle a été placée en tête de la Grammaire, parce que *la Conjugaison est l'âme des langues.* On ne saurait donc en acquérir trop tôt la connaissance.

Cette partie est traitée d'une manière tout-à-fait *neuve et complète.*

2ᵉ Partie : **ANALYSE GRAMMATICALE.**

Une phrase étant donnée, rendre compte de tous les mots qui la composent, en considérant ces mots d'abord isolément, ensuite en rapport les uns avec les autres.

On trouvera dans l'*Analyse grammaticale* des observations qui n'avaient pas encore été faites, même dans les traités spéciaux sur cette matière. Les *Tables* des Adjectifs, des Pronoms, des Prépositions, etc., etc., sont complètes. Enfin un nouveau *Modèle d'Analyse* termine cette partie si importante.

3ᵉ Partie : **ANALYSE LOGIQUE.** *Une proposition étant donnée, en désigner les parties constitutives ; puis considérer la proposition dans son ensemble ; et enfin dans ses rapports avec les autres propositions.*

L'*Analyse logique* est présentée d'une manière moins diffuse et plus complète. Une nouvelle *Méthode d'analyse* plus simple et plus rapide termine aussi cette partie.

L'Analyse grammaticale et l'Analyse logique doivent précéder l'étude de l'Orthographe de principes et de l'Orthologie ; car sans cette préparation, il est impossible de comprendre le *langage grammatical.*

4ᵉ Partie : **ORTHOGRAPHE DE PRINCIPES.** *Une phrase étant dictée, l'écrire avec exactitude sous le rapport grammatical, (car l'orthographe d'usage ne s'apprend pas dans les grammaires).*

5ᵉ Partie : **ORTHOLOGIE.** *Une pensée se présentant à l'esprit, l'exprimer avec correction, tant pour l'emploi des mots que pour leur arrangement.*

Ces 5 parties sont précédées de NOTIONS PRÉLIMINAIRES dont la plupart, quoique utiles, ne se trouvent pas dans les ouvrages élémentaires. (*)

(*) Quant à la *Prononciation*, ce n'est pas dans une Grammaire élémentaire que la prononciation d'une langue peut être traitée convenablement : cette partie si importante exigerait trop de place. Un Dictionnaire où la prononciation serait indiquée avec les développements nécessaires, manque encore en 1856 ; on peut cependant consulter avec fruit ceux de *Gattel*, de *Wailly*, de *Catineau*, de *Noël*, etc., ainsi que les ouvrages de *Dubroca*, de *Lemare*, de *Colson*, de *Morin* (de Clagny), etc , sur la Prononciation.

Quelques mots sur cette nouvelle édition.

—

Cette nouvelle édition a été revue avec le plus grand soin. Il n'y a pas une page qui n'ait subi quelque modification. De nombreuses additions ont été faites, surtout dans les quatre dernières parties; mais rien n'a été changé au plan, malgré les conseils de plusieurs personnes qui auraient désiré que je me rapprochasse de la *forme* généralement suivie, parce que (disaient ces personnes) la division de ma Grammaire, en 5 parties, trouble les Élèves qui ont déjà étudié dans d'autres ouvrages, et dérange les habitudes des Maîtres. On conçoit aisément que je n'aie pas dû me rendre à des considérations de ce genre : de semblables concessions faites à l'usage et aux habitudes empêcheraient toute amélioration dans l'enseignement. Ce qu'il faut examiner dans un ouvrage nouveau, c'est le plan et les avantages qu'on doit en attendre. J'ai fait connaître dans la Préface qui précède les motifs qui m'ont déterminé à changer le *plan* des Grammaires, plan vicieux selon moi; je renvoie donc à cette Préface pour ne pas me répéter ici. Seulement j'ajouterai que les avantages que retirent de cet ordre nouveau ceux qui ont adopté mon ouvrage, peuvent bien balancer les inconvénients qu'on m'oppose. D'ailleurs quelques semaines de pratique suffiront aux Maîtres et aux Élèves pour se familiariser avec la marche que j'indique.

J'aurais pu traiter certaines parties avec plus de développements, apporter dans les définitions plus d'esprit de critique, et changer, par exemple, la dénomination défectueuse des Temps des verbes, enfin introduire dans le cours de l'ouvrage de hautes considérations, et faire connaître les nouvelles théories des Grammairiens modernes... Si dans cette nouvelle édition je n'ai pas changé ma manière d'exposer les règles, c'est que je crois qu'une *Grammaire élémentaire* ne comporte pas de si hautes considérations, et qu'en définitive le principal dans l'enseignement est de s'entendre, de distinguer les faits, de ne pas confondre un

Verbe avec une Préposition, un Adjectif avec un Adverbe, etc. etc. — On attache en général trop d'importance à toutes ces théories. Ceux qui voudraient qu'on apportât dans l'enseignement grammatical cette rigueur de raisonnement, cette logique inflexible qu'on retrouve dans les sciences exactes, oublient que la trace de l'origine et de la formation des langues est entièrement disparue, que plusieurs anneaux de cette immense chaîne qui remonte au premier homme, sont rompus et perdus pour toujours..... Mais en supposant qu'il fût possible de traiter la Grammaire avec cette exactitude logique, si estimable du reste, faudrait-il le faire dans un enseignement élémentaire et classique ? Je n'hésite pas à me prononcer pour la négative, car il ne s'agit pas de faire des Grammairiens raisonneurs et métaphysiciens, mais bien de donner aux élèves le plus de connaissances pratiques qu'il est possible, et de leur enseigner à se servir avec facilité de la langue maternelle soit parlée, soit écrite. Plus tard ils pourront étudier la Grammaire à la manière des logiciens, mais pour le moment toutes ces belles théories, toutes ces savantes dissertations sont inutiles. (1)

La Grammaire générale seule peut être traitée avec quelque exactitude de raisonnement ; la Grammaire particulière ne peut pas l'être, parce qu'il y a trop d'exceptions aux règles générales ; en effet comment soumettre à l'analyse tant de bizarreries, tant d'irrégularités que l'usage a érigées en lois ? (2) — Mais la Grammaire générale ne peut convenir qu'à ceux qui ont déjà fait quelques études grammaticales, qui ont l'habitude du raisonnement ; à ceux, en

---

(1) Il est temps que l'enseignement de la Grammaire rentre dans cette partie *utile* et vraiment *positive* dont on n'aurait jamais dû s'écarter. Ce sont probablement les inutilités et les divagations métaphysiques qu'enfantent souvent les discussions grammaticales qui faisaient dire à Athénée : *Après les charlatans, je ne connais pas de plus grands fous que les Grammairiens.*

(2). . . . . si volet usus,
Quem penes arbitrium est, et jus, et norma loquendi.
(HORACE. — Art poétique.)

un mot, qui ont l'esprit préparé à la comprendre. Auparavant il faut connaître le mécanisme de la Langue, il faut savoir comment on exprime correctement ses pensées et comment on les orthographie. J'ai fait cette Grammaire pour conduire à ce résultat ; quand on saura ce qu'elle contient, on pourra passer aux beaux ouvrages de Condillac, de Court-de-Gébelin, de Lemare, de Destutt-Tracy, etc., sur la philosophie du langage.

Enfin, pour terminer ma justification à cet égard, je dirai avec le célèbre Vinet, un des hommes qui ont le plus honoré le professorat à Bordeaux : « *Je n'écris pas pour* » *les doctes : ils n'ont besoin ni de moi, ni de mes livres.* »

GRAMMAIRE
FRANÇAISE.

DE LA GRAMMAIRE, COMMENT ON LA DIVISE.

1. La Grammaire est l'art de parler et d'écrire. C'est la science du langage.

2. La Grammaire se divise donc en 2 parties principales : l'art de parler ou *Orthologie,* et l'art d'écrire ou *Orthographe.*

3. Voici l'ordre à suivre dans l'étude de la Grammaire : on doit d'abord s'occuper de la *Conjugaison.* qui appartient à l'Orthologie et à l'Orthographe, et dont la connaissance ne saurait trop tôt s'acquérir ; car la Conjugaison est l'âme des langues.

Puis on passera à *l'Analyse grammaticale* et à l'*Analyse logique,* sans lesquelles il est impossible de comprendre le langage grammatical.

Enfin on arrivera, ainsi préparé, à l'*Orthographe de principes,* et l'on terminera par l'*Orthologie.*

De sorte qu'un Cours de Grammaire peut se diviser en 5 parties, précédées de *Notions préliminaires.* Voici l'ordre de ces parties :

Notions préliminaires.

1. Conjugaison.
2. Analyse grammaticale.
3. Analyse logique.
4. Orthographe de principes.
5. Orthologie.

Cependant on peut mener de front plusieurs de ces parties (les 2 premières : la Conjugaison et l'Analyse grammaticale), surtout si l'élève est intelligent et laborieux.

NOTIONS PRÉLIMINAIRES.

DES PHRASES , DES MOTS , DES SYLLABES ,
ET DES LETTRES.

4. Une phrase est une réunion de mots formant un sens complet : *la santé est préférable à la fortune.*

5. Un mot est l'expression d'une idée : *demain, courir, joli, affreux.*

6. Une syllabe est ce qu'on peut prononcer d'un seul mouvement de bouche. Le mot *bonté* exigeant deux mouvements de bouche *(bon-té)* renferme deux syllabes.

7. Pour savoir combien il y a de syllabes dans un mot, il faut compter combien de fois on peut s'arrêter en prononçant ce mot. Ainsi, dans *amicalement* on peut s'arrêter 5 fois *(a-mi-ca-le-ment);* donc il y a 5 syllabes dans ce mot.

8. Une syllabe est composée d'une ou de plusieurs lettres : *a-mour.* — *Nota.* Il peut y avoir jusqu'à 8 lettres dans une syllabe : *ils tra-va-*ILLAIENT.

9. Un mot qui n'a qu'une syllabe, s'appelle un *monosyllabe : mon chien et mon chat me sont plus chers qu'un tas de gens sans feu ni lieu, sans biens, ni foi, ni mœurs, ni loi.*

10. Un mot de plusieurs syllabes s'appelle un *polysyllabe : bon-té, cha-ri-té, cer-ti-tu-de.*

11. Un mot de 2 syllabes s'appelle un *dissyllabe : couteau.*

12. Un mot de 3 syllabes s'appelle un *trissyllabe : re-gar-dez.*

13. Il y a 26 lettres dans l'alphabet : *a, b, c, d, e, f, g, h, i, j, k, l, m, n, o, p, q, r, s, t, u, v, w, x, y, z.*

14. Ces 26 lettres se divisent en *voyelles* et en *consonnes.*

15. Il y a 6 voyelles : *a, e, i, o, u, y.*

16. Il y a 20 consonnes : *b, c, d, f, g, h, j, k, l, m, n, p, q, r, s, t, v, w, x, z.*

17. Ce signe : & veut dire le mot *et.*

OBSERVATIONS SUR QUELQUES LETTRES.

18. Il y a 3 sortes d'*e* : l'*e muet,* l'*e fermé,* et l'*e ouvert.*

19. L'*e muet* est celui qu'on entend très-peu : *il cri*E, et quelquefois qu'on n'entend pas du tout : *j'envoi*E.

20. L'*e fermé* est celui qui se prononce en serrant les dents, et par conséquent la bouche presque fermée : *vé*rité.

21. L'*e ouvert* est celui qui se prononce la bouche plus ou moins ouverte : *procès, tête, père*.

22. Il y a 2 sortes d'*h* : l'*h muette* et l'*h aspirée*.

23. L'*h muette* est celle qui n'empêche pas la liaison des mots : *les* Hommeş Heureux.

24. L'*h aspirée* est celle qui empêche la liaison des mots : *les* Hussards Hardis.

25. Il y a 2 sortes d'*l* : l'*l liquide* et l'*l mouillée*.

26. L'*l liquide* est celle qui se prononce comme dans les mots : *baL , LIquide*.

27. L'*l mouillée* est celle qui se prononce comme dans les mots : *travaiL , mouiLLée*.

28. Quand l'*l* est mouillée, elle est précédée d'un *i*.

Nota. Cela ne veut pas dire que toutes les fois qu'une *l* est précédée d'un *i*, elle soit nécessairement mouillée; car elle ne l'est pas dans *viLLe, distiLLation, vaciLLation, scintiLLation, osciLLation, titiLLation,* etc.

29. L'*s* entre deux voyelles se prononce comme un *z* : *rose*.

Nota. Il y a cependant quelques exceptions : *entresol, monosyllabe, polysyllabe, désuétude,* etc.

30. L'*y* se prononce de deux manières : comme un *i*, ou comme deux *i*.

L'*y* se prononce comme deux *i*, quand il est dans l'intérieur d'un mot après une voyelle : *moyen* (prononcez : *moi-ïen*); *pays* (prononcez : *pai-is*).

L'*y* se prononce comme un *i* dans tout autre cas, c'est-à-dire, s'il n'est pas après une voyelle : *mystère* (prononcez : *mistère*); ou s'il est après une voyelle, mais à la fin d'un mot : *dey* (prononcez : *dei*).

31. Il y a, dans l'alphabet, six lettres qu'on pourrait considérer comme inutiles : *c , k , x , y , h , w*.

32. En effet : *c* pourrait être remplacé par *q* : *roc*,
ou par *s* : *ceci*.

k peut être remplacé par *q* : *kyrielle*.

x peut être remplacé par *qs* : *taxe*,
ou par *gz* : *exemple*.

y peut être remplacé par *un i* : *mystère*,
ou par *deux i* : *moyen*.

h n'a pas de son : *homme, héros*.

w peut être remplacé par *v* : *Norwége*,
ou par *ou* : *Wist*.

DU NOM ET DE LA PRONONCIATION DES LETTRES.

33. Le *nom* des lettres et la *prononciation* des lettres ne sont pas une seule et même chose, car la lettre *b* se

nomme *un bé* et se prononce *be*, comme dans *Job ;* la lettre *f* se nomme *une èfe* et se prononce *fe,* comme dans vif, etc.

34. Sur les six voyelles, il y en a quatre ; savoir : *a, i, o, u,* qui se nomment et se prononcent de même ; en effet, la voyelle *a* se nomme *un a* et se prononce *a,* comme dans *il pria ;* et ainsi des voyelles *i, o, u.*

Les deux autres voyelles *e, y,* se nomment d'une manière et se prononcent d'une autre, car la voyelle *e* se nomme *un é* et se prononce tantôt comme un *e muet : monde ;* tantôt comme un *e fermé : dormez ;* et enfin comme un *e ouvert : autel.* — La voyelle *y* se nomme *un i grec* et se prononce tantôt comme un *i : mystère ;* tantôt comme deux *i : moyen.*

35. Quant aux consonnes, elles se nomment toutes d'une manière et se prononcent d'une autre.

36. Voici le *Tableau des Consonnes* avec leur nom et leur prononciation :

CONSONNES.	NOMS.	PRONONCIATION.
B.	bé.	beu.
C.	cé.	queu *ou* seu.
D.	dé.	deu.
F.	èfe.	feu.
G.	gé.	gueu *ou* jeu.
H.	ache.	*nulle de prononciation.*
J.	ji.	jeu.
K.	ka.	queu.
L.	èle.	leu.
M.	ème.	meu.
N.	ène.	neu.
P.	pé.	peu.
Q.	qu.	queu.
R.	ère.	reu.
S.	esse.	seu.
T.	té.	teu.
V.	vé.	veu.
W.	double vé.	veu *ou* ou.
X.	ixe.	qseu *ou* gzeu.
Z.	zède.	zeu.

DU GENRE DES LETTRES.

37. Les lettres ne sont pas toutes du même genre, car on dit : *un a, un b,* au masculin ; et *une f, une h,* au féminin.

38. Les voyelles sont toutes du masculin : *un a, un é, un i,* etc.

39. Quant aux consonnes, les unes sont du masculin, les autres sont du féminin ; voici les règles à cet égard :

1° Les consonnes dont le *nom* commence par une consonne, sont du masculin : *un b, un c, un d*, etc.

2° Les consonnes dont le *nom* commence par une voyelle, sont du féminin : *une f, une h, une l*, etc.

Excepté *un x*, qui est du masculin, quoique son nom commence par une voyelle *(ixe)*.

DES ACCENTS, DE L'APOSTROPHE, DU TRÉMA,
DE LA CÉDILLE, ET DU TRAIT D'UNION.

40. Il y a 3 sortes d'accents : l'accent *aigu* ('), l'accent *grave* (`), et l'accent *circonflexe* (^).

41. L'accent aigu se met sur la voyelle *é* : *été*.

42. L'accent grave se met sur les 3 voyelles *à, è, ù* : *voilà, père, où*.

43. L'accent circonflexe se met sur les 5 voyelles *â, ê, î, ô, û* : *bâtir, tête, île, côte, flûte*.

44. L'*apostrophe* est une espèce d'accent qui se met entre deux lettres pour indiquer qu'il y a une voyelle supprimée.

45. L'apostrophe peut tenir la place d'une des 3 voyelles *a, e, i* : *l'épée* (pour *la épée*), *l'arbre* (pour *le arbre*), *s'il veut* (pour *si il veut*).

46. Il y a vingt mots où l'on emploie une apostrophe ; savoir :

    1 mot où l'apostrophe tient la place d'un *a : la*.

    18 mots où l'apostrophe tient la place d'un *e : je, me, te, se, ce, de, ne, le, que, quelque, lorsque, quoique, puisque, jusque, presque, entre, grande, prude*.

    1 mot où l'apostrophe tient la place d'un *i : si*.

Total : 20 mots.

47. On appelle *tréma* deux points qu'on place sur une voyelle pour la faire prononcer séparément de celle qui précède, comme dans *haïr*, qu'on doit prononcer *ha-ïr*, et non pas *hair*.

48. Le tréma se place sur les trois voyelles *ë, ï, ü* : *ciguë, aïeul, Esaü*.

49. La *cédille* est un petit signe qu'on place sous le *c*, pour lui donner le son de l's : *façade*.

50. La cédille ne s'emploie que devant les trois voyelles *a, o, u : façade, façon, reçu*.

51. Le *trait d'union* (ou tiret) est un petit trait qu'on met entre deux mots pour les joindre : *contre-danse*, *peut-être*, *arc-en-ciel*.

52. Les *guillemets* sont formés de deux petites virgules très-rapprochées (» «), elles servent à indiquer une citation :

> « Faites toujours le bien, et n'allez pas le dire :
> « Que ce ne soit jamais l'orgueil qui vous l'inspire. »

53. Les *parenthèses* sont deux crochets qui servent à renfermer un ou plusieurs mots : *la modération (dit Voltaire) est le trésor du sage.*

54. L'*astérisque* (*) est une petite étoile qui renvoie au bas d'une page pour une note, ou qu'on place devant certains mots ou certaines lignes pour les faire remarquer.

55. Une *accolade* est formée de deux traits arrondis et réunis en un point qu'on appelle le *bec de l'accolade*; une accolade sert à joindre plusieurs lignes ou plusieurs mots.

56. Ce signe : &c. ou etc. se prononce *et cætera*, il signifie : *et autres choses du même genre que celles qui précèdent.* (C'est une abréviation des deux mots latins *et cætera.*)

57. Ce signe § s'appelle un *paragraphe*; il sert à indiquer une division dans un chapitre, dans un discours, etc.

58. Une ligne rentrée en dedans s'appelle un *alinéa.*

59. Lorsqu'on quitte la ligne où l'on est, pour en commencer une autre qu'on rentre en dedans, cela s'appelle *aller à la ligne* ou *faire un alinéa.*

DES SIGNES DE LA PONCTUATION.

60. Il y a 8 signes de ponctuation, savoir : la virgule (,), le point-virgule (;), le point (.), les deux points (:), le point d'interrogation (?), le point d'exclamation (!), les points de suspension (........), et le trait de séparation ou d'interlocution (—).

On verra plus tard les règles de la Ponctuation.

DE QUELQUES CARACTÈRES D'IMPRIMERIE.

61. Une grande lettre s'appelle une *majuscule*, ou une *capitale.*

62. Une petite lettre, ou lettre ordinaire, s'appelle une *minuscule.*

63. La première lettre d'un mot s'appelle l'*initiale.*

64. Le caractère d'imprimerie qui est *droit*, s'appelle *caractère romain*.

65. Le caractère d'imprimerie qui est penché, comme l'écriture, s'appelle *caractère italique*.

66. Quand on copie dans un livre imprimé et qu'on trouve des mots en caractères italiques, il faut les souligner, c'est-à-dire faire une petite ligne, un petit trait au dessous.

DES EFFETS DE VOIX DE LA LANGUE FRANÇAISE.

67. Il y a dans la prononciation des mots de la langue française 30 *effets de voix*.

68. On divise ces 30 effets de voix en *Sons* et en *Articulations*.

69. Un son est un effet de voix *susceptible d'être prolongé* : *a, é, ou, eu, an, on*, etc.

70. Une articulation est un effet de voix *qu'on ne peut pas prolonger* : *b, d, f, ch, gn*, etc.

71. Il y a douze sons :

1. a,	comme dans so*f*a.	7. eu,	comme dans adi*eu*.
2. é,	—	ét*é*.	8. ou,	—	bij*ou*.
3. è,	—	procè*s*.	9. an,	—	océ*an*.
4. i,	—	lund*i*.	10. in,	—	rais*in*.
5. o,	—	cacao.	11. on,	—	li*on*.
6. u,	—	vert*u*.	12. un,	—	chac*un*.

72. Il y a dix-huit articulations :

1. b, comme dans Jo*b*.
2. d,   — su*d*.
3. f,   — vi*f*.
4. g,   — zigza*g*.
5. j,   — que dis-*j*e?
6. l,   — aute*l*.
7. m,   — Abraha*m*.
8. n,   — hyme*n*.
9. p,   — ca*p*.
10. q,   — co*q*.
11. r,   — tréso*r*.
12. s,   — jadi*s*.
13. t,   — chu*t*.
14. v,   — ca*v*e.
15. z,   — ga*z*e.
16. ch,   — mou*ch*e.
17. gn,   — ga*gn*e.
18. ill,   — feu*ill*e.

73. On peut classer ces articulations de deux manières.

74. 1re Classification des articulations, d'après l'*organe* (ou partie de la bouche) qui sert principalement à les prononcer :

1º Artic. labiales (c'est-à-dire des *lèvres*) : *p, b, f, v, m.*
2º Artic. linguales (— de la *langue*) : *t, d, l, n, r, s, z, gn.*
3º Artic. dentales (— des *dents*) : *t, d.*
4º Artic. palatales (— du *palais*) : *l, n, r, ch, j, ill.*
5º Artic. gutturales (— du *gosier*) : *q, g.*
6º Artic. nasales (— du *nez*) : *m, n, gn.*

On voit que certaines articulations figurent dans deux ou trois classes à la fois, parce qu'en effet elles sont produites par le concours de deux ou trois organes.

Quelques-unes de ces articulations sont encore appelées :
Artic. mouillées : *ill, gn.*
Artic. sifflantes : *s, z.*
Artic. chuintantes : *ch, j.*
Artic. liquides : *l, r.*

75. 2e Classification des articulations, d'après l'*analogie* de leur prononciation, c'est-à-dire d'après le plus ou le moins de force qu'il faut pour les prononcer :

ARTIC. FORTES OU RUDES.	ARTIC. FAIBLES OU DOUCES.
P a pour analogue....	B.
T.....................	D.
F.....................	V.
Q.....................	G.
S.....................	Z.
CH....................	J.

76. Les six articulations L, M, N, R, GN, ILL, n'ont pas d'analogues faibles ou douces; cependant on peut établir quelque analogie entre les articulations suivantes :

L et ILL, car il y a des provinces du nord de la France où l'on prononce une *boutelle*, au lieu de une *bouteille.*
N et GN, car quelques personnes prononcent *manifique*, au lieu de *magnifique.*
Mais il reste toujours M et R qui n'ont pas d'analogues.

77. Les quatre sons *an, in, on, un,* s'appellent des *sons nasals*, parce qu'ils sont modifiés par le *nez.*

78. Ces quatre sons nasals sont les analogues de quatre autres sons : AN est l'analogue de A.

IN,	de	È.
ON,	de	O.
UN,	de	EU.

79. On appelle *diphthongue* la réunion de deux sons qui se prononcent si rapidement qu'ils paraissent n'exiger qu'un seul mouvement de bouche, et par conséquent ne former qu'une syllabe : *ié, ui, oui, ien*, etc.

80. Mots qui renferment une diphthongue : *pied, celui, loi, lieu, bien, diable, viande, adieu, amitié, volière, niais, mieux, fiole, chiourme, oison, croître, besoin, ouest, baragouin, écuelle*, etc., etc.

DE L'ORTHOGRAPHE D'USAGE, DE LA LIAISON
DES MOTS, ET DES FAMILLES DE MOTS.

81. Il y a plusieurs manières de représenter le même son et la même articulation.

82. C'est ce qui rend l'orthographe d'usage si difficile, car le son *a* peut se peindre de 31 manières, dont les principales sont : *as, at, ap, ac, ach, ha, ats*, etc., comme dans les mots : *r*ep*AS*, *ch*A*T, dr*A*P, estom*A*C, almana*CH, H*A*bit, je b*AT*S*, etc.; le son *é*, de 42 manières; le son *è*, de 48; le son *i*, de 32; le son *o*, de 46, etc., etc. — De telle sorte que les 30 effets de voix peuvent se représenter de plus de 700 manières.

83. On peut reconnaître certaines lettres nulles, c'est-à-dire qui ne se prononcent pas (soit à la fin des mots, soit au milieu), en consultant la *liaison des mots* et les *familles de mots*.

84. Ainsi, pour savoir qu'il y a une *s* à la fin du mot *jamais*, il faut placer ce mot devant un autre commençant par une voyelle, afin de provoquer une *liaison* s'il y a lieu : *jamais attentif, jamais aimable;* et l'on entend l's finale.

85. De même, pour savoir que le mot *drap* se termine par un *p*, il faut chercher un mot de la même famille : *drapier, draperie, draper;* et l'on retrouve le *p*.

86. Enfin, on saura que le mot *bœuf* s'écrit avec un *o* (après le *b*), en consultant la famille de ce mot : *bouvier, bouvillon* (jeune bœuf), etc., etc. (*)

(*) Voyez l'ouvrage que j'ai publié en 1854, intitulé : *Introduction à l'étude de la Grammaire française*, ou *Exercices d'orthographe.* (11e édition, 1856, chap. III. p. 15, et chap. IV, p. 17). On y trouvera plusieurs exemples sur la *liaison des mots* et sur les *familles de mots.*

DU GENRE ET DU NOMBRE.

87. Il y a deux genres : le genre *masculin* et le genre *féminin*. — Un *père*, un *lion*, un *canif*, sont du genre masculin; une *mère*, une *lionne*, une *plume*, sont du genre féminin.

88. On reconnaît qu'un mot est du genre masculin quand on peut mettre *le* ou *un* devant : LE *père*, UN *père*; LE *lion*, UN *lion*; LE *canif*, UN *canif*.

89. On reconnaît qu'un mot est du genre féminin quand on peut mettre *la* ou *une* devant : LA *mère*, UNE *mère*; LA *lionne*, UNE *lionne*; LA *plume*, UNE *plume*.

90. Il y a deux nombres : le nombre *singulier* et le nombre *pluriel*. — Un *père*, un *lion*, un *canif*; une *mère*, une *lionne*, une *plume*, sont du nombre singulier; *les pères, les lions, les canifs; les mères, les lionnes, les plumes*, sont du nombre pluriel.

91. On reconnaît qu'un mot est du nombre singulier quand il est précédé des mots *un, le*, etc., c'est-à-dire quand il ne s'agit que d'un seul objet.

92. On reconnaît qu'un mot est du nombre pluriel quand il est précédé des mots *les, des, plusieurs*, etc., c'est-à-dire quand il s'agit de plusieurs objets.

DES DIFFÉRENTES ESPÈCES DE MOTS DE LA LANGUE FRANÇAISE.

93. Tous les mots dont on se sert en parlant ou en écrivant ne sont pas de la même espèce.

94. Il y a dans la langue française dix espèces de mots, qu'on appelle aussi les dix parties du discours; savoir : le *Substantif* (ou le Nom), l'*Article*, l'*Adjectif*, le *Pronom*, le *Verbe*, le *Participe*, la *Préposition*, l'*Adverbe*, la *Conjonction*, et l'*Interjection*.

1re PARTIE : CONJUGAISON.

Un verbe quelconque (régulier ou irrégulier, actif , passif , ou autre) étant donné , *le faire passer par toutes ses formes :* tel est l'objet de la Conjugaison.

MODÈLE DE LA CONJUGAISON D'UN VERBE. (*)

1. Le Verbe est un mot qui exprime une *action* ou un état : *je cours , je souffre.*

INDICATIF.

PRÉSENT.

J'aim*e.*
Tu aim*es.*
Il aim*e.*
Nous aim*ons.*
Vous aim*ez.*
Ils aim*ent.*

IMPARFAIT.

J'aim*ais.*
Tu aim*ais.*
Il aim*ait.*
Nous aim*ions.*
Vous aim*iez.*
Ils aim*aient,*

PASSÉ DÉFINI.

J'aim*ai.*
Tu aim*as.*
Il aim*a.*
Nous aim*âmes.*
Vous aim*âtes.*
Ils aim*èrent.*

PASSÉ INDÉFINI.

J'ai aimé.
Tu as aimé.
Il a aimé.
Nous avons aimé.
Vous avez aimé.
Ils ont aimé.

PASSÉ ANTÉRIEUR.

J'eus aimé.
Tu eus aimé.
Il eut aimé.
Nous eûmes aimé.
Vous eûtes aimé.
Ils eurent aimé.

PLUSQUE-PARFAIT.

J'avais aimé.
Tu avais aimé.
Il avait aimé.
Nous avions aimé.
Vous aviez aimé.
Ils avaient aimé.

FUTUR SIMPLE.

J'aimer*ai.*
Tu aimer*as.*
Il aimer*a.*
Nous aimer*ons.*
Vous aimer*ez.*
Ils aimer*ont.*

FUTUR COMPOSÉ.

J'aurai aimé.
Tu auras aimé.
Il aura aimé.
Nous aurons aimé.
Vous aurez aimé.
Ils auront aimé.

(*) L'Élève qui n'aura jamais conjugué de verbe , devra *copier* celui-ci. Quand il l'aura copié plusieurs fois, on lui fera *souligner les terminaisons,* qui sont ici en caractères italiques ; puis on lui fera conjuguer d'autres verbes (en *er*) sur ce modèle. — Pendant ce temps-là on lui expliquera ce qui suit sur les *modes,* les *temps,* etc. , etc

CONDITIONNEL.

PRÉSENT ET FUTUR.

J'aimerais.
Tu aimerais.
Il aimerait.
Nous aimerions.
Vous aimeriez.
Ils aimeraient.

PASSÉ.

J'aurais aimé.
Tu aurais aimé.
Il aurait aimé.
Nous aurions aimé.
Vous auriez aimé.
Ils auraient aimé.

AUTRE PASSÉ.

J'eusse aimé.
Tu eusses aimé.
Il eût aimé.
Nous eussions aimé.
Vous eussiez aimé.
Ils eussent aimé.

IMPÉRATIF.

PRÉSENT ET FUTUR.

....
Aime.
....
Aimons.
Aimez.
....

SUBJONCTIF.

PRÉSENT ET FUTUR.

Que j'aime.
Que tu aimes.
Qu'il aime.

Que nous aimions.
Que vous aimiez.
Qu'ils aiment.

IMPARFAIT.

Que j'aimasse.
Que tu aimasses.
Qu'il aimât.
Que nous aimassions.
Que vous aimassiez.
Qu'ils aimassent.

PASSÉ.

Que j'aie aimé.
Que tu aies aimé.
Qu'il ait aimé.
Que nous ayons aimé.
Que vous ayez aimé.
Qu'ils aient aimé.

PLUSQUE-PARFAIT.

Que j'eusse aimé.
Que tu eusses aimé.
Qu'il eût aimé.
Que nous eussions aimé.
Que vous eussiez aimé.
Qu'ils eussent aimé.

INFINITIF.

PRÉSENT ET FUTUR.

Aimer.

PASSÉ.

Avoir aimé.

PARTICIPE PRÉSENT.

Aimant.

PARTICIPE PASSÉ.

Aimé, aimée.
Aimés, aimées.
Ayant aimé.

Conjuguez sur ce modèle les verbes suivants :

Chanter.	Gâter.	Siffler.	Solliciter.
Sauter.	Chauffer.	Attacher.	Laisser.
Regarder.	Flatter.	Attaquer.	Casser.
Estimer.	Traiter.	Attraper.	Vexer.
Étonner.	Nommer.	Empêcher.	Augmenter.
Ordonner.	User.	Allumer.	Etc., etc.

DES MODES, DES TEMPS, ET DES PERSONNES.

2. Il y a dans un verbe 5 modes : l'*Indicatif*, le *Conditionnel*, l'*Impératif*, le *Subjonctif*, et l'*Infinitif*.

3. Il y a 19 temps dans la conjugaison d'un verbe.

4. Voici la distribution de ces temps. Il y en a 8 au mode Indicatif, savoir : le *présent*, l'*imparfait*, le *passé défini*, le *passé indéfini*, le *passé antérieur*, le *plusque-parfait*, le *futur simple*, et le *futur composé*. — 2 au mode Conditionnel : le *présent et futur*, et le *passé* (il y a deux passés). — 1 au mode Impératif : le *présent et futur*. — 4 au mode Subjonctif : le *présent et futur*, l'*imparfait*, le *passé*, et le *plusque-parfait*. — 4 au mode Infinitif : le *présent et futur*, le *passé*, le *participe présent*, et le *participe passé*.

5. Le mot *temps* signifie l'*époque*, le *moment* où se fait l'action exprimée par le verbe.

6. Il y a 3 temps principaux : le *présent*, le *passé*, et le *futur*.

Le présent est le moment où l'on est. Le passé est le moment qui n'est plus. Le futur est le moment à venir.

7. Si, dans la conjugaison d'un verbe, on compte 19 temps, c'est qu'il y a plusieurs présents, plusieurs passés, et plusieurs futurs ; en effet, il y a le présent de l'indicatif, le présent du conditionnel, le présent de l'impératif, le présent du subjonctif, le présent de l'infinitif, etc., etc.

8. Le présent n'a qu'un nom : *présent*.

9. Le passé a plusieurs noms : *imparfait* et *plusque-parfait*.

10. Le futur n'a qu'un nom : *futur*.

11. Le mot *mode* signifie *manière* de présenter l'action du verbe.

12. L'*Indicatif* présente l'action du verbe purement et simplement, il l'*indique* : je *travaille*, j'ai *travaillé*, je *travaillerai*.

Le *Conditionnel* présente l'action du verbe avec une *condition* : je *travaillerais*, si j'en avais le temps.

L'*Impératif* présente l'action du verbe avec commandement : *travaille*.

Le *Subjonctif* présente l'action du verbe sous la dépendance d'un autre verbe ou d'une conjonction qui précède : IL VEUT *que je travaille*. QUOIQUE *je travaille* beaucoup, je ne sais si je réussirai.

L'*Infinitif* présente l'action du verbe d'une manière vague, *indéfinie*, c'est-à-dire sans nombre ni personne : il faut *travailler*.

13. Il y a 3 personnes à chaque temps : 3 au singulier, et 3 au pluriel.

14. On reconnaît les personnes au moyen des mots : *je, tu, il* (ou *elle*), *nous, vous, ils* (ou *elles*).

Ces mots s'appellent des *pronoms personnels*.

15. *je*, indique la 1re personne du singulier.

tu, — la 2e personne du singulier.

il (ou *elle*), — la 3e personne du singulier.

nous, — la 1re personne du pluriel.

vous, — la 2e personne du pluriel.

ils (ou *elles*), — la 3e personne du pluriel.

16. Les pronoms *il* (ou *elle*), *ils* (ou *elles*), de la 3e personne, peuvent être remplacés par un nom de *personne*, d'*animal*, ou de *chose* (c'est ce qu'on appelle un *substantif*) ; ainsi on peut dire à la 3e personne : le *père* aime, le *chien* aime ; les *pères* aiment, les *chiens* aiment.

On peut encore remplacer les pronoms *il, elle, ils, elles*, par les mots *quelqu'un, on, le mien, la mienne, celui-ci, celle-là*, etc., qui sont aussi des pronoms ; on dira donc à la 3e personne : *quelqu'un* aime, *on* aime, *le mien* aime, etc.

17. Le mot *personne* signifie ordinairement un *homme* ou une *femme*; mais en Grammaire, il se dit aussi des *animaux* et des *choses*.

18. La 1re *personne* est l'homme ou la femme qui parle ; ou l'animal, ou la chose qui est censée parler :

| *j'aime,* | *j'aboie,* | *je brille,* |
| *nous aimons,* | *nous aboyons,* | *nous brillons.* |

19. La 2e *personne* est l'homme ou la femme à qui l'on parle ; ou l'animal, ou la chose à laquelle on est censé parler :

| *tu aimes,* | *tu aboies,* | *tu brilles,* |
| *vous aimez,* | *vous aboyez,* | *vous brillez.* |

20. La 3e *personne* est l'homme, la femme, l'animal, ou la chose dont on parle :

| *Le père aime,* | *le chien aboie,* | *l'étoile brille,* |
| *Les pères aiment,* | *les chiens aboient,* | *les étoiles brillent.* |

OBSERVATIONS SUR QUELQUES MODES.

21. Il y a 2 modes qui n'ont pas de pronoms, c'est l'impératif et l'infinitif : *aime, aimons, aimez.* — *Aimer, avoir aimé, aimant, aimé.*

22. L'impératif n'a pas toutes les personnes. Il n'a que la 2e personne du singulier, puis la 1re et la 2e personne du pluriel. — Les personnes qui manquent à l'impératif sont donc la 1re et la 3e du singulier, ainsi que la 3e du pluriel.

23. Il y a au subjonctif un mot de plus qu'aux autres modes; c'est le mot *que* (qu'on appelle une *conjonction*) : QUE *j'aime*, QUE *j'aimasse*, QUE *j'aie aimé*, QUE *j'eusse aimé*.

24. L'infinitif est un mode qui n'a pas de personnes : *aimer, avoir aimé, aimant, aimé*. — On l'appelle *mode impersonnel;* l'infinitif est le seul mode impersonnel.

25. L'*indicatif*, le *conditionnel*, l'*impératif*, et le *subjonctif*, sont des modes qui ont des personnes. — On les nomme *modes personnels;* il y a donc 4 modes personnels.

26. L'infinitif est un mode qui n'a ni nombre ni personne. — On l'appelle *mode invariable;* l'infinitif est le seul mode invariable.

27. Il y a cependant à l'infinitif un temps qui est quelquefois *variable*, c'est le *participe passé;* ce temps peut prendre le genre et le nombre, puisqu'on dit *aimé*, au masculin singulier; — *aimée*, au féminin singulier; — *aimés*, au masculin pluriel; — et *aimées*, au féminin pluriel.

DES TEMPS SIMPLES ET DES TEMPS COMPOSÉS.

28. On divise les temps d'un verbe en temps *simples* et en temps *composés*.

29. Un temps simple est celui qui ne contient que le verbe que l'on conjugue : *j'aime, j'aimais, j'aimai, j'aimerai*, etc.

30. Un temps composé est celui qui renferme le verbe que l'on conjugue et le mot *j'ai*, ou *j'eus*, ou *j'avais*, ou *j'aurai*, etc., qui est aussi un verbe : *j'ai aimé, j'eus aimé, j'avais aimé, j'aurai aimé*, etc.

31. Cet autre verbe *j'ai, j'eus, j'avais*, etc., s'appelle *verbe auxiliaire*, c'est-à-dire verbe qui *aide* à conjuguer les autres, car on le retrouve dans la conjugaison des autres verbes, aux temps composés : J'AI *chanté*, J'EUS *sauté*, J'AVAIS *regardé*, etc.

32. Il y a 2 verbes auxiliaires, *avoir* et *être* : J'AI *aimé*, je SUIS *arrivé*. — (On verra plus tard l'emploi de l'auxiliaire *être*).

33. Il y a 11 temps simples; 4 à l'indicatif : le *présent*, l'*imparfait*, le *passé défini*, et le *futur simple*. — 1 au conditionnel : le *présent et futur*. — 1 à l'impératif : le *présent et futur*. — 2 au subjonctif : le *présent et futur*, et l'*imparfait*. — 3 à l'infinitif : le *présent et futur*, le *participe présent*, et le *participe passé*.

34. Il y a 9 temps composés; 4 à l'indicatif : le *passé indéfini*, le *passé antérieur*, le *plusque-parfait*, et le *fu-*

tur composé. — 1 au conditionnel : le *passé.* — 2 au subjonctif : le *passé* et le *plusque-parfait.* — 2 à l'infinitif : le *passé* et le *participe passé.*

35. Le participe passé figure à la fois dans les temps simples et dans les temps composés, parce qu'en effet le commencement est simple : *aimé, aimée, aimés, aimées;* — et le reste est composé : *ayant aimé.*

DE LA TERMINAISON DES 11 TEMPS SIMPLES.

36. Voici la terminaison des 11 temps simples du verbe *aimer,* ainsi que de tous les autres verbes en *er* qu'on a conjugués à la page 22.

	SINGULIER.			PLURIEL.		
	1re PERS.	2e PERS.	3e PERS.	1re PERS.	2e PERS.	3e PERS.
IND. PRÉSENT.	e	es	e	ons	ez	ent
IMPARFAIT.	ais	ais	ait	ions	iez	aient
PASSÉ DÉFINI.	ai	as	a	âmes	âtes	èrent
FUTUR SIMP.	rai	ras	ra	rons	rez	ront
CONDIT. PRÉS.	rais	rais	rait	rions	riez	raient
IMPÉRATIF.	...	e	...	ons	ez	...
SUBJ. PRÉS.	e	es	e	ions	iez	ent
IMPARFAIT.	asse	asses	ât	assions	assiez	assent
INFINIT. PRÉS.	er					
PART. PRÉS.	ant					
PART. PASSÉ.	é					

37. Tous les verbes ne se terminent pas comme le verbe *aimer.* Il y a des différences dans 6 temps, savoir :

1º Aux 3 personnes singulières du présent de l'indicatif;
2º Au passé défini ;
3º A la 2e personne singulière de l'impératif;
4º A l'imparfait du subjonctif;
5º Au présent de l'infinitif;
6º Au participe passé.

38. En effet, les 3 personnes singulières du présent de l'indicatif offrent les différences suivantes :

Le verbe *finir* fait : *je finis, tu finis, il finit.*
Le verbe *vouloir* fait : *je veux, tu veux, il veut.*
Le verbe *rendre* fait : *je rends, tu rends, il rend.*
Le verbe *battre* fait : *je bats, tu bats, il bat.*
Le verbe *vaincre* fait : *je vaincs, tu vaincs, il vainc.*

39. Ainsi donc, les 3 personnes singulières du présent de l'indicatif se terminent de 6 manières :

1re manière : *e, es, e.*
2e manière : *s, s, t.*
3e manière : *x, x, t.*
4e manière : *ds, ds, d.*
5e manière : *ts, ts, t.*
6e manière : *cs, cs, c.*

40. De même, au passé défini,
Le verbe *finir* fait :

je fin*is*, tu fin*is*, il fin*it*, nous fin*îmes*, vous fin*îtes*, ils fin*irent.*

Le verbe *recevoir* fait :

je reç*us*, tu reç*us*, il reç*ut*, n. reç*ûmes*, v. reç*ûtes*, ils reç*urent.*

Le verbe *venir* fait :

je v*ins*, tu v*ins*, il v*int*, nous v*înmes*, vous v*întes*, ils v*inrent.*

41. De sorte que le passé défini se termine de 4 manières :

1re manière : *ai, as, a, âmes, âtes, èrent.*
2e manière : *is, is, it, îmes, îtes, irent.*
3e manière : *us, us, ut, ûmes, ûtes, urent.*
4e manière : *ins, ins, int, înmes, întes, inrent.*

42. La 2e personne singulière de l'impératif se termine de 6 manières (comme la 1re personne singulière du présent de l'indicatif) :

1re manière : *e,* aim*e.*
2e manière : *s,* fin*is.*
3e manière : *x,* vau*x.*
4e manière : *ds,* ren*ds.*
5e manière : *ts,* ba*ts.*
6e manière : *cs,* vain*cs.*

43. L'imparfait du subjonctif se termine de 4 manières, qui correspondent aux 4 terminaisons du passé défini : que j'aim*asse*, que je fin*isse*, que je reç*usse*, que je v*insse.*

1re manière : *asse, asses, ât, assions, assiez, assent.*
2e manière : *isse, isses, ît, issions, issiez, issent.*
3e manière : *usse, usses, ût, ussions, ussiez, ussent.*
4e manière : *insse, insses, înt, inssions, inssiez, inssent.*

44. Le présent de l'infinitif se termine de 4 manières :
aim*er*, fin*ir*, recev*oir*, rend*re*.

C'est ce qu'on appelle *les 4 conjugaisons*.

La 1re *conj.* a le présent de l'infinitif terminé en *er*.

La 2e *conj.* a le présent de l'infinitif terminé en *ir*.

La 3e *conj.* a le présent de l'infinitif terminé en *oir*.

La 4e *conj.* a le présent de l'infinitif terminé en *re*.

45. Tous les verbes de la langue française se terminent
au présent de l'infinitif d'une de ces 4 manières. (*)

46. Le participe passé se termine de 19 manières :

é,	aim*é*.	*ort,*	m*ort*.	*uit,*	condu*it*,
i,	fin*i*.	*ert,*	ouv*ert*.	*oint,*	j*oint*.
u,	reç*u*.	*eu,*	*eu* (du v. avoir).	*aint,*	cr*aint*.
ù,	d*û*.	*ui,*	n*ui*.	*eint,*	p*eint*.
ï,	ha*ï*.	*us,*	reclu*s*.	*ait,*	f*ait*.
is,	acqui*s*.	*os,*	éclo*s*.		
it,	d*it*.	*ous,*	absou*s*.		

47. Les terminaisons du participe passé les plus usitées
sont les 3 suivantes : *é*, *i*, *u* (aim*é*, fin*i*, reç*u*). — L'u-
sage apprendra les autres terminaisons.

48. On trouve le présent de l'infinitif en mettant *je veux*
ou *il faut* avant le verbe :
Je *meurs* — je veux *mourir*. | Je *souffre* — il faut *souffrir*.

49. On trouve le participe passé en mettant *j'ai* ou *je
suis* avant le verbe :
Je *finirai* — j'ai *fini*. | J'*arrive* — je suis *arrivé*.

50. On reconnaît la dernière lettre d'un participe passé en
le mettant au féminin, c'est-à-dire en y ajoutant un *e* muet :
*fini — fini*E. | *écrit — écrit*E. | *assis — assis*E.

En retranchant l'*e* muet, on a le participe passé écrit
comme il doit l'être.

51. Voici le Tableau général de la terminaison des 11
temps simples, pour servir de résumé à ce qui a été dit
depuis le n° 36 *(page 26)* jusqu'au n° 46 *(page 28)*.

(*) En admettant 4 terminaisons au Présent de l'Infinitif, il ne
faut pas conclure qu'il y ait 4 conjugaisons, c.-à-d. 4 manières
différentes de terminer *tous les temps* d'un verbe ; car plusieurs
temps se terminent d'*une seule manière*, tels sont : le présent de
l'indicatif (au pluriel), l'imparfait de l'indicatif, le futur, le conditionnel, l'impératif (au pluriel), le présent du subjonctif, et le
participe présent. — Le présent de l'indicatif (au singulier) se termine de 6 manières ; le participe passé, de 19.

Quant au passé défini, qui se termine de 4 manières (ainsi que
l'imparfait du subjonctif), il ne faut pas croire que ces 4 manières
correspondent aux 4 prétendues conjugaisons ; c'est ce qui sera
prouvé ci-après, pages 50 et 51.

TERMINAISONS DES 11 TEMPS SIMPLES
Pour tous les verbes de la langue française,
(Au nombre de 4625.)

	SINGULIER.			PLURIEL.		
	1re PERS.	2e PERS.	3e PERS.	1re PERS.	2e PERS.	3e PERS.
IND. PRÉSENT.	e s x ds ts cs	es s x ds ts cs	e t t d t c	ons	ez	ent
IMPARFAIT.	ais	ais	ait	ions	iez	aient
PASSÉ DÉFINI.	ai is us ins	as is us ins	a it ut int	âmes îmes ûmes înmes	âtes îtes ûtes întes	èrent irent urent inrent
FUTUR SIMP.	rai	ras	ra	rons	rez	ront
CONDIT. PRÉS.	rais	rais	rait	rions	riez	raient
IMPÉR. PRÉS.	....	e s x ds ts cs	....	ons	ez	......
SUBJ. PRÉS.	e	es	e	ions	iez	ent
IMPARFAIT.	asse isse usse insse	asses isses usses insses	ât ît ût înt	assions issions ussions inssions	assiez issiez ussiez inssiez	assent issent ussent inssent
INFINIT. PRÉS.	er ir oir re					
PART. PRÉS.	ant					
PART. PASSÉ.	é, i, u, û, ï, is, it, ort, ert, eu, ni, us, os, ous, uit, oint, aint, eint, ait.					

REMARQUES SUR LES TERMINAISONS
DU PRÉSENT DE L'INDICATIF, DU PASSÉ DÉFINI,
ET DE L'IMPARFAIT DU SUBJONCTIF.

52. La terminaison *e, es, e,* du présent de l'indicatif est celle des verbes en *er, frir, ouvrir, cueillir,* et *saillir :*

EnvoyER. — *J'envoiE, tu envoiES, il envoiE.*
OfFRIR. — *J'offrE, tu offrES, il offrE.*
COUVRIR. — *Je couvrE, tu couvrES, il couvrE.*
ACCUEILLIR. — *J'accueillE, tu accueillES, il accueillE.*
TresSAILLIR.— *Je tressaillE, tu tressaillES, il tressaillE.*

53. La terminaison *x, x, t,* est celle des 3 verbes *pouvoir, vouloir, valoir* (et des 3 dérivés : *équivaloir, prévaloir,* et *revaloir*) :

Pouvoir. — *Je peuX, tu peuX, il peuT.*
Vouloir. — *Je veuX, tu veuX, il veuT.*
Valoir. — *Je vauX, tu vauX, il vauT.*

54. La terminaison *ds, ds, d,* est celle des verbes en *dre,* comme reNDRE, coUDRE, etc.

ReNDRE. — *Je renDS, tu renDS, il renD.*
CoUDRE. — *Je couDS, tu couDS, il couD.*

Il faut excepter de cette règle les verbes en *indre* et en *soudre,* comme peINDRE, craINDRE; abSOUDRE, réSOUDRE, etc., ils se terminent par *s, s, t :*

PeINDRE. — *Je peinS, tu peinS, il peinT.*
CraINDRE. — *Je crainS, tu crainS, il crainT.*
AbSOUDRE. — *J'absouS, tu absouS, il absouT.*
RéSOUDRE. — *Je résouS, tu résouS, il résouT.*

55. La terminaison *ts, ts, t,* est celle des verbes en *ttre* (avec deux *t*), comme baTTRE, meTTRE, etc. :

BaTTRE. — *Je batS, tu batS, il baT.*
MeTTRE. — *Je metS, tu metS, il meT.*

56. La terminaison *cs, cs, c,* est celle des verbes en *cre,* comme vainCRE, convainCRE :

VainCRE. — *Je vaincS, tu vaincS, il vainC.*
ConvainCRE.—*Je convaincS, tu convaincS, il convainC.*

57. La terminaison *s, s, t,* est celle des verbes qui ne sont pas soumis aux règles précédentes :

Mourir. — *Je meurS, tu meurS, il meurT.*
Courir. — *Je courS, tu courS, il courT.*
Faire. — *Je faiS, tu faiS, il faiT.*

58. La terminaison *ai, as, a, âmes, âtes, èrent,* du passé défini, est exclusivement celle des verbes en *er :*

Je chantAI, tu chantAS, il chantA, etc., etc.

59. La terminaison *is, is, it, îmes, îtes, irent,* est celle des verbes en *ir,* en *oir,* et en *re :*

Fin*ir*. — Je fin*is*, tu fin*is*, il fin*it*, nous fin*îmes*, etc.
Voir. — Je v*is*, tu v*is*, il v*it*, nous v*îmes*, etc.
Rend*re*. — Je rend*is*, tu rend*is*, il rend*it*, n. rend*îmes*, etc.

60. La terminaison *us, us, ut, ûmes, ûtes, urent*, est aussi celle des verbes en *ir*, en *oir*, et en *re* :

Cour*ir*. — Je cour*us*, tu cour*us*, il cour*ut*, n. cour*ûmes*, etc.
Recev*oir* — Je reç*us*, tu reç*us*, il reç*ut*, n. reç*ûmes*, etc.
Li*re*. — Je l*us*, tu l*us*, il l*ut*, nous l*ûmes*, etc.

61. La terminaison *ins, ins, int, înmes, întes, inrent,* est celle des verbes dont le présent de l'infinitif est terminé par *enir* :

Ven*ir*. — Je v*ins*, tu v*ins*, il v*int*, nous v*înmes*, etc.

62. Les terminaisons *asse, isse, usse, insse*, de l'imparfait du subjonctif correspondent aux terminaisons *ai, is, us, ins*, du passé défini :

> Que j'aim*ASSE*.
> Que je fin*ISSE*, que je v*ISSE*, que je rend*ISSE*.
> Que je cour*USSE*, que je reç*USSE*, que je l*USSE*.
> Que je v*INSSE*.

DES AUXILIAIRES *AVOIR* ET *ÊTRE* POUR LES NEUF TEMPS COMPOSÉS.

63. Voici les auxiliaires pour les 9 temps composés. — Les *points* qui sont à côté des auxiliaires tiennent la place du *participe passé* du verbe que l'on conjugue :

Auxil. Avoir	*Auxil.* Être.
1° pour *tous* les verbes actifs ;	1° pour *quelques* v. neut.
2° pour *presque tous* les v. neutres ;	(60 sur 600).
(540 sur 600).	2° pour *tous* les v. pronom.
3° pour *presque tous* les v. unipers.;	3° p. *quelques* v. unipers.
4° pour le verbe *avoir* lui-même ;	
5° pour le verbe *être*.	

INDICAT. PASSÉ INDÉF.		
	J'ai	Je suis ......
	tu as	tu es ......
	il a.....	il est ......
	nous avons	nous sommes ......
	vous avez	vous êtes ......
	ils ont	ils sont ......

PASSÉ ANT.		
	J'eus	Je fus ......
	tu eus	tu fus ......,
	il eut	il fut ......
	nous cûmes	nous fûmes ......
	vous eûtes	vous fûtes ......
	ils eurent	ils furent ......

PLUSQ.-PARF.	J'avais ...... tu avais ...... il avait ...... nous avions ...... vous aviez ...... ils avaient	J'étais ...... tu étais ...... il était ...... nous étions ...... vous étiez . .... ils étaient ......
FUTUR COMP.	J'aurai ...... tu auras ...... il aura ...... nous aurons ...... vous aurez ...... ils auront	Je serai ...... tu seras ...... il sera ...... nous serons ...... vous serez ...... ils seront ......
CONDIT. PASSÉ	J'aurais ...... tu aurais ...... il aurait ...... nous aurions ...... vous auriez ...... ils auraient	Je serais ...... tu serais ...... il serait ...... nous serions ...... vous seriez ...... ils seraient ......
AUTRE PASSÉ.	J'eusse ...... tu eusses ...... il eût ...... nous eussions ...... vous eussiez ...... ils eussent	Je fusse ...... tu fusses ...... il fût ...... nous fussions ...... vous fussiez ...... ils fussent ......
SUBJ. PASSÉ.	Que j'aie ...... que tu aies ...... qu'il ait ...... que nous ayons ...... que vous ayez ...... qu'ils aient	Que je sois ...... que tu sois ...... qu'il soit ...... que nous soyons ...... que vous soyez ...... qu'ils soient ......
PLUSQ.-PARF.	Que j'eusse ...... que tu eusses ...... qu'il eût ..... que nous eussions ..... que vous eussiez ...... qu'ils eussent	Que je fusse ...... que tu fusses ...... qu'il fût ...... que nous fussions ...... que vous fussiez ...... qu'ils fussent ......
INF. PASSÉ.	Avoir	Être ......
PART. PASSÉ.	Ayant	Étant ......

DE LA FORMATION DES TEMPS.

64. Il y a des temps qui servent à en former d'autres; on les appelle *temps primitifs*.

65. Les temps formés par les temps primitifs s'appellent *temps dérivés*.

66. Il y a 5 *temps primitifs*, savoir :

1° La 1re personne singulière du présent de l'indicatif.

2° Le passé défini.

3° Le présent de l'infinitif.

4° Le participe présent.

5° Le participe passé.

67. Voici comment ces 5 temps primitifs forment tous les autres :

I. *La 1re personne singulière du présent de l'indicatif* forme la 2e et la 3e personne singulière du même temps, de la manière suivante :

— Quand la 1re personne se termine par un *e* muet, la 2e personne ajoute une *s*, et la 3e est semblable à la 1re :

J'aim*e*..... tu aim*es*, il aim*e*.

— Quand la 1re personne se termine par *s* ou par *x*, la 2e personne est semblable à la 1re, et la 3e change *s* ou *x* en *t* :

Je fini*s*..... tu fini*s*, il fini*t*.

Je veu*x*..... tu veu*x*, il veu*t*.

— Quand la 1re personne se termine par *ds*, *ts*, ou *cs*, la 2e personne est semblable à la 1re, et la 3e retranche *s*. (il reste alors *d*, *t*, *c*) :

Je ren*ds*..... tu ren*ds*, il ren*d*.

Je ba*ts*..... tu ba*ts*, il ba*t*.

Je vain*cs*..... tu vain*cs*, il vain*c*.

La 1re personne singulière du présent de l'indicatif forme aussi la 2e personne singulière de l'impératif, en retranchant le pronom *je* : j'aim*e*..... *aime*. — Je fini*s*..... *finis*. — Je vau*x*..... *vaux*. — Je ren*ds*..... *rends*.

68. II. Le *passé défini* forme l'imparfait du subjonctif, en changeant *ai* en *asse*, *is* en *isse*, *us* en *usse*, *ins* en *insse* : j'aim*ai*..... que j'aim*asse*. — Je fin*is*..... que je fin*isse*. — Je reç*us*..... que je reç*usse*. — Je v*ins*..... que je v*insse*.

69. III. Le *présent de l'infinitif* forme le futur de l'indicatif, en changeant *r* en *rai* pour les verbes en *er* et en *ir* : aime*r*..... j'aime*rai*. — Fini*r*..... je fini*rai*.

— En changeant *oir* et *re* en *rai* pour les verbes en *oir* et en *re* : recev*oir*..... je recev*rai*. — Rend*re*..... je rend*rai*.

Le *présent de l'infinitif* forme aussi le présent du conditionnel, en changeant *r*, *oir*, ou *re*, en *rais* : aime*r*..... j'aime*rais*. — Fini*r*..... je fini*rais*. — Recev*oir*..... je recev*rais*. — Rend*re*..... je rend*rais*.

70. IV. Le *participe présent* forme les 3 pers. plur. du présent de l'indicatif, en changeant *ant* en *ons*, *ez*, *ent* : aim*ant*... nous aim*ons*, vous aim*ez*, ils aim*ent*.

Le *participe présent* forme aussi l'imparfait de l'indicatif, en changeant *ant* en *ais* : aim*ant*..... j'aim*ais*.

Le *participe présent* forme aussi les 2 personnes plur. de l'impératif, en changeant *ant* en *ons, ez* : aim*ant*..... aim*ons*, aim*ez*.

Le *participe présent* forme aussi le présent du subjonctif, en changeant *ant* en *e* muet : aim*ant*..... que j'aim*e*.

71. V. Le *participe passé* forme tous les temps composés, en y ajoutant l'auxiliaire *avoir* ou l'auxiliaire *être* : *aimé*..... *j'ai aimé, j'eus aimé, j'avais aimé*, etc. — *Arrivé*.....*je suis arrivé, je fus arrivé, j'étais arrivé*, etc.

Nota. Le commencement du mot, dans un verbe, s'appelle la *racine*, et la fin se nomme la *terminaison*.

72. Maintenant que la *formation des temps est connue*, rien n'est plus facile que de conjuguer un verbe *dont les temps primitifs sont donnés*. Il faut, pour se bien rendre compte du mécanisme de la conjugaison, avoir soin de placer avant chaque temps dérivé le temps primitif qui sert à le former.

MODÈLE D'UN VERBE CONJUGUÉ AVEC L'INDICATION DES TEMPS PRIMITIFS.

VERBE *RÉSOUDRE*.

Temps primitifs :
1. Je résous.
2. Je résolus.
3. Résoudre.
4. Résolvant.
5. Résolu.

INDICATIF.
PRÉSENT.
Je résou*s*.
(Je ré*sous*.)
Tu résou*s*.
Il résou*t*.
(Résolvant.)
Nous résolv*ons*.
Vous résolv*ez*.
Ils résolv*ent*.

IMPARFAIT.
(Résolvant.)
Je résolv*ais*.
Tu résolv*ais*.
Il résolv*ait*.
Nous résolv*ions*.
Vous résolv*iez*.
Ils résolv*aient*.

PASSÉ DÉFINI.
Je résol*us*.

Tu résol*us*.
Il résol*ut*.
Nous résol*ûmes*.
Vous résol*ûtes*.
Ils résol*urent*.

PASSÉ INDÉFINI.
(Résolu.)
J'ai résolu.
Tu as résolu.
Il a résolu.
Nous avons résolu.
Vous avez résolu.
Ils ont résolu.

PASSÉ ANTÉRIEUR.
(Résolu.)
J'eus résolu.
Tu eus résolu.
Il eut résolu.
Nous cûmes résolu.
Vous eûtes résolu.
Ils eurent résolu.

PLUSQUE-PARFAIT.
(Résolu)
J'avais résolu.
Tu avais résolu.
Il avait résolu.

Nous avions résolu.
Vous aviez résolu.
Ils avaient résolu.

FUTUR SIMPLE.
(Résoudre.)
Je résoudrai.
Tu résoudras.
Il résoudra.
Nous résoudrons.
Vous résoudrez.
Ils résoudront.

FUTUR COMPOSÉ.
(Résolu.)
J'aurai résolu.
Tu auras résolu.
Il aura résolu.
Nous aurons résolu.
Vous aurez résolu.
Ils auront résolu.

CONDITIONNEL.
PRÉSENT ET FUTUR.
(Résoudre.)
Je résoudrais.
Tu résoudrais.
Il résoudrait.
Nous résoudrions.
Vous résoudriez.
Ils résoudraient.

PASSÉ.
(Résolu.)
J'aurais résolu.
Tu aurais résolu.
Il aurait résolu.
Nous aurions résolu.
Vous auriez résolu.
Ils auraient résolu.

AUTRE PASSÉ.
(Résolu.)
J'eusse résolu.
Tu eusses résolu.
Il eût résolu.
Nous eussions résolu.
Vous eussiez résolu.
Ils eussent résolu.

IMPÉRATIF.
PRÉSENT ET FUTUR.
....
(Je résous.)
Résous.
....

(Résolvant.)
Résolvons.
Résolvez.
....

SUBJONCTIF.
PRÉSENT ET FUTUR.
(Résolvant.)
Que je résolve.
Que tu résolves.
Qu'il résolve.
Que nous résolvions.
Que vous résolviez.
Qu'ils résolvent.

IMPARFAIT.
(Je résolus.)
Que je résolusse.
Que tu résolusses.
Qu'il résolût.
Que nous résolussions.
Que vous résolussiez.
Qu'ils résolussent.

PASSÉ.
(Résolu.)
Que j'aie résolu.
Que tu aies résolu.
Qu'il ait résolu.
Que nous ayons résolu.
Que vous ayez résolu.
Qu'ils aient résolu.

PLUSQUE-PARFAIT.
(Résolu.)
Que j'eusse résolu.
Que tu eusses résolu.
Qu'il eût résolu.
Que nous eussions résolu.
Que vous eussiez résolu.
Qu'ils eussent résolu.

INFINITIF.
PRÉSENT ET FUTUR.
Résoudre.
PASSÉ.
(Résolu.)
Avoir résolu.
PARTICIPE PRÉSENT.
Résolvant.
PARTICIPE PASSÉ.
Résolu, résolue.
Résolus, résolues.
(Résolu.)
Ayant résolu.

MÉCANISME DE LA CONJUGAISON.

73. Tout le mécanisme de la conjugaison consiste donc en 2 choses : 1° à *connaître les 5 temps primitifs d'un verbe*, et 2° à *appliquer les règles de la formation des temps dérivés.* (*)

74. Un verbe qui, dans toute sa conjugaison, suit les règles de la formation des temps, est un verbe *régulier*.

75. On appelle verbe *irrégulier* celui qui ne suit pas les règles de la formation des temps.

76. Il y a des verbes auxquels il manque un ou plusieurs temps, on les appelle verbes *défectifs*; tels sont les verbes *absoudre, dissoudre , luire , traire* , etc., qui n'ont pas de *passé défini* , et par conséquent pas d'*imparfait du subjonctif*.

77. Un verbe défectif, par cela même qu'il est défectif, n'est pas irrégulier, puisqu'il peut, dans les temps qui lui restent, suivre les règles de la formation des temps.

APPLICATION DU MÉCANISME DE LA CONJUGAISON.

78. Voici les Temps Primitifs de plusieurs verbes considérés mal-à-propos par les Grammairiens comme irréguliers; ces verbes sont au contraire *réguliers,* puisqu'ils suivent les règles de la formation des temps dérivés.

Absoudre : j'absous , ..., absoudre, absolvant, absous (absoute.)

     Nota. Ce verbe est défectif, il n'a pas de passé défini, et par conséquent pas d'imparfait du subjonctif.

Assaillir : j'assaille, j'assaillis, assaillir, assaillant, assailli.

Asservir : j'asservis , j'asservis , asservir, asservissant, asservi.

     Nota. Quand, dans les verbes en *ir* , le présent de l'indicatif est en *is*, le participe présent est en *issant :* j'asservis, asserv*issant*.

Assortir : j'assortis, j'assortis, assortir, assortissant, assorti.

     Conjuguez de même : *désassortir.*

Battre : je bats, je battis, battre, battant, battu.

     Conjuguez de même : *abattre, combattre, débattre, rabattre, rebattre, s'ébattre.*

(*) *Statistique des Verbes français.*

5958 verbes de la terminaison en *er*, dont 2 irréguliers.
414 verbes de la terminaison en *ir*, dont 7 irréguliers.
45 verbes de la terminaison en *oir*, dont 18 irréguliers.
250 verbes de la terminaison en *re*, dont 5 irréguliers.

4623 verbes dans la langue française, dont 32 irréguliers.

Bouillir : je bous, je bouillis, bouillir, bouillant, bouilli.
> Conjuguez de même : *débouillir, parbouillir.*

Braire : il brait, ..., braire, ..., ...
> *Nota.* Ce verbe ne s'emploie qu'aux temps suivants : indicatif présent : *il brait, ils braient.* Futur : *il braira, ils brairont.* Conditionnel présent : *il brairait, ils brairaient.* Infinitif présent : *braire.*

Confire : je confis, je confis, confire, confisant, confit.
> Conjuguez de même : *déconfire.*

Connaître : Je connais, je connus, connaître, connaissant, connu.
> Conjuguez de même : *reconnaître, méconnaître.*

Contredire : je contredis, je contredis, contredire, contredisant, contredit.
> Conjuguez de même : *dédire, interdire, médire, prédire.*
> *Nota.* Les deux verbes *dire* et *redire* sont irréguliers.

Coudre : je couds, je cousis, coudre, cousant, cousu.
> Conjuguez de même : *recoudre, découdre.*

Croître : je croîs, je crûs, croître, croissant, crû, (crue, crus, crues.)
> Conjuguez de même : *accroître, décroître, recroître.*

Cuire : je cuis, je cuisis, cuire, cuisant, cuit.
> Conjuguez de même : *recuire, décuire.*

Dissoudre : je dissous, ..., dissoudre, dissolvant, dissous (dissoute).

Dormir : je dors, je dormis, dormir, dormant, dormi.
> Conjuguez de même : *endormir.*

Écrire : j'écris, j'écrivis, écrire, écrivant, écrit.
> Conjuguez de même : *décrire, récrire, circonscrire, inscrire, prescrire, proscrire, souscrire, transcrire.*

Faillir : je faillis, je faillis, faillir, faillissant, failli.
> *Nota.* Le 1er et le 4e de ces temps primitifs ne sont pas ceux que donne l'Académie, mais bien ceux que l'usage autorise. — Quant au verbe *défaillir,* on dit au présent de l'indicatif je *défaille,* au participe présent *défaillant,* et par conséquent au pluriel du présent de l'indicatif nous *défaillons,* vous *défaillez,* ils *défaillent,* et à l'imparfait je *défaillais,* etc.

Haïr : je hais, je haïs, haïr, haïssant, haï.

Instruire : j'instruis, j'instruisis, instruire, instruisant, instruit.

Jaillir : je jaillis, je jaillis, jaillir, jaillissant, jailli.
> Conjuguez de même : *rejaillir.*

Joindre : je joins, je joignis, joindre, joignant, joint.
> Conjuguez de même : *rejoindre, déjoindre, disjoindre, enjoindre, conjoindre, adjoindre.*

Lire : je lis, je lus, lire, lisant, lu.
   Conjuguez de même : *relire, élire, réélire.*
Luire : je luis, ..., luire, luisant, lui.
   Conjuguez de même : *reluire.*
Maudire : je maudis, je maudis, maudire, maudissant, maudit.
Mentir : je mens, je mentis, mentir, mentant, menti.
   Conjuguez de même : *démentir.*
Mettre : je mets, je mis, mettre, mettant, mis.
   Conjuguez de même : *admettre, promettre, compromettre, soumettre, commettre, remettre, démettre, entremettre, omettre, permettre, transmettre, émettre.*
Moudre : je mouds, je moulus, moudre, moulant, moulu.
   Conjuguez de même : *remoudre, émoudre, rémoudre.*
Naître : je nais, je naquis, naître, naissant, né.
   Nota. Ce verbe neutre se conjugue avec l'auxiliaire *être* aux temps composés.
Nuire : je nuis, je nuisis, nuire, nuisant, nui.
Offrir : j'offre, j'offris, offrir, offrant, offert.
   Conjuguez de même : *mésoffrir.*
Oindre : j'oins, j'oignis, oindre, oignant, oint.
Ourdir : j'ourdis, j'ourdis, ourdir, ourdissant, ourdi.
Ouvrir : j'ouvre, j'ouvris, ouvrir, ouvrant, ouvert.
   Conjuguez de même : *couvrir, découvrir, entr'ouvrir, recouvrir, rouvrir.*
Paître : je pais, ..., paître, paissant, pû.
Paraître : je parais, je parus, paraître, paraissant, paru.
   Conjuguez de même : *apparaître, comparaître, disparaître, reparaître.*
Partir : je pars, je partis, partir, partant, parti.
   Nota. Ce verbe neutre se conjugue avec l'auxiliaire *être* aux temps composés.
Peindre : je peins, je peignis, peindre, peignant, peint.
   Conjuguez de même : *dépeindre, repeindre, éteindre, atteindre, ceindre, enceindre, feindre, teindre, reteindre, déteindre, astreindre, étreindre, empreindre, enfreindre, restreindre, aveindre.*
Plaindre : je plains, je plaignis, plaindre, plaignant, plaint.
   Conjuguez de même : *contraindre, craindre.*
Plaire : je plais, je plus, plaire, plaisant, plu.
   Conjuguez de même : *déplaire, complaire.*
Réduire : je réduis, je réduisis, réduire, réduisant, réduit.
   Conjuguez de même : *conduire, reconduire, éconduire, construire, déduire, détruire, enduire, induire, introduire, produire, reproduire, séduire, traduire.*
Renaître : je renais, je renaquis, renaître, renaissant, ...
Repaître : je repais, je repus, repaître, repaissant, repu.

Repartir (partir de nouveau) : je repars, je repartis, re-partir, repartant, reparti.
> *Nota.* Ce verbe neutre se conjugue avec l'auxiliaire *être* aux temps composés.

Repartir (répliquer) : je repars, je repartis, repartir, re-partant, reparti.

Répartir (partager) : je répartis, je répartis, répartir, répartissant, réparti.
> Conjuguez de même : *départir.*

Résoudre : je résous, je résolus, résoudre, résolvant, ré-solu ou résous (résoute).
> *Nota.* Ce dernier participe (résous, résoute) signifie *changé* : du brouillard *résous* en pluie.

Ressortir (sortir de nouveau) : je ressors, je ressortis, ressortir, ressortant, ressorti.
> *Nota.* Ce verbe neutre se conjugue avec l'auxiliaire *être* aux temps composés.

Ressortir (être du ressort) : je ressortis, je ressortis, res-sortir, ressortissant, ressorti.
> Conjuguez de même : *assortir, désassortir.*

Rire : je ris, je ris, rire, riant, ri.
> Conjuguez de même : *sourire.*

Rompre : je romps, je rompis, rompre, rompant, rompu.
> Conjuguez de même : *corrompre, interrompre.*

Saillir (jaillir) : je saillis, je saillis, saillir, saillissant, sailli.
> *Nota.* Quand le verbe *saillir* signifie *être saillant*, il est *irrégulier.*

Sentir : je sens, je sentis, sentir, sentant, senti.
> Conjuguez de même : *consentir, ressentir, pressentir.*

Servir : je sers, je servis, servir, servant, servi.
> Conjuguez de même : *desservir.*

Sortir (aller dehors) : je sors, je sortis, sortir, sortant, sorti.
> *Nota.* Ce verbe neutre se conjugue avec l'auxiliaire *être* aux temps composés.

Sortir (avoir, obtenir) : je sortis, je sortis, sortir, sortis-sant, sorti.

Souffrir : je souffre, je souffris, souffrir, souffrant, souffert.

Suffire : je suffis, je suffis, suffire, suffisant, suffi.

Suivre : je suis, je suivis, suivre, suivant, suivi.
> Conjuguez de même : *poursuivre, s'ensuivre.*

Taire : je tais, je tus, taire, taisant, tû, (tue, tus, tues).

Tressaillir : je tressaille, je tressaillis, tressaillir, tressail-lant, tressailli.

Vaincre : je vaincs, je vainquis, vaincre, vainquant, vaincu.
> Conjuguez de même : *convaincre.*

Vêtir : je vêts, je vêtis, vêtir, vêtant, vêtu.

> *Nota.* Quelques écrivains (tels que Buffon, Voltaire,
> Delille, etc.) disent je *vétis*, au présent de l'indicatif, et
> *vétissant*, au participe présent.
> Conjuguez de même : *dévétir, revétir, survétir.*

Vivre : je vis, je vécus, vivre, vivant, vécu.

> Conjuguez de même : *revivre, survivre.*

REMARQUES SUR CERTAINS VERBES
CONSIDÉRÉS MAL-A-PROPOS COMME DIFFICILES.

79. Voici des verbes considérés, dans la plupart des
Grammaires, comme étant *difficiles* à conjuguer à certains
temps; mais qui, au moyen des règles de la formation des
temps, n'offrent aucune difficulté; tels sont :

1° Les verbes en *ouer* et en *rer*, comme *jouer, adorer*,
au futur et au conditionnel : *je jouerai, j'adorerai; je joue-
rais, j'adorerais*, (et non : je *jourai, j'adorai*). — Conjuguez de même :

Louer.	*Desirer.*
Avouer.	*Serrer.*

80. — 2° Les verbes en *éer*, comme *créer*, au présent
de l'indicatif, au futur, au conditionnel, à l'impératif, au
présent du subjonctif, et au participe passé : je *crée*, je
créerai, je *créerais, crée*, que je *crée; créé, créée, créés*,
créées. (Il faut deux *e*; et au participe passé féminin il en
faut trois.) — Conjuguez de même :

Suppléer.	*Recréer.*	*Désagréer.*
Agréer.	*Récréer.*	*Gréer.*

81. — 3° Les verbes en *iller* et en *gner*, comme *travailler, gagner*, à l'imparfait de l'indicatif et au présent du
subjonctif (1re et 2e personne du pluriel) : nous *travail-
lions*, vous *travailliez*; que nous *gagnions*, que vous
gagniez. (N'oubliez pas l'*i* dans la terminaison *ions, iez*).—
Conjuguez de même :

Tailler.	*Soigner.*
Veiller.	*Peigner.*

82. — 4° Les verbes en *ier*, comme *prier*, à l'imparfait
de l'indicatif et au présent du subjonctif (1re et 2e personne
du pluriel); puis au futur et au conditionnel : nous *priions*,
vous *priiez*, que nous *priions*, que vous *priiez; je prierai*,
je prierais. (N'oubliez pas les deux *i*, dont l'un appartient
à la terminaison *ions, iez*, et l'autre à la racine *pri* : *priions, pri-iez.* — N'oubliez pas non plus au futur et au conditionnel l'*e* muet avant l'*r*). — Conjuguez de même :

Publier.	*Vérifier.*	*Crier.*
Oublier.	*Nier.*	*Certifier.*

DE QUELQUES VERBES IRRÉGULIERS EN *cer*, *ger*, *eler*, *eler*, ETC., QUI PEUVENT DEVENIR RÉGULIERS.

83. Certains verbes irréguliers dans quelques-uns de leurs temps peuvent devenir *réguliers*, au moyen de règles d'une application facile ; ainsi :

Les verbes en *cer*, comme *menacer*, prennent une cédille sous le *ç*, quand cette lettre est suivie d'un *a* ou d'un *o* : tu *menaças*, nous *menaçons*. — Conjuguez de même :

    Lancer.   *Bercer.*   *Balancer.*
    Effacer.   *Enfoncer.*   *Pincer.*

84. Les verbes en *ger*, comme *manger*, prennent un *e* muet après le *g*, quand cette lettre est suivie d'un *a* ou d'un *o* : tu *mangeas*, nous *mangeons*. — Conjuguez de même :

    Nager.   *Corriger.*   *Venger.*
    Partager.   *Voyager.*   *Outrager.*

85. Les verbes en *eler*, comme *appeler*, doublent la lettre *l*, quand elle est suivie d'un *e* muet : *j'appelle, j'appellerai*. — Conjuguez de même :

    Chanceler.   *Etinceler.*   *Ruisseler.*
    Renouveler.   *Atteler.*   *Morceler.*

Exceptez de cette règle les 11 verbes suivants : *geler, peler, harceler, marteler, modeler, museler, ciseler, écarteler, morceler, agneler, bourreler.* (Académie.) Ces 11 verbes prennent un accent grave sur l'*e* et ne doublent pas l'*l* : je *gèle*, je *pèle*, je *harcèle*, etc., etc.

86. Les verbes en *eller* (avec deux *l*), comme *exceller*, conservent les deux *l* dans toute la conjugaison : *j'excelle*, nous *excellons*. — Conjuguez de même :

    Quereller.   *Flageller.*   *Seller* (un cheval).
    Interpeller.   *Se rebeller.*   *Sceller* (un paquet).

87. Les verbes en *eler* (avec un accent circonflexe sur l'*ê*), comme *mêler*, conservent l'accent circonflexe dans toute la conjugaison, et ne doublent pas la lettre *l* : je *mêle*, nous *mêlons*. — Conjuguez de même :

    Démêler.   *Entremêler.*   *Fêler.*
    Bêler.   *Grêler.*   *Remêler.*

88. Les verbes en *eler* (avec un accent aigu sur l'*é*), comme *révéler*, changent l'accent aigu en accent grave, lorsque dans la syllabe suivante il y a un *e* muet; mais ils ne doublent pas l'*l* : je *révèle*, je *révélerai*. — Conjuguez de même :

    Céler (cacher).
    Déceler (découvrir un secret).
    Receler (garder une chose volée).

89. Les verbes en *eter*, comme *jeter*, doublent la lettre *t*, quand elle est suivie d'un *e* muet : je *jette*, je *jetterai*.— Conjuguez de même :

Projeter.	*Cacheter.*	*Etiqueter.*
Fureter.	*Empaqueter.*	*Feuilleter.*

Exceptez de cette règle les 5 verbes suivants : *acheter*, *décolleter*, *étiqueter*, *haleter*, *crocheter*. (Académie.) Ces 5 verbes prennent un accent grave sur l'*e* et ne doublent pas le *t* : *j'achète*, elle se *décollète*, etc., etc.

90. Les verbes en *etter* (avec deux *t*), comme *regretter*, conservent les deux *t* dans toute la conjugaison : je *regrette*, nous *regrettons*. — Conjuguez de même :

Guetter.	*Emietter.*	*S'endetter.*
Brouetter.	*Fouetter.*	*Facetter.*

91. Les verbes en *êter* (avec un accent circonflexe sur l'*ê*), comme *fêter*, conservent l'accent circonflexe dans toute la conjugaison, et ne doublent pas la lettre *t* : je *fête*, nous *fêtons*. — Conjuguez de même :

Prêter.	*Arrêter.*	*Tempêter.*
Quêter.	*Apprêter.*	*Hébéter.*

92. Les verbes en *éter* (avec un accent aigu sur l'*é*) comme *compléter*, changent l'accent aigu en accent grave, lorsque dans la syllabe suivante il y a un *e* muet; mais ils ne doublent pas le *t* : je *complète*, je *compléterai*. — Conjuguez de même :

Végéter.	*Empiéter.*	*Décréter.*
Inquiéter.	*Répéter.*	*Refléter.*

Nota. On voit par ce qui précède combien il est important de connaître l'orthographe du présent de l'infinitif, c'est-à-dire de savoir si un verbe se termine par *eter*, *etter*, *êter*, ou *éter*. — Par *eter*, *etter*, *êter*, ou *éter*.

93. Les verbes *mener*, *peser*, et autres semblables dont l'avant-dernier *e* du présent de l'infinitif n'est pas accentué, prennent un accent grave sur cet *e*, lorsque dans la syllabe suivante il y a un *e* muet : je *mène*, je *mènerai; je *pèse*, je *pèserai*. — Conjuguez de même :

Lever.	*Crever.*	*Amener.*
Achever.	*Dépecer.*	*Promener.*

94. Les verbes *céder*, *régner*, et autres semblables dont l'avant-dernier *e* du présent de l'infinitif est accentué aigu, changent cet accent aigu en accent grave, lorsque dans la syllabe suivante il y a un *e* muet : je *cède*, je *cèderai; je *règne*, je *règnerai*. — Conjuguez de même :

Pénétrer.	*Régler.*	*Révéler.*
Sécher.	*Alléguer.*	*Compléter.*

95. Il faut excepter de cette règle les verbes en *éger*, comme *protéger*; et en *éer*, comme *créer*; ils conservent l'accent aigu dans toute la conjugaison : je *protége*, je *protégerai*; je *crée*, je *créerai*. — Conjuguez de même :

Abréger.	Agréer.
Siéger.	Suppléer.

96. Les verbes dont le participe présent est terminé en *uant*, comme *tuant, concluant*, prennent à la 1re et à la 2e personne plurielle de l'imparfait de l'indicatif et du présent du subjonctif un tréma sur l'*ï* de la terminaison *ions, ïez* : nous *tuïons*, vous *tuïez*; que nous *concluïons*, que vous *concluïez*. (Sans le tréma, on prononcerait : nous *tui-ons*; avec le tréma, on prononce : nous *tu-ï-ons*.) — Conjuguez de même :

Distribuer.	Influer.	Contribuer.
Remuer.	Instituer.	Effectuer.

97. Les 4 verbes *conclure, exclure, reclure*, et *puer*, ayant le participe présent en *uant*, sont soumis à la même règle; voici les temps primitifs de ces 4 verbes :

1. Je conclus.	1. J'exclus.	1. Je reclus.	1. Je pue.
2. Je conclus.	2. J'exclus.	2. Je reclus.	2. Je puai.
3. Conclure.	3. Exclure.	5. Reclure.	3. Puer.
4. Concluant.	4. Excluant.	4. Recluant.	4. Puant.
5. Conclu.	5. Exclu.	5. Reclus.	5. Pué.

98. Les verbes dont le participe présent est terminé en *yant* (avec un *y*), comme *employant, croyant*, changent l'*y* en *i* devant un *e* muet : j'*emploie*, j'*emploierai*; que je *croie*, qu'il *croie*. — Conjuguez de même :

Noyer.	Essayer.	Appuyer.
Côtoyer.	Effrayer.	Ennuyer.

Ces mêmes verbes, en *yant*, prennent à la 1re et à la 2e personne plurielle de l'imparfait de l'indicatif et du présent du subjonctif un *i* après l'*y* : nous *employions*, vous *employiez*; que nous *croyions*, que vous *croyiez*; parce qu'en changeant *ant* en *ions, iez*, il y a un *i* dans la terminaison et un *y* dans la racine.

Nota. L'Académie écrit de 2 manières : je *paie* et je *paye*, je *paierai* et je *payerai*; elle écrit aussi : je *grasseye*.

99. Les trois verbes *croire, fuir* et *traire*, ayant le participe présent en *yant*, sont soumis à la même règle; voici les temps primitifs de ces 3 verbes :

1. Je crois.	1. Je fuis.	1. Je trais.
2. Je crus.	2. Je fuis.	2. ....
3. Croire.	3. Fuir.	3. Traire.
4. Croyant.	4. Fuyant.	4. Trayant.
5. Cru.	5. Fui.	5. Trait.

Conjuguez le verbe *s'enfuir* sur le verbe *fuir*.
Conjuguez les verbes suivants sur le verbe *traire* :

Distraire.	Retraire.	Attraire.
Soustraire.	Abstraire.	Rentraire.
Extraire.		

DES 32 VERBES IRRÉGULIERS. (*)

100. Il a été dit (au n° 75, page 36), qu'on ne doit donner le nom d'*irréguliers* qu'aux verbes qui ne suivent pas les règles de la formation des temps.

101. Il y a dans la langue française 4625 verbes.
Sur ces 4625 verbes, il n'y en a que 32 d'*irréguliers*.
Plusieurs de ces verbes ne sont irréguliers qu'à un seul temps ; quelques-uns ne le sont qu'à une seule personne.
Un verbe n'est irrégulier que dans ses temps dérivés.
L'irrégularité d'un verbe peut se trouver, 1° dans la racine : je *f*erai (au lieu de : je *f*airai) ; 2° dans la terminaison : que nous ay*ons* (au lieu de : que nous ay*ions*) ; et 3° dans la racine et dans la terminaison tout à la fois : vous *dites* (au lieu de : vous *disez*).

102. Voici les 32 verbes irréguliers de la langue française, avec leurs *Temps primitifs* et leurs *Irrégularités*.

Nota. Quand le *futur* est irrégulier, le *conditionnel* l'est aussi, et de la même manière.

Quand il y a *etc.* au commencement d'un temps, cela signifie que le reste du temps est *irrégulier*.

ACQUÉRIR : J'acquiers, j'acquis, acquérir, acquérant, acquis.

IRRÉGULARITÉS : *Indicatif présent*, ils acquièrent. *Futur*, j'acquerrai, etc. *Subjonctif présent*, que j'acquière, que tu acquières, qu'il acquière, qu'ils acquièrent. — (Conjuguez de même : *conquérir, reconquérir, requérir, s'enquérir*.)

(*) Je ne crois pas inutile de faire remarquer qu'on ne trouve dans aucune grammaire le *système de conjugaison* exposé ici, système qui consiste à faire à tous les verbes l'application des règles de la *formation des temps*, et cela avec une exactitude tellement rigoureuse que sur les 4625 verbes de la langue française, il n'y en a que 32 qui ne puissent pas se soumettre à ces règles. Les autres Grammairiens partant d'un autre principe, celui des 4 conjugaisons-modèles : *aimer, finir, recevoir*, et *rendre*, comptent les verbes irréguliers PAR CENTAINES. — C'est ce que j'ai prouvé dans un ouvrage intitulé : *Mécanisme de la Conjugaison française*, et *Application de ce Mécanisme à plus de 1600 verbes considérés mal-à-propos, par la plupart des Grammairiens, comme difficiles ou irréguliers*.

ALLER : je vais, j'allai, aller, allant, allé.

IRRÉG. : *Indicatif présent*, tu vas, il va, ils vont. *Futur,* j'irai, etc. *Impératif,* va. *Subjonctif présent*, que j'aille, que tu ailles, qu'il aille, qu'ils aillent.

Nota. Ce verbe neutre se conjugue avec l'auxiliaire *être* aux temps composés.

APERCEVOIR : j'aperçois, j'aperçus, apercevoir, apercevant, aperçu.

IRRÉG. : *Indicatif présent*, ils aperçoivent. *Subjonctif présent*, que j'aperçoive, que tu aperçoives, qu'il aperçoive, qu'ils aperçoivent. — (Conjuguez de même : *concevoir, décevoir, percevoir, recevoir.*)

ASSEOIR : j'assieds, j'assis, asseoir, asseyant, assis.

IRRÉG. : *Futur,* j'assiérai, ou j'asseierai, etc. — (Conjuguez de même : *rasseoir.*)

Nota. Les verbes *seoir* et *surseoir* ne se conjuguent pas comme *asseoir.*

AVOIR : j'ai, j'eus, avoir, ayant, eu.

IRRÉG. : *Indicatif présent*, tu as, il a, nous avons, vous avez, ils ont. *Imparfait,* j'avais, etc. *Futur,* j'aurai, etc. *Impératif,* aie. *Subjonctif présent*, qu'il ait, que nous ayons, que vous ayez.

BOIRE : je bois, je bus, boire, buvant, bu.

IRRÉG. : *Indicatif présent*, ils boivent. *Subjonctif présent*, que je boive, que tu boives, qu'il boive, qu'ils boivent. — (Conjuguez de même : *reboire, s'emboire.*)

COURIR : je cours, je courus, courir, courant, couru.

IRRÉG. : *Futur,* je courrai, etc. — (Conjuguez de même : *accourir, concourir, discourir, encourir, parcourir, recourir, secourir.*)

CUEILLIR : je cueille, je cueillis, cueillir, cueillant, cueilli.

IRRÉG. : *Futur,* je cueillerai, etc. — (Conjuguez de même : *accueillir, recueillir.*)

DÉCHOIR : je déchois, je déchus, déchoir, déchoyant, déchu.

IRRÉG. : *Futur,* je décherrai, etc.

Nota. Le verbe *échoir* ne se conjugue pas comme *déchoir.*

DEVOIR : je dois, je dus, devoir, devant, dû, (due, dus, dues.)

IRRÉG. : *Indicatif présent*, ils doivent. *Subjonctif présent*, que je doive, que tu doives, qu'il doive, qu'ils doivent. — (Conjuguez de même : *redevoir.*)

DIRE : je dis, je dis, dire, disant, dit.

IRRÉG. : *Indicatif présent*, vous dites. *Impératif,* dites. — (Conjuguez de même : *redire.*)

Nota. Les 5 verbes *contredire, dédire, interdire, médire, et prédire,* sont *réguliers.*

ÉCHOIR : j'échois, j'échus, échoir, échéant, échu.

IRRÉG : *Indicatif présent*, nous échoyons, vous échoyez, ils échoient. *Futur*, j'écherrai. *Subjonctif présent*, que j'échoie, etc.

Nota. Le verbe *déchoir* ne se conjugue pas comme *échoir*.

ENVOYER : j'envoie, j'envoyai, envoyer, envoyant, envoyé.

IRRÉG. : *Futur*, j'enverrai, etc. — (Conjuguez de même : *renvoyer*.)

ÊTRE : je suis, je fus, être, étant, été.

IRRÉG. : *Indicatif présent*, tu es, il est, nous sommes, vous êtes, ils sont. *Futur*, je serai, etc. *Impératif*, sois, soyons, soyez. *Subjonctif présent*, que je sois, que tu sois, qu'il soit, que nous soyons, que vous soyez, qu'ils soient.

FAIRE : je fais, je fis, faire, faisant, fait.

IRRÉG. : *Indicatif présent*, vous faites, ils font. *Futur*, je ferai, etc. *Impératif*, faites. *Subjonctif présent*, que je fasse, etc. — (Conjuguez de même : *contrefaire*, *défaire*, *forfaire*, *méfaire*, *parfaire*, *refaire*, *redéfaire*, *satisfaire*, *surfaire*.)

FALLOIR : il faut, il fallut, falloir, fallant, fallu.

IRRÉG. : *Futur*, il faudra. *Subjonctif présent*, qu'il faille.

MOURIR : je meurs, je mourus, mourir, mourant, mort.

IRRÉG. : *Indicatif présent*, ils meurent. *Futur*, je mourrai, etc. *Subjonctif présent*, que je meure, que tu meures, qu'il meure, qu'ils meurent.

Nota. Ce verbe neutre se conjugue avec l'auxiliaire *être* aux temps composés.

MOUVOIR : je meus, je mus, mouvoir, mouvant, mû, (mue, mus, mues).

IRRÉG. : *Indicatif présent*, ils meuvent. *Subjonctif présent*, que je meuve, que tu meuves, qu'il meuve, qu'ils meuvent. — (Conjuguez de même : *émouvoir*, *démouvoir*, *promouvoir*.)

OUÏR : j'ois, j'ouïs, ouïr, oyant, ouï.

IRRÉG. : *Futur*, j'oirai, etc.

Nota. Ce verbe n'est usité qu'aux temps composés : *j'ai ouï*, etc.

POURVOIR : je pourvois, je pourvus, pourvoir, pourvoyant, pourvu.

IRRÉG. : *Futur*, je pourvoirai, etc. — (Conjuguez de même : *dépourvoir*.)

POUVOIR : je peux, je pus, pouvoir, pouvant, pu.

IRRÉG. : *Indicatif présent*, ils peuvent. *Futur*, je pourrai, etc. *Subjonctif présent*, que je puisse, etc.

Nota. On peut dire aussi : *je puis*, à la 1re personne singulière du présent de l'indicatif; mais on ne peut pas dire : *tu puis*, *il puit*.

PRENDRE : je prends, je pris, prendre, prenant, pris.

Irrég. : *Indicatif présent*, ils prennent. *Subjonctif présent*, que je prenne, que tu prennes, qu'il prenne, qu'ils prennent. — (Conjuguez de même : *apprendre, comprendre, désapprendre, entreprendre, se méprendre, rapprendre, reprendre, surprendre.*)

PRÉVALOIR : je prévaux, je prévalus, prévaloir, prévalant, prévalu.

Irrég. : *Futur*, je prévaudrai, etc.

Nota. Les verbes *valoir, équivaloir,* et *revaloir,* ne se conjuguent pas comme *prévaloir.*

PRÉVOIR : je prévois, je prévis, prévoir, prévoyant, prévu.

Irrég. : *Futur*, je prévoirai, etc.

Nota. Les verbes *voir, entrevoir,* et *revoir,* ne se conjuguent pas comme *prévoir.* — Il en est de même de *pourvoir* et de *pouvoir.*

SAILLIR *(être saillant)* : il saille, il saillit, saillir, saillant, sailli.

Irrég. : *Futur*, il saillera, ils sailleront.

Nota. Quand le verbe *saillir* signifie *jaillir*, il est *régulier.*

SAVOIR : je sais, je sus, savoir, sachant, su.

Irrég. : *Indicatif présent*, nous savons, vous savez, ils savent. *Imparfait*, je savais, etc. *Futur*, je saurai, etc. *Impératif*, sache.

SEOIR *(être convenable)* : il sied, ..., seoir, seyant, ...

Irrég. : *Indicatif présent*, ils siéent. *Futur*; il siéra, ils siéront. *Subjonctif présent*, qu'il siée, qu'ils siéent.—(Conjuguez de même : *messeoir.*)

Nota. Quand le verbe *seoir* signifie *tenir séance,* ou *être situé,* il n'a que le participe présent *séant,* et le participe passé *sis, sise.*

SURSEOIR : je sursois, je sursis, surseoir, sursoyant, sursis.

Irrég. : *Futur*, je surseoirai, etc.

TENIR : je tiens, je tins, tenir, tenant, tenu.

Irrég. : *Indicatif présent*, ils tiennent. *Futur*, je tiendrai, etc. *Subjonctif présent*, que je tienne, que tu tiennes, qu'il tienne, qu'ils tiennent. — (Conjuguez de même : *s'abstenir, appartenir, contenir, détenir, entretenir, maintenir, obtenir, retenir, soutenir.* — *Venir, circonvenir, convenir, contrevenir, devenir, disconvenir, intervenir, parvenir, prévenir, provenir, revenir, redevenir, se ressouvenir, se souvenir, subvenir, survenir.*)

VALOIR : je vaux, je valus, valoir, valant, valu.

Irrég. : *Futur*, je vaudrai, etc. *Subjonctif présent*, que je vaille, que tu vailles, qu'il vaille, qu'ils vaillent. — (Conjuguez de même : *équivaloir, revaloir.*)

Nota. Le verbe *prévaloir* ne se conjugue pas comme *valoir.*

VOIR : je vois, je vis, voir, voyant, vu.

Inrég. : *Futur,* je verrai, etc. — (Conjuguez de même : *entrevoir, revoir.*)

Nota. Le verbe *prévoir* ne se conjugue pas comme *voir.*

VOULOIR : je veux, je voulus, vouloir, voulant, voulu.

Inrég. : *Indicatif présent,* ils veulent. *Futur,* je voudrai, etc. *Impératif,* veuille, veuillons, veuillez. *Subjonctif présent,* que je veuille, que tu veuilles, qu'il veuille, qu'ils veuillent.

VERBES NEUTRES PRENANT L'AUXILIAIRE *être*

AUX TEMPS COMPOSÉS.

103. Le verbe *neutre* est celui après lequel on ne peut pas (à la 1re personne du singulier) mettre ces mots : *quelqu'un* ou *quelque chose.*

104. Il y a 600 verbes neutres dans la langue française; 540 se conjuguent aux temps composés avec l'auxiliaire *avoir,* et 60 seulement avec l'auxiliaire *être.* — Voici ces 60 verbes neutres rangés par ordre alphabétique :

* Accourir.	* Disparaître.	* Rajeunir.
* Accroître.	* Échapper.	* Réchapper.
Aller.	* Échoir.	* Recroître.
* Apparaître.	* Échouer.	* Redescendre.
Arriver.	Éclore.	Redevenir.
* Cesser.	* Embellir.	* Remonter.
* Changer.	* Empirer.	Rentrer.
Choir.	Entrer.	* Repartir. (Partir de nouveau.)
* Contrevenir.	* Expirer.	* Repasser.
* Convenir.	* Grandir.	* Ressortir. (Sortir de nouveau.)
* Croître.	Intervenir.	* Rester.
* Déborder.	Issir. (Il est *issu.*)	Retomber.
Décéder.	* Monter.	Revenir.
* Déchoir.	Mourir.	* Sonner.
* Décroître.	Naître.	* Sortir.
* Dégénérer.	* Partir.	Survenir.
* Demeurer.	Parvenir.	Tomber.
* Descendre.	* Passer.	* Trépasser.
Devenir.	* Périr.	Venir
Disconvenir.	Provenir.	* Vieillir.

Les verbes marqués d'un astérisque se conjuguent aussi, dans certains cas, avec l'auxiliaire *avoir;* c'est ce qu'on verra dans la 5e partie : *Orthologie,* au chapitre intitulé : *des Auxiliaires pour les verbes neutres.*

105. Le participe passé d'un verbe neutre qui se conjugue avec l'auxiliaire *avoir,* est invariable (c'est-à-dire qu'il n'a ni féminin, ni pluriel) : *dormi, langui, nui,* etc.

Le participe passé d'un verbe neutre qui se conjugue avec l'auxiliaire *être* est variable : *arrivé, arrivée, arrivés, arrivées.*

106. MODÈLE D'UN VERBE NEUTRE
PRENANT L'AUXILIAIRE *être* AUX TEMPS COMPOSÉS.

ARRIVER. (*VERBE NEUTRE.* == 60.)

INDICATIF.

PRÉSENT.

J'arrive.
Tu arrives.
Il arrive.
Nous arrivons.
Vous arrivez.
Ils arrivent.

IMPARFAIT.

J'arrivais.
Tu arrivais.
Il arrivait.
Nous arrivions.
Vous arriviez.
Ils arrivaient.

PASSÉ DÉFINI.

J'arrivai.
Tu arrivas.
Il arriva.
Nous arrivâmes.
Vous arrivâtes.
Ils arrivèrent.

PASSÉ INDÉFINI.

Je suis arrivé.
Tu es arrivé.
Il est arrivé.
Nous sommes arrivés.
Vous êtes arrivés.
Ils sont arrivés.

PASSÉ ANTÉRIEUR.

Je fus arrivé.
Tu fus arrivé.
Il fut arrivé.
Nous fûmes arrivés.
Vous fûtes arrivés.
Ils furent arrivés.

PLUSQUE-PARFAIT.

J'étais arrivé.
Tu étais arrivé.
Il était arrivé.
Nous étions arrivés.
Vous étiez arrivés.
Ils étaient arrivés.

FUTUR SIMPLE.

J'arriverai.
Tu arriveras.
Il arrivera.
Nous arriverons.
Vous arriverez.
Ils arriveront.

FUTUR COMPOSÉ.

Je serai arrivé.
Tu seras arrivé.
Il sera arrivé.
Nous serons arrivés.
Vous serez arrivés.
Ils seront arrivés.

CONDITIONNEL.

PRÉSENT ET FUTUR.

J'arriverais.
Tu arriverais.
Il arriverait.
Nous arriverions.
Vous arriveriez.
Ils arriveraient.

PASSÉ.

Je serais arrivé.
Tu serais arrivé.
Il serait arrivé.
Nous serions arrivés.
Vous seriez arrivés.
Ils seraient arrivés.

AUTRE PASSÉ.

Je fusse arrivé.
Tu fusses arrivé.
Il fût arrivé.
Nous fussions arrivés.
Vous fussiez arrivés.
Ils fussent arrivés.

IMPÉRATIF.

PRÉSENT ET FUTUR.

....
Arrive.
....
Arrivons.
Arrivez.
....

3

SUBJONCTIF.

PRÉSENT ET FUTUR.

Que j'arrive.
Que tu arrives.
Qu'il arrive.
Que nous arrivions.
Que vous arriviez.
Qu'ils arrivent.

IMPARFAIT.

Que j'arrivasse.
Que tu arrivasses.
Qu'il arrivât.
Que nous arrivassions.
Que vous arrivassiez.
Qu'ils arrivassent.

PASSÉ.

Que je sois arrivé.
Que tu sois arrivé.
Qu'il soit arrivé.
Que nous soyons arrivés.
Que vous soyez arrivés.
Qu'ils soient arrivés.

PLUSQUE-PARFAIT.

Que je fusse arrivé.
Que tu fusses arrivé.
Qu'il fût arrivé.
Que nous fussions arrivés.
Que vous fussiez arrivés.
Qu'ils fussent arrivés.

INFINITIF.

PRÉSENT ET FUTUR.

Arriver.

PASSÉ.

Être arrivé.

PARTICIPE PRÉSENT.

Arrivant.

PARTICIPE PASSÉ.

Arrivé, arrivée.
Arrivés, arrivées.
Étant arrivé.

Conjuguez sur ce modèle les verbes suivants :

Monter.   Partir.   Descendre.
Entrer.   Sortir.   Rester, etc.

MODÈLE D'UN VERBE PRONOMINAL.

107. Le verbe *pronominal* est celui qui se conjugue avec deux pronoms de la même personne, désignant le même individu : *Je me flatte, tu te flattes, il se flatte, nous nous flattons, vous vous flattez, ils se flattent,* etc.

Nota. Tous les verbes pronominaux se conjuguent avec l'auxiliaire *être* aux temps composés.

SE FLATTER. (V. PRONOMINAL.)

INDICATIF.

PRÉSENT.

Je me flatte.
Tu te flattes.
Il se flatte.
Nous nous flattons.
Vous vous flattez.
Ils se flattent.

IMPARFAIT.

Je me flattais.
Tu te flattais.
Il se flattait.
Nous nous flattions.
Vous vous flattiez.
Ils se flattaient.

PASSÉ DÉFINI.

Je me flattai.
Tu te flattas.

Il se flatta.
Nous nous flattâmes.
Vous vous flattâtes.
Ils se flattèrent.

PASSÉ INDÉFINI.

Je me suis flatté.
Tu t'es flatté.
Il s'est flatté.
Nous nous sommes flattés.
Vous vous êtes flattés.
Ils se sont flattés.

PASSÉ ANTÉRIEUR.

Je me fus flatté.
Tu te fus flatté.
Il se fut flatté.
Nous nous fûmes flattés.
Vous vous fûtes flattés.
Ils se furent flattés.

PLUSQUE-PARFAIT.
Je m'étais flatté.
Tu t'étais flatté.
Il s'était flatté.
Nous nous étions flattés.
Vous vous étiez flattés.
Ils s'étaient flattés.

FUTUR SIMPLE.
Je me flatterai.
Tu te flatteras.
Il se flattera.
Nous nous flatterons.
Vous vous flatterez.
Ils se flatteront.

FUTUR COMPOSÉ.
Je me serai flatté.
Tu te seras flatté.
Il se sera flatté.
Nous nous serons flattés
Vous vous serez flattés.
Ils se seront flattés.

CONDITIONNEL.
PRÉSENT ET FUTUR.
Je me flatterais.
Tu te flatterais.
Il se flatterait.
Nous nous flatterions.
Vous vous flatteriez.
Ils se flatteraient.

PASSÉ.
Je me serais flatté.
Tu te serais flatté.
Il se serait flatté.
Nous nous serions flattés.
Vous vous seriez flattés.
Ils se seraient flattés.

AUTRE PASSÉ.
Je me fusse flatté.
Tu te fusses flatté.
Il se fût flatté.
Nous nous fussions flattés.
Vous vous fussiez flattés.
Ils se fussent flattés.

IMPÉRATIF.
PRÉSENT ET FUTUR.
. . . .

Flatte-toi.
. . . .
Flattons-nous.
Flattez-vous.
. . . .

SUBJONCTIF.
PRÉSENT ET FUTUR.
Que je me flatte.
Que tu te flattes.
Qu'il se flatte.
Que nous nous flattions.
Que vous vous flattiez.
Qu'ils se flattent.

IMPARFAIT.
Que je me flattasse.
Que tu te flattasses.
Qu'il se flattât.
Que nous nous flattassions.
Que vous vous flattassiez.
Qu'ils se flattassent.

PASSÉ.
Que je me sois flatté.
Que tu te sois flatté.
Qu'il se soit flatté.
Que nous nous soyons flattés.
Que vous vous soyez flattés.
Qu'ils se soient flattés.

PLUSQUE-PARFAIT.
Que je me fusse flatté.
Que tu te fusses flatté.
Qu'il se fût flatté.
Que nous nous fussions flattés.
Que vous vous fussiez flattés.
Qu'ils se fussent flattés.

INFINITIF.
PRÉSENT ET FUTUR.
Se flatter.

PASSÉ.
S'être flatté.

PARTICIPE PRÉSENT.
Se flattant.

PARTICIPE PASSÉ.
. . . . . , ...
. . . . . , ...
S'étant flatté.

Conjuguez sur ce modèle les verbes suivants :

Se reposer.	Se divertir.	Se dessaisir.
S'habiller.	S'apercevoir.	Se perdre, etc.

MODÈLE D'UN VERBE PASSIF.

108. Le verbe *passif* est le participe passé d'un verbe actif, conjugué dans tous les temps avec l'auxiliaire *être* : *Je suis regardé, j'étais regardé, je fus regardé, j'ai été regardé,* etc.

ÊTRE REGARDÉ. (v. passif.)

INDICATIF.

PRÉSENT.

Je suis regardé.
Tu es regardé.
Il est regardé.
Nous sommes regardés.
Vous êtes regardés.
Ils sont regardés.

IMPARFAIT.

J'étais regardé.
Tu étais regardé.
Il était regardé.
Nous étions regardés.
Vous étiez regardés.
Ils étaient regardés.

PASSÉ DÉFINI.

Je fus regardé.
Tu fus regardé.
Il fut regardé.
Nous fûmes regardés.
Vous fûtes regardés.
Ils furent regardés.

PASSÉ INDÉFINI.

J'ai été regardé.
Tu as été regardé.
Il a été regardé.
Nous avons été regardés.
Vous avez été regardés.
Ils ont été regardés.

PASSÉ ANTÉRIEUR.

J'eus été regardé.
Tu eus été regardé.
Il eut été regardé.
Nous eûmes été regardés.
Vous eûtes été regardés.
Ils eurent été regardés.

PLUSQUE-PARFAIT.

J'avais été regardé.
Tu avais été regardé.
Il avait été regardé.
Nous avions été regardés.
Vous aviez été regardés.
Ils avaient été regardés.

FUTUR.

Je serai regardé.
Tu seras regardé.
Il sera regardé.
Nous serons regardés.
Vous serez regardés.
Ils seront regardés.

FUTUR COMPOSÉ.

J'aurai été regardé.
Tu auras été regardé.
Il aura été regardé.
Nous aurons été regardés.
Vous aurez été regardés.
Ils auront été regardés.

CONDITIONNEL.

PRÉSENT ET FUTUR.

Je serais regardé.
Tu serais regardé.
Il serait regardé.
Nous serions regardés.
Vous seriez regardés.
Ils seraient regardés.

PASSÉ.

J'aurais été regardé.
Tu aurais été regardé.
Il aurait été regardé.
Nous aurions été regardés.
Vous auriez été regardés.
Ils auraient été regardés.

AUTRE PASSÉ.

J'eusse été regardé.
Tu eusses été regardé.
Il eût été regardé.
Nous eussions été regardés.
Vous eussiez été regardés.
Ils eussent été regardés.

IMPÉRATIF.

PRÉSENT ET FUTUR.

....
Sois regardé.
....
Soyons regardés.

Soyez regardés.

....

SUBJONCTIF.

PRÉSENT ET FUTUR.

Que je sois regardé.
Que tu sois regardé.
Qu'il soit regardé.
Que nous soyons regardés.
Que vous soyez regardés.
Qu'ils soient regardés.

IMPARFAIT.

Que je fusse regardé.
Que tu fusses regardé.
Qu'il fût regardé.
Que nous fussions regardés.
Que vous fussiez regardés.
Qu'ils fussent regardés.

PASSÉ.

Que j'aie été regardé.
Que tu aies été regardé.
Qu'il ait été regardé.

Que nous ayons été regardés.
Que vous ayez été regardés.
Qu'ils aient été regardés.

PLUSQUE-PARFAIT.

Que j'eusse été regardé.
Que tu eusses été regardé.
Qu'il eût été regardé.
Que n. eussions été regardés.
Que vous eussiez été regardés.
Qu'ils eussent été regardés.

INFINITIF.

PRÉSENT ET FUTUR.

Être regardé.

PASSÉ.

Avoir été regardé.

PARTICIPE PRÉSENT.

Étant regardé.

PARTICIPE PASSÉ.

..... , ...
..... , ...

Ayant été regardé.

Conjuguez sur ce modèle les verbes suivants :

Être aimé.   *Être guéri.*   *Être trahi.*
Être cherché.   *Être aperçu.*   *Être vu,* etc.

109. *Note essentielle.* Pour reconnaître le temps d'un verbe passif, il suffit de reconnaître le temps de l'auxiliaire *être,* parce que le verbe passif est toujours au même temps que son auxiliaire. Ainsi pour savoir à quel temps est : *il aura été regardé,* sachez à quel temps est l'auxiliaire *être : il aura été,* c'est le futur composé ; donc, le verbe passif *il aura été regardé* est au futur composé.

MODÈLE D'UN VERBE UNIPERSONNEL.

110. Le verbe *unipersonnel* est celui qui ne se conjugue qu'à la 3e personne du singulier, avec le pronom *il* qui ne signifie rien : *Il pleut, il vente, il neige, il faut,* etc.

PLEUVOIR. (*V. UNIPERSONNEL.*)

INDICATIF.

PRÉSENT.

Il pleut.

IMPARFAIT.

Il pleuvait.

PASSÉ DÉFINI.

Il plut.

PASSÉ INDÉFINI.

Il a plu.

PASSÉ ANTÉRIEUR.

Il eut plu.

PLUSQUE-PARFAIT.

Il avait plu.

FUTUR SIMPLE.

Il pleuvra.

FUTUR COMPOSÉ.

Il aura plu.

CONDITIONNEL.

PRÉSENT ET FUTUR.

Il pleuvrait.

PASSÉ.

Il aurait plu.

AUTRE PASSÉ.

Il eût plu.

IMPÉRATIF.

PRÉSENT ET FUTUR.

....

SUBJONCTIF.

PRÉSENT ET FUTUR.

Qu'il pleuve.

IMPARFAIT.

Qu'il plût.

PASSÉ.

Qu'il ait plu.

PLUSQUE-PARFAIT.

Qu'il eût plu.

INFINITIF.

PRÉSENT ET FUTUR.

Pleuvoir.

PASSÉ.

Avoir plu.

PARTICIPE PRÉSENT.

Pleuvant.

PARTICIPE PASSÉ.

Plu , ...

..... , ...

Ayant plu.

———

Nota. Le participe passé des verbes unipersonnels est toujours *invariable.*

Conjuguez sur ce modèle les verbes suivants :

 Tonner. *Grêler.* *Importer.*

 Venter. *Résulter.* *Neiger,* etc.

111. MODÈLE D'UN VERBE CONJUGUÉ AVEC INTERROGATION.

CHANTER? (*AVEC INTERROG.*)

INDICATIF.

PRÉSENT.

Chanté-je ?

Chantes-tu ?

Chante-t-il ?

Chantons-nous ?

Chantez-vous ?

Chantent-ils ?

IMPARFAIT.

Chantais-je ?

Chantais-tu ?

Chantait-il ?

Chantions-nous ?

Chantiez-vous ?

Chantaient-ils ?

PASSÉ DÉFINI.

Chantai-je?

Chantas-tu ?

Chanta-t-il ?

Chantâmes-nous?

Chantâtes-vous?

Chantèrent-ils?

PASSÉ INDÉFINI.

Ai-je chanté ?

As-tu chanté ?

A-t-il chanté ?

Avons-nous chanté?

Avez-vous chanté ?

Ont-ils chanté ?

PASSÉ ANTÉRIEUR.

....

....

....

....

....

....

PLUSQUE-PARFAIT.

Avais-je chanté ?

Avais-tu chanté ?

Avait-il chanté?

Avions-nous chanté ?

Aviez-vous chanté ?

Avaient-ils chanté ?

FUTUR SIMPLE.

Chanterai-je ?

Chanteras-tu ?

Chantera-t-il ?

Chanterons-nous ?

Chanterez-vous ?

Chanteront-ils ?

FUTUR COMPOSÉ.

Aurai-je chanté?

Auras-tu chanté ?
Aura-t-il chanté?
Aurons-nous chanté?
Aurez-vous chanté?
Auront-ils chanté?

CONDITIONNEL.

PRÉSENT ET FUTUR.

Chanterais-je ?
Chanterais-tu?
Chanterait-il ?
Chanterions-nous ?
Chanteriez-vous ?
Chanteraient-ils?

PASSÉ.

Aurais-je chanté?
Aurais-tu chanté ?

Aurait-il chanté?
Aurions-nous chanté?
Auriez-vous chanté?
Auraient-ils chanté?

AUTRE PASSÉ.

Eussé-je chanté?
Eusses-tu chanté ?
Eût-il chanté?
Eussions-nous chanté?
Eussiez-vous chanté ?
Eussent-ils chanté ?

Nota. Les verbes conjugués avec interrogation n'ont pas d'autres temps.

Conjuguez sur ce modèle les verbes suivants :

Parler?   *Avertir?*   *Entendre?*
Regarder?   *Apercevoir?*   *Fermer?* etc.

112. Il y a 3 choses à observer dans toute l'étendue d'un verbe conjugué avec interrogation :

1º Le pronom est placé après le verbe.

2º Un trait d'union joint le pronom au verbe.

3º Un point d'interrogation est placé après le verbe, pour avertir l'œil que le verbe est conjugué interrogativement.

113. Il faut remarquer à la 1ʳᵉ personne du singulier, que lorsque le verbe est terminé par un *e* muet, on met un accent aigu sur cet *e* muet : *regardé-je? eussé-je regardé?*

Cet accent aigu s'appelle *accent euphonique*, (c'est-à-dire servant à adoucir la prononciation.)

114. Il faut observer à la 3ᵉ personne du singulier, que lorsque le verbe est terminé par une voyelle, on met un *t* euphonique entre le verbe et les pronoms *il, elle, on* : *regarde-t-il? regarde-t-elle? regardera-t-on?*

115. Un verbe ne peut pas se conjuguer par interrogation à tous les temps ; on doit s'arrêter au second passé du conditionnel.

Il ne peut pas même se conjuguer au passé antérieur; et si l'on rencontre quelquefois ce temps avec le pronom placé après le verbe, ce n'est pas qu'il y ait interrogation (car on n'interroge jamais au passé antérieur), mais il y a *inversion*, c'est-à-dire renversement de l'ordre des mots : *à peine* EUS-JE REGARDÉ *que je m'en aperçus*; on pourrait dire sans inversion : *à peine j'*EUS REGARDÉ *que je m'en aperçus.*

2ᵐᵉ Partie : ANALYSE GRAMMATICALE.

Une phrase étant donnée, rendre compte de tous les mots qui la composent, en considérant ces mots d'abord isolément, ensuite en rapport les uns avec les autres : tel est l'objet de l'Analyse grammaticale.

EN QUOI CONSISTE L'ANALYSE GRAMMATICALE.

1. *Analyser* signifie rendre compte de quelque chose, après un examen attentif de toutes ses parties.

2. *Faire l'analyse grammaticale*, c'est rendre compte de tous les mots d'une phrase.

3. Quand on fait l'analyse grammaticale d'une phrase, on peut considérer les mots sous deux points de vue : 1° *isolément*; 2° *en rapport les uns avec les autres*; ce qui divise naturellement l'analyse grammaticale en deux parties.

4. Dans la 1ʳᵉ partie, c'est-à-dire quand on considère les mots isolément, il faut prendre séparément chaque mot pour déterminer la *Partie du discours* à laquelle il appartient; puis désigner le *Genre*, le *Nombre*, la *Personne*, le *Mode*, et le *Temps* des mots qui sont susceptibles d'éprouver ces divers accidents.

Par *accidents*, on entend ici ce qui peut survenir à un mot : un mot peut changer de *genres*, de *nombres*, de *personnes*, de *modes*, et de *temps*.

5. Dans la 2ᵉ partie, c'est-à-dire quand on considère les mots dans les rapports qu'ils ont entre eux, il faut désigner le *Sujet*, le *Régime* ou *Complément*, le *Vocatif*, le *Qualificatif*, le *Modificatif*, et le *Déterminatif*.

(Voyez ci-après un Modèle d'Analyse grammaticale.)

1re PARTIE DE L'ANALYSE.

Classification et Accidents des mots.

DES DIX ESPÈCES DE MOTS.

6. Il y a dans la langue française 10 *Espèces de mots*, savoir : le Substantif (ou le Nom), l'Article, l'Adjectif, le Pronom, le Verbe, le Participe, la Préposition, l'Adverbe, la Conjonction, et l'Interjection.

7. On appelle aussi ces 10 espèces de mots, les 10 *Parties du Discours.*

8. Le *Substantif* (ou le *Nom*) est un mot qui désigne une personne : *père;* — un animal : *chien;* — ou une chose : *table.*

9. Le mot *substantif* vient du mot *substance*, c'est-à-dire matière dont une chose est faite.

10. L'*Article* (le, la, les) est un mot qui se place devant le substantif pour le déterminer, c'est-à-dire pour le faire prendre dans un sens particulier, pour empêcher qu'il ne soit pris dans un sens vague. Ainsi, quand je dis : *donnez-moi* LE *dictionnaire*, je veux parler d'un dictionnaire déjà connu, c'est celui dont on se sert habituellement, et non le premier dictionnaire venu. — *Avancez* LA *table;* il s'agit ici d'une table qui est là, près de nous, et non d'une table quelconque. — *Faites venir* LES *enfants*, c'est-à-dire les enfants de la maison, ou ceux dont on a déjà parlé, et non les premiers enfants venus.

11. L'*Adjectif* est un mot ajouté au substantif pour le qualifier, ou pour le déterminer.

12. Qualifier un substantif, c'est exprimer sa manière d'être, sa qualité : *voici un* BON *livre.*

13. Déterminer un substantif, c'est le faire prendre dans un sens particulier (comme l'article) : CE *livre m'appartient.*

14. Le mot *adjectif* vient du vieux mot *adjouté* (maintenant *ajouté*); en effet, l'adjectif est ajouté au substantif.

15. Le *Pronom* est un mot qui tient la place du substantif : *mon père est absent*, IL *reviendra demain.*

16. Le mot *pronom* vient du mot latin *pro*, qui signifie *pour*, et du mot *nom ;* en effet, le pronom est employé *pour* le *nom*, à la place du nom ou substantif.

17. Le *Verbe* est un mot qui exprime une action ou un état : *cet homme* COURT *dans les champs. Cet enfant* SOUFFRE *beaucoup.*

18. Le *Participe* est un mot qui tient de la nature du verbe et de la nature de l'adjectif qualificatif; c'est-à-dire que le participe exprime une action ou un état (comme le verbe), ou une qualité (comme l'adjectif qualificatif) : *un homme* COURANT *dans les champs. Un enfant* SOUFFRANT *beaucoup. — Cet homme a* COURU. *Voici un livre* ESTIMÉ.

19. Le mot *participe* vient du mot *participer*; en effet, cette espèce de mot *participe* ou tient de la nature du verbe et de la nature de l'adjectif qualificatif.

20. La *Préposition* est un mot qui précède le substantif, le pronom, et l'infinitif, pour former ce qu'on appelle un régime ou complément indirect : *je viens* DE *Paris. Je vais* CHEZ *lui. Je travaille* POUR *vivre.*

21. Le mot *préposition* vient du mot *pré (précéder)*, et du mot *position;* en effet, la préposition est un mot dont la *position précède* le régime ou complément.

22. L'*Adverbe* est un mot ajouté au verbe, au participe, à l'adjectif qualificatif, et à un autre adverbe, pour les modifier, c'est-à-dire pour exprimer une des neuf choses suivantes :

1º La manière : cet enfant parle *bien.*
2º L'ordre : *premièrement* vous écrirez, *secondement* vous lirez, *ensuite* vous sortirez.
3º Le lieu : venez *ici, où* allez-vous? asseyez-vous *là.*
4º Le temps : vous viendrez *demain.* Il est arrivé *hier.*
5º La quantité : il mange *beaucoup.* Il boit *peu.*
6º La comparaison : il travaille *plus* que vous.
7º L'affirmation : *oui,* je le ferai *certainement.*
8º La négation : *non,* je *ne* le ferai *pas.*
9º Le doute : je le ferai *probablement.*

23. Le mot *adverbe* vient du mot *ad (adjouté)*, et du mot *verbe;* en effet, l'adverbe est *ajouté* principalement au *verbe.*

24. La *Conjonction* est un mot qui sert à lier un mot à un autre mot, ou une phrase à une autre phrase : *Il est instruit* ET *modeste. Il parle peu* ET *il réfléchit beaucoup.*

25. Le mot *conjonction* vient du mot *jonction* (action de joindre); en effet, la conjonction sert à opérer la *jonction* de deux mots ou de deux phrases.

26. L'*Interjection* est un mot qui sert à jeter un cri, pour exprimer un sentiment de joie, de douleur, d'étonnement, etc. : AH! *quel bonheur!* OH! *que je souffre!* HA! *j'ai eu peur!*

DES MOTS VARIABLES ET DES MOTS INVARIABLES.

27. Un mot *variable* est celui dont la terminaison change pour exprimer le genre, ou le nombre, ou la personne, ou le mode, ou le temps. C'est ce qu'on appelle les *accidents* d'un mot.

28. Un mot *invariable* est celui dont la terminaison ne change pas, et qui par conséquent n'a ni genre, ni nombre, etc.

29. Il y a 6 espèces de mots variables ; savoir : le *substantif*, l'*article*, l'*adjectif*, le *pronom*, le *verbe*, et le *participe*.

30. Il y a 4 espèces de mots invariables ; savoir : la *préposition*, l'*adverbe*, la *conjonction*, et l'*interjection*.

DES DIFFÉRENTES SORTES DE SUBSTANTIFS.

31. Il y a 8 sortes de substantifs; savoir : le substantif physique ou matériel, le substantif métaphysique ou immatériel, le substantif commun, le substantif propre, le substantif collectif, le substantif composé, le substantif étranger, et le substantif accidentel.

32. Le substantif physique ou matériel est celui qui désigne un être (personne, animal, chose) que nous pouvons voir, ou toucher, ou sentir, ou entendre, en un mot qui fait impression sur un ou plusieurs de nos sens : *bois, air, feu, soleil*, etc.

33. Le substantif métaphysique ou immatériel est celui qui désigne un objet qui n'existe que dans notre esprit, dans notre imagination : le *mensonge*, la *vérité*, le *désir*, la *justice*, etc.

34. Le substantif commun est celui qui désigne un être qui n'est pas seul de son espèce : *arbre, table, cheval, père*, etc. — Ces mots sont des noms qui sont *communs* à plusieurs êtres de même espèce.

35. Le substantif propre est celui qui désigne un être qui est seul de son espèce : *Dieu, Fénelon, Paris*, l'*Europe*, les *Pyrénées*, la *Méditerranée*, etc. — Ces mots sont des noms qui ne sont *propres* qu'à un seul être.

36. Le substantif collectif est celui qui, *quoique au singulier*, présente à l'esprit l'idée de plusieurs personnes ou de plusieurs choses de même espèce, formant une *collection* : une *armée*, un *peuple*, la *plupart*, une *infinité*, une *foule*, etc.

37. Il y a deux espèces de collectifs : le collectif *général*
et le collectif *partitif*.

38. Le collectif général est celui qui exprime une collection totale, entière, *générale* : une *armée*, un *peuple*,
une *forêt*, une *flotte*, etc.

39. Le collectif partitif est celui qui exprime une collection partielle, c'est-à-dire, faisant *partie* d'un plus grand
nombre : *la plupart*, une *infinité*, une *foule*, une *quantité*, etc.

40. Il y a des substantifs collectifs qui peuvent être des
deux espèces, *généraux* et *partitifs*, selon le sens qu'ils
présentent; quand je dis : L'INFINITÉ *des perfections de
Dieu m'accable*, le substantif *infinité* est un collectif général, parce qu'il signifie *la totalité des perfections de Dieu.*
— Mais dans cette phrase : *cet homme a une* INFINITÉ *de
perfections*, le même substantif *infinité* est un collectif
partitif, parce qu'il n'exprime qu'une *partie des perfections* qu'un homme peut avoir.

En général, un collectif précédé de *un*, *une*, est partitif : une *foule*, une *multitude*, une *quantité*, etc.

41. Un substantif composé est celui qui est formé de plusieurs mots joints par un trait d'union : un *arc-en-ciel*,
un *char-à-bancs*, un *garde-manger*, un *cure-dents*, etc.

42. Un substantif étranger est celui qui est emprunté
d'une langue étrangère : un *duo*, un *alléluia*, un *piano*,
etc.

43. Un substantif accidentel est celui qui est formé d'un
mot qui n'est pas toujours substantif; qui est plus souvent
conjonction, *adverbe*, etc., que substantif : les *car*, les
mais, les *si*, un *oui*, un *non*, les *pourquoi*, les *comment*,
les *on dit*, le *qu'en dira-t-on*, etc.

DES DIFFÉRENTES SORTES D'ARTICLES.

44. Il y a 3 sortes d'articles : l'article *simple*, l'article
élidé, et l'article *composé* (ou *contracté*).

45. L'article simple est *le* pour le masculin, *la* pour le
féminin, *les* pour le pluriel, soit masculin soit féminin.

46. L'article élidé est celui dont on a retranché la
voyelle *a* ou *e* : *l'armée* (au lieu de *la armée*); *l'argent*
(au lieu de *le argent*).

47. L'article composé ou contracté est celui qui renferme la préposition *à* ou *de*, et l'article *le*, *les* : *au*, c'est-
à-dire *à le*; *aux*, c'est-à-dire *à les*; *du*, c'est-à-dire *de le*;
des, c'est-à-dire *de les*.

DES DIFFÉRENTES SORTES D'ADJECTIFS.

48. Il y a deux classes d'adjectifs : les adjectifs *qualificatifs* et les adjectifs *déterminatifs*.

49. 1re CLASSE : ADJECTIFS QUALIFICATIFS.

Les adjectifs qualificatifs sont ceux qui expriment des manières d'être, des qualités.

Les adjectifs qualificatifs ne se divisent pas en plusieurs espèces.

Voici quelques adjectifs qualificatifs :

Bon.	Rouge.	Aisé.
Mauvais.	Bleu.	Moindre.
Joli.	Aimable.	Pire.
Vilain.	Savant.	Aise.
Grand.	Gai.	Etc.

50. 2e CLASSE : ADJECTIFS DÉTERMINATIFS.

Les adjectifs déterminatifs sont ceux qui font prendre les substantifs dans un sens particulier.

51. Les adjectifs déterminatifs se divisent en 5 espèces :

1° Les adjectifs numéraux.

2° Les adjectifs possessifs.

3° Les adjectifs démonstratifs.

4° Les adjectifs interrogatifs.

5° Les adjectifs indéfinis.

52. 1re *Espèce : Adjectifs numéraux.*

Les adjectifs numéraux servent à compter, ou à désigner l'ordre ; de là, deux sortes d'adjectifs numéraux.

Ceux qui servent à compter s'appellent adjectifs numéraux *cardinaux*. — Ceux qui désignent l'ordre, le rang, s'appellent adjectifs numéraux *ordinaux*.

Adjectifs numéraux cardinaux.	*Adjectifs numéraux ordinaux.*
Un, une.	Premier, première. — Unième.
Deux.	Second, seconde. — Deuxième.
Trois.	Troisième.
Quatre.	Quatrième.
Cinq.	Cinquième.
Six.	Sixième.
....	....
....	
Etc.	Dernier, dernière.

53.   *2ᵉ Espèce : Adjectifs possessifs.*

Les adjectifs possessifs servent à exprimer la *possession :*

SINGULIER.		PLURIEL.
Masc.	*Fém.*	*Masc. et Fém.*
Mon.	Ma.	Mes.
Ton.	Ta.	Tes.
Son.	Sa.	Ses.
Notre.		Nos.
Votre.		Vos.
Leur.		Leurs.

54.   *3ᵉ Espèce : Adjectifs démonstratifs.*

Les adjectifs démonstratifs servent à indiquer, à *montrer :*

SINGULIER.		PLURIEL.
Masc.	*Fém.*	*Masc. et Fém.*
Ce.	Cette.	Ces.
Cet.		

55.   *4ᵉ Espèce : Adjectifs interrogatifs.*

Les adjectifs interrogatifs servent à *interroger :*

SINGULIER.		PLURIEL.	
Masc.	*Fém.*	*Masc.*	*Fém.*
Quel?	Quelle?	Quels ?	Quelles ?

56.   *5ᵉ Espèce : Adjectifs indéfinis.*

Les adjectifs indéfinis expriment une idée générale, *indéfinie :*

Aucun. | Aucune. ‖ Aucuns. | Aucunes.
Autre. ‖ Autres.
Certain. | Certaine. ‖ Certains. | Certaines.
Chaque.
De, du, des (signifiant : *quelques, plusieurs, un peu de, une
Divers. ‖ Diverses.   certaine quantité de).*
Maint. | Mainte. ‖ Maints. | Maintes.
Même. ‖ Mêmes.
Nul. | Nulle. ‖ Nuls. | Nulles.
Plusieurs.
Quel. | Quelle. ‖ Quels. | Quelles.
Quelque. ‖ Quelques.
Quelconque. ‖ Quelconques.
Tout. | Toute. ‖ Tous. | Toutes.
Tel. | Telle. ‖ Tels. | Telles.
Un. | Une.

57. Le substantif auquel est ajouté l'adjectif n'est pas toujours exprimé, il est quelquefois sous-entendu : AUCUN *n'en veut,* c'est-à-dire : *aucun homme n'en veut.* — PLUSIEURS *pensent ainsi,* c'est-à-dire : *plusieurs personnes pensent ainsi.* Etc.

DES DIFFÉRENTES SORTES DE PRONOMS.

58. Il y a 6 sortes de pronoms :
1° Les pronoms personnels.
2° Les pronoms possessifs.
3° Les pronoms démonstratifs.
4° Les pronoms relatifs.
5° Les pronoms interrogatifs.
6° Les pronoms indéfinis.

Ces pronoms (de même que les adjectifs), prennent leurs noms de leur signification.

59. *Pronoms personnels.*

SINGULIER.	PLURIEL.
1re *personne :* Je, me, moi.......	.... Nous.
2e *personne :* Tu, te, toi..........	.... Vous.
3e *personne :* Il....................	.... Ils.
Elle...................	.... Elles.
Se....................	.... Se.
Soi.	
Lui..................	.... Leur, eux.
Le \ Les.	
La /	.... Les.

60. *Pronoms possessifs.* (3e personne.)

SINGULIER.		PLURIEL.	
Masc.	*Fém.*	*Masc.*	*Fém.*
Le mien,	La mienne.	Les miens,	Les miennes.
Le tien,	La tienne.	Les tiens,	Les tiennes.
Le sien,	La sienne.	Les siens,	Les siennes.
Le nôtre,	La nôtre.	Les nôtres.	
Le vôtre,	La vôtre.	Les vôtres.	
Le leur,	La leur.	Les leurs.	

Nota. Les mots *le, la, les,* sont des articles ; et les mots *mien, tien, sien, nôtre,* etc., sont des pronoms possessifs.

61. *Pronoms démonstratifs.* (3e pers.)

SINGULIER.		PLURIEL.	
Masc.	*Fém.*	*Masc.*	*Fém.*
Celui,	Celle.	Ceux,	Celles.
	Ce, Ceci, Cela.		

62. *Pronoms relatifs.* (3e pers.)

SINGULIER.		PLURIEL.	
Masc.	*Fém.*	*Masc.*	*Fém.*
Lequel,	Laquelle.	Lesquels,	Lesquelles.

Qui, \ ces 2 pronoms sont du même genre, du même nombre,
Que, / et de la même personne que leur *antécédent.*
Quoi, Dont, En, Le, y, où.

63.   *Pronoms interrogatifs.* (3e pers.)

SINGULIER.		PLURIEL.	
Masc.	*Fém.*	*Masc.*	*Fém.*
Lequel?	Laquelle?	Lesquels ?	Lesquelles ?
	Qui? Que? Quoi?		

64.   *Pronoms indéfinis.* (3e pers.)

Autrui.
Ce.
Celui. | Celle. ‖ Ceux. | Celles.
Chacun. | Chacune.
L'un. | L'autre. ‖ Les uns. | Les autres.
L'une. | L'autre. ‖ Les unes. | Les autres.
On.
Personne.
Qui.
Que.
Quoi.
Quiconque.
Quelqu'un. | Quelqu'une. ‖ Quelques-uns. | Quelques-unes.
Quelque chose.
Qui que.
Quoi que.
Qui que ce soit.
Quoi que ce soit.
Rien.
Tout.

Nota. Les pronoms qui ne sont pas séparés par un filet | n'ont ni genre ni nombre, (ils ont seulement la personne); tels sont les pronoms démonstratifs *ce, ceci, cela;* les pronoms relatifs *quoi, dont, en, le, y, où*, et quelques autres.

65. Le substantif (ou pronom) placé avant les pronoms relatifs *qui* et *que*, et auquel se rapportent ces 2 pronoms, s'appelle l'*antécédent : l'homme qui parle*, (*l'homme* est l'antécédent du pronom relatif *qui*); *toi que j'aime*, (*toi* est l'antécédent du pronom relatif *que*).

66. Les pronoms ne tiennent pas toujours la place d'un substantif : il y en a 5 qui peuvent tenir la place de toute autre chose. Ces 5 pronoms sont : *le, en, y, ce, cela.*

Ils peuvent tenir la place ou d'un adjectif qualificatif, ou d'un infinitif, ou d'un participe passé, ou d'une partie de phrase, ou même d'une phrase entière :

Êtes-vous content ? — oui, je *le* suis (c'est-à-dire je suis *content*).
Le pronom relatif *le* tient la place de l'adjectif *content*.

Voulez-vous partir? — oui, je *le* veux (c'est-à-dire je veux *partir*).
Le pronom relatif *le* tient la place de l'infinitif *partir*.

Êtes-vous aimé? — oui, je *le* suis (c'est-à-dire je suis *aimé*).
Le pronom relatif *le* tient la place du participe *aimé*.

A-t-il de l'esprit?—oui, je *le* crois (c.-à-d. je crois *qu'il a de l'esprit*).
Le pronom relatif *le* tient la place de la phrase *il a de l'esprit*.

Sortez, je vous *en* prie (c'est-à-dire je vous prie de *sortir*).
Le pronom relatif *en* tient la place de l'infinitif *sortir*.

Te force-t-on à parler? — oui, on m'*y* force (c'est-à-dire on me force à *parler*).
Le pronom relatif *y* tient la place de l'infinitif *parler*.

Cette robe est trop foncée. — *C'est* vrai ou *cela* est vrai (c'est-à-dire ce que vous dites, *que cette robe est trop foncée*, est vrai).
Le pronom démonstratif *ce* ou *cela* tient la place de la phrase *cette robe est trop foncée.*

DES DIFFÉRENTES SORTES DE VERBES.

67. Il y a 7 espèces de verbes :
    1° Le verbe auxiliaire.
    2° Le verbe substantif.
    3° Le verbe actif.
    4° Le verbe neutre.
    5° Le verbe passif.
    6° Le verbe pronominal.
    7° Le verbe unipersonnel.

68. Le verbe *auxiliaire* est celui qui *aide* à conjuguer tous les autres verbes; il y en a deux : l'auxiliaire *avoir* et l'auxiliaire *être* : *J'ai aimé*, *je suis arrivé*.

Nota. Quand le verbe *avoir* n'est pas auxiliaire, c.-à-d. quand il n'aide pas à conjuguer un autre verbe, c'est un verbe *actif* : j'ai une montre.

69. Le verbe *substantif* est le verbe *être* quand il n'est pas joint à un participe passé, (car alors il serait auxiliaire) : *je suis malade.*

70. Le verbe *actif* est celui après lequel on peut (à la 1re personne du singulier) mettre ces mots *quelqu'un* ou *quelque chose* : *j'estime cet homme, j'écris une fable.* (*)

(On verra ci-après, au n° 147 (page 82), une définition plus rigoureuse du verbe actif, ainsi que des autres espèces de verbes.)

71. Le verbe *neutre* est celui après lequel on ne peut pas (à la 1re personne du singulier) mettre ces mots *quelqu'un* ou *quelque chose* : *je dors, je pars.*

(*) J'ajoute à *la* 1re *personne du singulier*, parce que les élèves croient qu'en disant : *il arrive quelqu'un*, ou *il arrive quelque chose*, le verbe *arriver* est actif. — Ce verbe est neutre, parce qu'on ne peut pas dire : *j'arrive quelqu'un*, ni *j'arrive quelque chose.*

72. Le verbe *passif.* est le participe passé d'un verbe actif, conjugué dans tous les temps avec l'auxiliaire *être* : *je suis regardé, j'étais regardé, je fus regardé, j'ai été regardé*, etc., etc.

73. Le verbe *pronominal* est celui qui se conjugue avec deux pronoms de la même personne désignant le même individu : *je me flatte, tu te flattes, il se flatte, nous nous flattons, vous vous flattez, ils se flattent.*

74. Le verbe *unipersonnel* est celui qui ne se conjugue qu'à la 3e personne du singulier, avec le pronom *il* qui ne signifie rien : *il pleut, il vente, il neige, il faut*, etc.

DES DIFFÉRENTES SORTES DE PARTICIPES.

75. Il y a 2 sortes de participes : le participe *Présent* et le participe *Passé.*

76. Le participe présent est toujours terminé en *ant* : *aimant, finissant, recevant, rendant*, etc.

77. Le participe passé se termine de 19 manières, dont les plus usitées sont *é, i, u* : *aimé, fini, reçu.* — L'usage apprendra les autres, (voyez le n° 46 de la *Conjugaison*, page 28).

DES DIFFÉRENTES SORTES D'ADVERBES.

78. Il y a 9 sortes d'adverbes :

    1° Les adverbes de manière.
    2° Les adverbes d'ordre.
    3° Les adverbes de lieu.
    4° Les adverbes de temps.
    5° Les adverbes de quantité.
    6° Les adverbes de comparaison.
    7° Les adverbes d'affirmation.
    8° Les adverbes de négation.
    9° Les adverbes de doute.

79. Voici quelques adverbes de chacune de ces espèces :

1° De manière : *bien, mal, poliment, sagement, hardiment, vivement*, etc.

2° D'ordre : *premièrement, secondement, ensuite, après, auparavant*, etc.

3° De lieu : *ici, là, où, dessus, dessous, dedans, dehors, devant, derrière, partout*, etc.

4° De temps : *demain, hier, aujourd'hui, maintenant, jadis, bientôt, souvent*, etc.

5º De quantité : *beaucoup*, *peu*, *assez*, *trop*, *davantage*, *moins*, *plus*, etc.

6º De comparaison : *plus*, *moins*, *autant*, *mieux*, *pis*, *comme*, *presque*, etc.

7º D'affirmation : *oui*, *certainement*, *certes*, *vraiment*, *volontiers*, *soit*, *très*, etc.

8º De négation : *non*, *ne*, *pas*, *point*, *nullement*, etc.

9º De doute : *probablement*, etc.

Nota. Il y a quelques adverbes qu'on ne peut pas classer parmi ces 9 espèces, tels sont les adverbes suivants : *Cependant*, *partant*, *pourquoi*, *pourtant*, *toutefois* (et quelques autres).

80. TABLE DES PRÉPOSITIONS.

A.	Durant.	˙Près.
˙Après.	En.	˙Proche.
Arrière.	Entre.	Quant à.
Attenant.	Envers.	Rez.
Attendu.	Excepté.	Sans.
˙Avant.	Fors (hors).	Sauf.
Avec.	Hormis.	Selon.
Chez.	Hors.	Sous.
Concernant.	Joignant.	Suivant.
Contre.	Jusque.	Supposé.
Dans.	Malgré.	Sur.
De.	Moyennant.	Touchant.
˙Delà.	Nonobstant.	Vers.
˙Depuis.	Outre.	˙Vis-à-vis.
˙Derrière.	Par.	Voici.
Dès.	Parmi.	Voilà.
˙Devant.	Pendant.	Vu.
Devers.	Pour.	

Nota. Les prépositions marquées d'un astérisque ˙ deviennent *adverbes*, quand elles cessent d'avoir un régime ou complément : *Il est arrivé* AVANT *moi* (*avant* est ici *préposition*). *Vous creusez trop* AVANT (*avant* est maintenant *adverbe*). *Il est venu* DEPUIS *ce matin* (*depuis*, préposition). *Le Duc d'Orléans fut* DEPUIS *Louis XII* (*depuis*, adverbe). Etc.

81. On appelle *Préposition composée* ou *locution prépositive*, une réunion de mots qui remplissent les fonctions de *préposition*, et qui ont par conséquent un régime ou complément : *afin de* (au lieu de *pour*); *à l'égard de* (au lieu de *envers*); *y compris* (au lieu de *avec*); *non compris* (au lieu de *sans*); *à côté de*, *en faveur de*, *vis-à-vis*, *quant à*, *à cause de*, etc.

82.   **TABLE DES ADVERBES.**

Ailleurs.
'Ainsi.
Alentour.
Alors.
'Après.
Assez.
Aujourd'hui.
Auparavant.
'Auprès.
'Aussi.
Aussitôt.
Autant.
Autour.
Autrefois.
Autrement.
'Avant.
Beaucoup.
Bien.
Bientôt.
Ça.
Cahin-caha.
Céans.
'Cependant.
Certes.
Ci.
Combien.
'Comme.
Comment.
Dà.
Davantage.
Debout.
Deçà.
Dedans.
Dehors.
Déjà.
'Delà.
Demain.
'Depuis.
'Derrière.
Désormais.
Dessous.

Dessus.
'Devant.
'Donc.
Dorénavant.
Encore.
Enfin.
Ensemble.
Ensuite.
Environ.
Exprès.
Fort (très).
Guère.
Gratis.
Hier.
Ici.
Incessamment.
Incontinent.
Incognito.
Instamment.
Jadis.
Jamais.
Là.
Loin.
Lors.
Mal.
Maintenant.
Même.
Mieux.
Moins.
Naguère.
Ne.
Néanmoins.
Nenni.
Non.
Notamment.
Nuitamment.
Nullement.
Où.
Oui.
Parfois.
Partant.

Partout.
Pas.
Pêle-mêle.
Peu.
Pis.
Plus.
Plutôt.
Point.
'Pourquoi?
'Pourtant.
'Près.
Présentement.
Presque.
'Proche.
'Quand.
Quasi.
'Que (combien).
Quelque.
Quelquefois.
Sciemment.
'Si.
Sitôt.
'Soit (oui).
Soudain.
Souvent.
Surtout.
Sus.
Tant.
'Tantôt.
Tard.
Tôt.
Toujours.
'Tout (entièrement).
'Toutefois.
Très.
Trop.
'Vis-à-vis.
Vite.
Volontiers.
Y.

Nota. Les adverbes devant lesquels il y a un astérisque ', se re-
trouvent dans la Table des Prépositions ou des Conjonctions, c'est
qu'en effet un mot peut être de plusieurs espèces selon le sens qu'il
présente et selon la fonction qu'il remplit. — Pour déterminer la
Partie du discours à laquelle appartient un mot, il faut bien comprendre les définitions des *Dix espèces de mots* (depuis le n° 6
jusqu'au n° 26, pages 57 et 58). Ainsi la *Préposition* a un régime
ou complément ; l'*Adverbe* n'en a pas, mais il modifie le verbe, le

participe, l'adjectif qualificatif, ou un autre adverbe ; et la *Conjonction* lie les mots ou les phrases.

83. Il y a des adverbes qui ne sont pas compris dans cette Table ; ce sont :

1° Les *adverbes d'ordre* formés par les adjectifs numéraux ordinaux, en ajoutant la syllabe *ment :*

Premièrement, formé par l'adjectif *premier.*
Secondement, — — — *second.*
Troisièmement, — — — *troisième*, etc.

2° Les *adverbes de manière* formés par les adjectifs qualificatifs, en ajoutant aussi la syllabe *ment :*

Poliment, formé par l'adj. *poli.* | *Hardiment*, form. par l'adj. *hardi.*
Sagement, — — *sage.* | *Richement*, — — *riche*, etc.

3° Les adverbes qui ne le sont qu'accidentellement, tels sont certains adjectifs qualificatifs qui deviennent *adverbes*, quand ils modifient des verbes :

Bon : cette fleur sent *bon.* | *Juste :* nous chantons *juste.*
Cher : ces étoffes coûtent *cher.* | *Bas :* elle parlait *bas*, etc.

84. On appelle *Adverbe composé* ou locution *adverbiale*, une réunion de mots qui remplissent les fonctions d'*adverbe*, c'est-à-dire qui modifient un verbe, un participe, un adjectif qualificatif, ou un autre adverbe : *sans cesse* (au lieu de *toujours*); *à dessein* (au lieu de *exprès*); *de nouveau* (au lieu de *encore*); *en vain* (au lieu de *vainement*); *à-peu-près* (au lieu de *environ*); *tout-à-fait* (au lieu de *entièrement*); *tout-à-l'heure* (*bientôt*); *tout-à-coup* (*soudainement*); *tout de suite* (*aussitôt*); *à coup sûr* (*sûrement*); *à la hâte* (*vite*); *peut-être*, *long-temps*, *à propos*, *sans doute*, *à loisir*, *de bon gré*, etc.

85. Le verbe auquel est ajouté l'adverbe n'est pas toujours exprimé, il est quelquefois sous-entendu : nous voici *ensemble* (c.-à-d. nous voici, nous *sommes ensemble*). Prenez celui-*là* (c.-à-d. prenez celui qui *est là*). Venez-vous avec nous? *oui* (c.-à-d. *oui*, n. *venons*).

86. Quelquefois les adverbes de quantité sont ajoutés à des substantifs pour les modifier (ce qui est une exception digne de remarque) : *peu d'enfants* sont attentifs. *Beaucoup de personnes* pensent ainsi. — Dans ce cas, le mot *de* ne peut pas s'analyser, parce qu'il ne signifie rien, (voyez ci-après, page 72, au mot *DE*).

87. **TABLE DES CONJONCTIONS.**

Afin.
'Ainsi.
'Aussi.
Car.
'Cependant.
'Comme.
'Donc.
Et.
Lorsque.
Mais.
Ni.

Or.
Ou.
Parce que.
'Pourquoi.
'Pourtant.
Pourvu.
Puis.
Puisque.
'Quand (lorsque).
'Que.
Quoique.

Savoir.
'Si.
Sinon.
Soit (répété).
Tandis.
Tant que.
'Tantôt (répété).
'Tout (quoique).
'Toutefois.

Nota. Les conjonctions marquées d'un astérisque ˙ deviennent *adverbes*, quand elles modifient un verbe, un participe, un adjectif qualificatif, ou un autre adverbe.

88. On appelle *Conjonction composée* ou *locution conjonctive*, une réunion de mots qui remplissent les fonctions de *conjonction*, c'est-à-dire qui lient deux mots ou deux phrases : *tandis que* (au lieu de *lorsque*), *ainsi que* (au lieu de *comme*); *de même que, aussi bien que, de peur que, à moins que, parce que, par conséquent, pourvu que, à condition que, c'est-à-dire*, etc.

89.   TABLE DES INTERJECTIONS.

Ah!	Eh!	Hum!
Ahi!	Fi!	Las!
Aïe!	Ferme!	O
Allons!	Gai!	Oh!
Bah!	Gare!	Ouais!
Bast!	Ha!	Ouf!
Bien!	Haïe!	Paf!
Bon!	Hé!	Paix!
Çà!	Hé bien!	Peste!
Ciel!	Hélas!	Pif!
Chut!	Hem!	Pouah!
Courage!	Hein!	Pouf!
Comment!	Hep!	Preste!
Crac!	Heu!	Quoi!
Dà!	Hi!	St?
Dià!	Ho!	Tope!
Diantre!	Holà!	Zest!
Dieu!	Hu!	Ziste!

90. Il faut encore considérer comme *Interjections*, certains mots qui ne le sont pas de leur nature, mais qui le deviennent par l'usage qu'on en fait pour exprimer quelque mouvement de l'âme; tels sont : *Bon Dieu! miséricorde! tout beau!* Tels sont également le *Ventre-saint-Gris* de Henri IV, et tous les mots dont Molière fait usage : *Morbleu! Corbleu! Diantre!* ainsi qu'une infinité d'autres expressions semblables.

DE LA DÉCOMPOSITION DES PRONOMS.

91. Quand on fait l'analyse grammaticale d'une phrase, il est utile de décomposer certains pronoms pour faciliter l'analyse, et pour faire reparaître les prépositions sous-entendues :
Je *me* flatte, décomposez : je flatte *moi.*
Il *me* parle, décomposez : il parle *à moi.*
L'homme *dont* je parle, décomp. : l'homme *de qui* je parle.
92. Tous les pronoms ne se décomposent pas.
93. Voici ceux qui se décomposent, il y en a 29 :

Table alphabétique des Pronoms qui se décomposent.

Ce (pron. dém.) se décompose par : *cela,* ou *la chose,* ou *les choses connues,* (dont il vient d'être question). — *Ce* se décompose quelquefois par : *cette personne* ou *ces personnes.*

Ce (pron. indéf.) = *la chose* ou *les choses inconnues*, (dont il n'a pas été question).

Dont (pron. rel.) = *de qui, duquel, de laquelle, desquels, desquelles.*

En (pron. rel.) = *de lui, d'elle, d'eux, d'elles,* — *de cela,* — *de cet endroit, de ce lieu.*

Le (pron. pers.) = *lui* (remplaçant un substantif).

Le (pron. rel.) = *cela* (remplaçant un adjectif, un verbe, un participe, ou une phrase entière; — et non un substantif).

La (pron. pers.) = *Elle.*

Les (pron. pers.) = *eux, elles.*

Lui (pron. pers.) = *à lui, à elle.* — (*Nota.* Quand le pronom *lui* est précédé d'une préposition, il ne se décompose pas : *je vais chez lui.*

Leur (pron. pers.) = *à eux, à elles.* — (*Nota.* Le pronom *leur* est pluriel par lui-même, son singulier est *lui*).

Me (pron. pers.) = *moi, à moi, en moi.*

Où (pron. rel.) = *lequel, laquelle, lesquels, lesquelles,* — *auquel,* — *dans lequel,* — *sur lequel.*

Personne (pron. indéf.) = *qui que ce soit.*

Qui (pron. rel.) = *lequel, laquelle, lesquels, lesquelles.*

Qui? (pron. interr.) = *quelle personne?* (avec interrogation).

Qui (pron. indéf.) = *quelle personne* (sans interrogation).

Que (pron. rel.) = *lequel, laquelle, lesquels, lesquelles.*

Que? (pron. interr.) = *quelle chose?* (avec interrogation).

Que (pron. indéf.) = *quelle chose* (sans interrogation).

Quoi (pron. rel.) = *lequel, laquelle, lesquels, lesquelles.*

Quoi? (pron. interr.) = *quelle chose?* (avec interrogation).

Quoi (pron. indéf.) = *quelle chose* (sans interrogation).

Qui que (pron. indéf.) = *quelque personne que.*

Quoi que (pron. indéf.) = *quelque chose que.*

Rien (pron. indéf.) = *aucune chose, nulle chose.*

Se (pron. pers.) = *soi, à soi, en soi,* — *lui, à lui, en lui,* — *elle, à elle, en elle,* — *eux, à eux, en eux,* — *elles, à elles, en elles.*

Te (pron. pers.) = *toi, à toi, en toi.*

Tout (pron. indéf.) = *toute chose, toutes sortes de choses, la totalité* (de ce dont il s'agit).

Y (pron. rel.) = *à lui, à elle, à eux, à elles,* — *à cela,* — *à cet endroit, dans ce lieu,* — *sur lui,* — *chez lui.*

94. Les pronoms *auquel, duquel,* etc., se décomposent de la manière suivante :

Auquel { à / lequel.	Duquel { de / lequel.
Auxquels { à / lesquels.	Desquels { de / lesquels.
Auxquelles { à / lesquelles.	Desquelles { de / lesquelles.

DES MOTS QUI SONT DE PLUSIEURS ESPÈCES.

95. Ainsi qu'on l'a déjà vu, il y a des mots qui peuvent être de plusieurs espèces, selon le sens qu'ils présentent et la fonction qu'ils remplissent. Tels sont les mots suivants ; on trouvera dans les nᵒˢ qui précèdent les principes nécessaires pour leur classement :

BIEN peut être de 2 espèces ;

    1º Substantif : *faites le* BIEN.

    2º Adverbe : *faites* BIEN.

Ce. — de 3 espèces ;

    1º Adjectif démonstratif : CE *livre est bon.*

    2º Pronom démonstratif : CE *sera beau.*

    3º Pronom indéfini : *fais* CE *que tu voudras.*

DE. — de 2 espèces ;

    1º Préposition : *je parle* DE *lui.*

    2º Adjectif indéfini : *je lis* DE *bons livres.*

    Nota. Quand *de* est placé après un adverbe de quantité : *beaucoup de, peu de, trop de, que de* (signifiant *combien de*), etc., on ne peut pas l'analyser, car ce mot n'est ni préposition, puisqu'il n'a pas de régime ou complément ; ni adjectif indéfini, puisqu'il ne signifie pas *quelques, plusieurs, une certaine quantité de, un peu de ;* il forme avec l'adverbe de quantité une expression inséparable. — Il en est de même des mots *du* et *des.*

DU. — De 2 espèces ;

    1º Article composé : *la lumière* DU *soleil nous réjouit.*

    2º Adjectif indéfini : DU *pain me suffit.*

DES. — de 2 espèces ;

    1º Article composé : *voilà le plaisir* DES *enfants.*

    2º Adjectif indéfini : *voici* DES *dames.*

    Nota. Quand *du, des,* signifient *quelques, plusieurs, une certaine quantité de, un peu de,* ce sont des *adjectifs déterminatifs indéfinis ;* ils s'analysent ainsi :

    Du. — adj. déterm. indéfini, masc. sing.

    Des. — adj. déterm. indéfini, masc. (ou fém.) plur.

    Quand *du, des,* ne signifient pas *quelques, plusieurs,* etc., ce sont des *articles composés* (ou *contractés*) ; ils s'analysent ainsi :

    Du { *de* — préposition.
        { *le* — article simple, masc. sing.

    Des { *de* — préposition.
         { *les* — article simple, masc. (ou fém.) plur.

EN. — de 2 espèces ;

    1º Préposition : *il voyage* EN *Italie.*

    2º Pronom relatif : *j'*EN *parle.*

    Nota. Le pronom relatif *en* se décompose par *de lui, d'elle, de cela,* etc.; mais il faut remarquer que le mot *de* est tantôt préposition : *j'*EN *parle* (c'est-à-dire *je parle* DE *CELA*) ; et tantôt *adjectif indéfini : vous avez des fleurs, j'*EN *voudrais* (c'est-à-dire *je voudrais* DE *CELA,* QUELQUES *fleurs.*)

LE. — de 3 espèces ;
    1° Article simple : *donnez-moi* LE *dictionnaire.*
    2° Pronom personnel : *voici votre père, je* LE *connais*
    3° Pronom relatif : *êtes-vous malade? — oui, je* LE *suis*

LA. — De 2 espèces ;
    1° Article simple : *avancez* LA *table.*
    2° Pronom personnel : *mettez-*LA *ici.*

LES. — De 2 espèces ;
    1° Article simple : LES *enfants sont gais.*
    2° Pronom personnel : LES *voici.*

LEUR. — De 3 espèces ;
    1° Adjectif possessif : *ces enfants ont* LEUR *père ici.*
    2° Pronom possessif : *le* LEUR *est à Paris.*
    3° Pronom personnel : *je* LEUR *parlerai.*

OÙ. — De 2 espèces ;
    1° Pronom relatif : *la ville d'où je viens est belle.*
    2° Adverbe : *où allez-vous ?*

PEU. — De 2 espèces ;
    1° Adverbe : *il est* PEU *aimable.*
    2° Substantif : *le* PEU *qu'il sait lui servira.*

QUI. — De 3 espèces ;
    1° Pronom relatif : *je connais l'homme* QUI *entre.*
    2° Pronom interrogatif : QUI *entre?*
    3° Pronom indéfini : *je ne sais* QUI *entre.*

QUE. — De 5 espèces ;
    1° Pronom relatif : *j'écoute les choses* QUE *vous dites.*
    2° Pronom interrogatif : QUE *dites-vous?*
    3° Pronom indéfini : *je ne sais* QUE *dire.*
    4° Conjonction : *je desire* QUE *vous veniez.*
    5° Adverbe : QUE *je l'aime !*
    Nota. Que placé après un substantif n'est pas toujours
pronom relatif, quoique ce substantif paraisse en être l'antécédent ; cela arrive lorsque le *que* est dans une phrase où
il y a une comparaison : *Alexandre a détruit plus de villes
qu'il n'en a fondé. — Que* est ici une *conjonction* servant à
lier les 2 termes de la comparaison, savoir : les villes qu'A-
lexandre a détruites, et celles qu'il a fondées.
    Il en est de même dans les phrases analogues à la suivante :
Quelques talents QUE *vous ayez* ...... (*que* est une conjonction).

QUOI. — De 4 espèces ;
    1° Pronom relatif : *Voilà les choses à* QUOI *je m'occupe.*
    2° Pronom interrogatif : *à* QUOI *vous occupez-vous?*
    3° Pronom indéfini : *il ne sait à* QUOI *s'occuper.*
    4° Interjection : QUOI! *vous êtes si méchant!*

QUELQUE. — De 2 espèces ;
    1° Adjectif indéfini : QUELQUES *hommes pensent ainsi.*
    2° Adverbe : QUELQUE *grands que soient vos talents.....*

QUAND. — De 2 espèces ;
  1º Conjonction : *je viendrai* QUAND *je pourrai.*
  2º Adverbe : QUAND *viendrez-vous ?*

SI. — De 3 espèces ;
  1º Conjonction . *je viendrai* SI *je le peux.*
  2º Adverbe : *n'allez pas* SI *vite.*
  3º Substantif : *voilà un* SI *bémol.*

TOUT. — De 5 espèces ;
  1º Adjectif indéfini : TOUT *homme doit être vertueux.*
  2º Pronom indéfini : *je veux* TOUT *ou rien.*
  3º Substantif : *le* TOUT *me coûte cher.*
  4º Adverbe : *elles étaient* TOUT *étonnées.*
  5º Conjonction : *je l'aime* TOUT *ingrate qu'elle est.*

UN. — De 4 espèces ;
  1º Adjectif numéral cardinal ; *je vous dois* UN *franc.*
  2º Adjectif indéfini : *c'est* UN *homme instruit.*
  3º Pronom indéfini : *l'*UN *et l'autre sont bons.*
  4º Substantif . *cet* UN *est trop grand.*

UNE. — De 3 espèces ;
  1º Adjectif numéral cardinal : *je n'ai qu'*UNE *fille.*
  2º Adjectif indéfini : *voilà* UNE *chaleur modérée.*
  3º Pronom indéfini : *prenez l'*UNE *et l'autre.*

Y. — De 2 espèces ;
  1º Pronom relatif · *voici votre sœur, j'*Y *pensais.*
  2º Adverbe : *n'allez pas* Là *, il* Y *fait chaud.*
    Nota. Quelquefois le mot *y* ne peut pas s'analyser ; c'est
  quand il ne signifie rien, comme dans cette phrase : *il* Y *a*
  là quelqu'un. Ce serait une erreur de croire que *y* est ici
  adverbe de lieu, puisque c'est le mot *là* qui exprime le lieu
  (et non le mot *y ;* autrement il y aurait double emploi).

Etc.   etc.   etc.   etc.

DES DEGRÉS DE SIGNIFICATION DANS LES ADJECTIFS
QUALIFICATIFS.

96. Les adjectifs qualificatifs peuvent exprimer la qualité
du substantif de trois manières : 1º purement et simplement ; 2º avec comparaison ; 3º portée au plus haut degré.

Il y a donc trois degrés de signification dans les adjectifs
qualificatifs : le *Positif*, le *Comparatif*, et le *Superlatif.*

97. Le *positif* est l'adjectif même : *cet enfant est* SAGE.

98. Le *comparatif* est l'adjectif exprimant une comparaison.

99. Il y a trois sortes de comparatifs : 1º le comparatif
d'*égalité* : *cet enfant est aussi sage que vous* ; 2º le comparatif d'*infériorité* : *cet enfant est moins sage que vous* ;
et 3º le comparatif de *supériorité* : *cet enfant est plus sage*
que vous.

100. Le comparatif d'égalité se forme en mettant *aussi* avant l'adjectif; — le comparatif d'infériorité, en mettant *moins;* — et le comparatif de supériorité, en mettant *plus.*

Il y a 9 adjectifs qui expriment seuls un *comparatif de supériorité,* sans qu'il soit nécessaire de les faire précéder du mot *plus :*

> Meilleur (pour *plus bon,* qui ne se dit pas).
> Pire (pour *plus mauvais).*
> Moindre (pour *plus petit).*
> Inférieur (pour *plus bas).*
> Supérieur (pour *plus haut).*
> Antérieur (pour *plus avant).*
> Postérieur (pour *plus après).*
> Majeur (pour *plus grand).*
> Mineur (pour *plus petit).*

101. Le *superlatif* est l'adjectif exprimant la qualité portée à un très-haut degré, soit en plus : *cet enfant est très-sage;* soit en moins : *cet enfant est le moins sage que je connaisse.*

102. Il y a deux sortes de superlatifs : 1° le superlatif *absolu,* qui exprime la qualité portée à un très-haut degré, sans comparaison : *cet enfant est très-sage;* et 2° le superlatif *relatif,* qui exprime la qualité portée à un très-haut degré, mais avec comparaison : *cet enfant est le plus sage que je connaisse.*

103. Le superlatif absolu se forme en mettant *très, fort, bien, extrêmement, le plus, le mieux, le moins,* avant l'adjectif. — Le superlatif relatif se forme en mettant *le, la, les, mon, ton, son, notre, votre, leur* (c'est-à-dire un article ou un adjectif possessif) devant le comparatif de supériorité ou d'infériorité.

Nota. Quand *le plus, le mieux, le moins,* forment un superlatif absolu, l'article *le* est invariable : *votre sœur ne pleure pas, lors même qu'elle est* LE PLUS *malheureuse.* — Et quand *le plus, le mieux, le moins,* forment un superlatif relatif, l'article *le* varie (il fait *la* au féminin, et *les* au pluriel) : *de toutes ces dames, votre sœur est* LA PLUS *malheureuse.*

104. Il y a quelques adjectifs qui expriment seuls un superlatif absolu, sans qu'il soit nécessaire de les faire précéder des mots *très, fort, bien,* etc. :

> Minime (pour *très-petit).*
> Savantissime (pour *très-savant).*
> Excellentissime (pour *très-excellent).*
> Grandissime (pour *très-grand).*
> Rarissime (pour *très-rare).*

. Illustrissime (pour *très-illustre*).
Puissantissime (pour *très-puissant*).
Ignorantissime (pour *très-ignorant*), etc.

2me PARTIE DE L'ANALYSE.

Rapports des mots entre eux ou Fonctions des mots.

DU SUJET.

105. Le Sujet est le mot *qui fait l'action*, ou *qui se trouve dans l'état* qu'exprime le verbe :
Cet HOMME *court* dans les champs.
Cet ENFANT *souffre* beaucoup.

106. On trouve le sujet en mettant *qui?* devant le verbe ; la réponse indique le sujet :
QUI *court?* — réponse : cet *homme.*
Donc, *homme* est le sujet du verbe *court.*
QUI *souffre?* — réponse : cet *enfant.*
Donc, *enfant* est le sujet du verbe *souffre.*

107. L'impératif a toujours son sujet sous-entendu :
Venez (c'est-à-dire VOUS, *venez*).

108. L'infinitif n'a pas de sujet (ni exprimé ni sous-entendu).
Vous devez *travailler.*

109. Le sujet se place généralement avant le verbe ; cependant il est souvent après, et principalement quand on interroge :
*Viendrez-*VOUS?
Vous *habillez-*VOUS?

110. Le mot qui sert de sujet est :
ou un substantif : L'HOMME *pense.*
ou un pronom : IL *réfléchit.*
ou un infinitif : LIRE *est* utile.
ou une partie de phrase : QUE JE FASSE CELA *est* impossible.

DU RÉGIME OU COMPLÉMENT.

111. Le Régime ou Complément est le mot qui *complète le verbe actif* ou *la préposition :*
Mon père *écrit* une LETTRE.
Je pense *à* ma SŒUR.

112. Le régime ou complément d'un verbe actif se nomme régime ou complément *direct.*

113. Le régime ou complément d'une préposition se nomme régime ou complément *indirect.*

114. On trouve le régime ou complément d'un verbe actif ou d'une préposition en mettant *qui?* ou *quoi?* après le verbe ou après la préposition ; la réponse indique le régime ou complément :   •

Mon père *écrit* QUOI? — réponse : une *lettre.*

Donc, *lettre* est le régime ou complément du verbe *écrit.*

Je pense *à* QUI? — réponse : à ma *sœur.*

Donc, *sœur* est le régime ou complément de la prép. *à.*

115. On a vu (au n° 108) que l'infinitif n'a pas de sujet, mais il peut avoir un régime ou complément (si toutefois l'infinitif est celui d'un verbe actif) :

Je veux *écrire* une LETTRE.

Lettre est le régime ou complément de l'infinitif *écrire.*

116. Le régime ou complément se place généralement après le verbe, cependant il est souvent avant, et principalement quand le régime est un pronom :

Je LE *vois.*

NOUS *promenons*-nous?

117. Le mot qui sert de régime ou complément, tant au verbe actif qu'à la préposition, est :

ou un substantif : je *regarde* ce CHEVAL. Je vais *à* PARIS.

ou un pronom : j'*aime* CELA. Je pense *à* LUI.

ou un infinitif : je *veux* SORTIR. Je suis disposé *à* ÉTUDIER.

ou une partie de phrase : je *desire* QU'IL VIENNE ME VOIR.

Il pense *à* JE NE SAIS QUELLE AFFAIRE.

118. Le participe présent précédé de la préposition *en,* est le régime ou complément de cette préposition :

Il est parti *en* PLEURANT.

Nota. Quand le participe présent n'est pas précédé de la préposition *en,* il n'a pas de fonction.

DU VOCATIF OU APOSTROPHE.

119. Le Vocatif ou Apostrophe est le mot qui sert à adresser la parole à quelqu'un ou à quelque chose :

Madame, vous viendrez avec nous.

Ciel, exauce ma prière.

120. Le mot qui sert de vocatif est :

ou un substantif : *Jules,* écoutez-moi.

ou un pronom : *Toi,* reste là.

121. Les substantifs-vocatifs sont toujours à la 2e personne.

DU QUALIFICATIF.

122. Le Qualificatif est le mot qui exprime la qualité, la manière d'être du substantif ou du pronom :

Cet *arbre* est HAUT.

Il est BEAU.

123. Le mot qui sert de qualificatif est :
ou un adjectif qualificatif : *Dieu* est BON.
ou un substantif : Mon *père* est un NÉGOCIANT.
ou un infinitif : *Espérer* est JOUIR.
ou un pronom : Cette *plume* est la MIENNE.

124. *Nota.* Le substantif, le pronom, et l'infinitif placés
après le verbe *être* sont toujours *qualificatifs du sujet* (et
jamais *régimes*, parce que le verbe *actif* est le seul qui
puisse avoir un régime direct).

124 bis. Il faut remarquer que le mot qui qualifie et le
mot qui est qualifié se réunissent dans notre esprit pour
ne former qu'une seule et même idée : les deux mots
s'identifient, (c'est-à-dire se confondent).

DU MODIFICATIF.

125. Le Modificatif est le mot ajouté au verbe, au participe, à l'adjectif qualificatif, ou à l'adverbe, pour exprimer une des 9 choses suivantes : la manière, l'ordre, le
lieu, le temps, la quantité, la comparaison, l'affirmation,
la négation, et le doute :

Cet enfant *parle* BIEN.
Il est BIEN *estimé.*
Vous êtes BIEN *aimable.*
Il chante BIEN *agréablement.*
126. Le mot qui sert de modificatif est l'*adverbe.*

DU DÉTERMINATIF.

127. Le Déterminatif est le mot qui sert à faire prendre
le substantif dans un sens particulier, qui empêche qu'il ne
soit pris dans un sens vague :

Donnez-moi LE *dictionnaire.*
Voici MON *frère.*

128. Le mot qui sert de déterminatif est :
ou un article : Avancez LA *table.*
ou un adjectif déterminatif : CE *livre* est utile.

RÉSUMÉ DE CE QUI PRÉCÈDE SUR LES FONCTIONS
DES MOTS.

Fonctions du Substantif.

129. Le substantif peut avoir 5 fonctions :
1° *Sujet* d'un verbe : Mon PÈRE *travaille.*
2° *Rég. ou compl.* d'un verbe actif : Je *respecte* mon PÈRE.
3° *Rég. ou compl.* d'une prépos. : J'écris *à* mon PÈRE.
4° *Vocatif ou apostrophe* : Mon PÈRE, je vous écrirai.

5º *Qualificatif* d'un substantif : Cet *homme* est mon PÈRE.
ou d'un pronom : *Il* est AVOCAT.
ou d'un infinitif : *Lire* est un AMUSEMENT.
ou d'une partie de phrase : *Que je fasse cela* est mon DEVOIR.

Fonction de l'Article.

130. L'article n'a qu'une fonction :
Déterminatif d'un substantif : LA *terre* est ronde.
ou d'un pronom : LE *tien* est beau.

Fonction de l'Adjectif qualificatif.

131. L'adjectif qualificatif n'a qu'une fonction :
Qualificatif d'un substantif : Cet *homme* est BON.
ou d'un pronom : *Il* est HONNÈTE.
ou d'un infinitif : *Lire* est UTILE.
ou d'une partie de phrase : *Que je fasse cela* est IMPOSSIBLE.

Fonction de l'Adjectif déterminatif.

132. L'adjectif déterminatif n'a qu'une fonction :
Déterminatif d'un subst. : MON *père* viendra avec nous.
ou d'un pronom : Prenez TOUTES *celles* que vous voudrez.

Fonctions du Pronom.

133. Le pronom peut avoir 5 fonctions :
1º *Sujet* d'un verbe : IL *parle* bien.
2º *Rég. ou compl.* d'un verbe actif : Je *voudrais* CELA.
3º *Rég. ou compl.* d'une préposition : Je pense *à* LUI.
4º *Vocatif ou apostrophe* : VOUS, venez avec moi.
5º *Qualificatif* d'un subst. : Cette *plume* est la TIENNE.
ou d'un pronom : *Celle*-ci est la MIENNE.
ou d'un infinitif : Parler est ma fonction, *écouter* est la VÔTRE.
ou d'une partie de phrase : *Que je fasse cela* est le MIEN, (en parlant d'un devoir qu'on a à remplir).

Fonctions du Verbe au présent de l'infinitif.

134. Le verbe au présent de l'infinitif peut avoir 4 fonctions :
1º *Sujet* d'un verbe : LIRE *est* utile.
2º *Régime ou complément* d'un verbe actif : Je *veux* LIRE.
3º *Rég. ou compl.* d'une prépos. : je m'occupe *à* LIRE.
4º *Qualificatif* d'un autre infinitif : *Espérer* est JOUIR.

135. L'infinitif n'a pas de fonction dans 2 circonstances.
— 1º quand il peut se changer en participe présent :

Voilà l'enfant que j'ai vu *écrire*,

(c'est-à-dire : Voilà l'enfant que j'ai vu *écrivant*).

136. — 2º Quand l'infinitif est placé après les verbes *faire* et *laisser*, parce qu'il forme avec ces verbes une expression inséparable :

Je *ferai* ENTRER , je *laisserai* ENTRER.

Nota. Le mot employé comme régime direct doit être régime des deux verbes ensemble :

Je FERAI ÉCRIRE cette *lettre*.

Lettre est régime de 2 verbes *ferai écrire*.

Je LAISSERAI LIRE cette *lettre*.

Lettre est regime de 2 verbes *laisserai lire*.

137. Les verbes neutres n'ont pas de régime direct; cependant lorsqu'ils sont placés après les verbes *faire* et *laisser*, ils forment avec ces verbes une expression inséparable qui a la force d'un verbe actif, et qui par conséquent peut avoir un régime direct :

Je FERAI ENTRER cette *personne*.

Personne est régime des 2 verbes *ferai entrer*.

Je LAISSERAI SORTIR cette *personne*.

Personne est régime des 2 verbes *laisserai sortir*.

Fonction du Participe présent précédé de la Préposition en.

138. Le participe présent précédé de la préposition *en*, n'a qu'une fonction :

Rég. ou compl. de cette prép. *en :* Il est parti *en* PLEURANT.

Fonction de l'Adverbe.

139. L'adverbe n'a qu'une fonction :

Modificatif d'un verbe : Cet enfant *parle* BIEN.

ou d'un participe : Il est BIEN *estimé*.

ou d'un adjectif qualificatif : Vous êtes BIEN *aimable*.

ou d'un autre adverbe : Il chante BIEN *agréablement*.

Fonctions de certaines parties de phrase.

140. Certaines parties de phrase peuvent avoir 4 fonctions :

1º *Sujet* d'un verbe : QUE JE FASSE CELA *est* impossible.

2º *Régime ou complément* d'un verbe actif : Je *désire* QU'IL VIENNE ME VOIR.

3º *Régime ou complément* d'une préposition : Il pense *à* JE NE SAIS QUELLE AFFAIRE.

4º *Qualificatif* d'un substantif : Sa *volonté* est QUE JE FASSE CELA.

FONCTIONS DES PRONOMS RELATIFS *Qui* ET *Que*.

141. Le pronom relatif *qui* est sujet du verbe qui est le plus près de lui (mais qui est après lui) :
  Le livre QUI *est* là m'appartient.
(*Qui* est sujet du verbe *est ;* — et *livre* est sujet du verbe *appartient.*)

142. Quand le pronom relatif *qui* est placé après une préposition, il est régime ou complément de cette préposition : voici l'homme *à qui* vous voulez parler.

143. Le pronom relatif *que* n'est jamais sujet d'un verbe : il est régime :
  Le livre QUE je *lis* est intéressant.
(*Que* est régime du verbe *lis ;* — et *livre* est sujet du verbe *est.*)

Nota. Cependant on verra plus loin que le pronom relatif *que* peut être le *sujet réel* d'un verbe unipersonnel, mais ce cas est assez rare. (Voyez le *Nota* du nº 190, page 88.)

DES PRÉPOSITIONS SOUS-ENTENDUES.

144. La préposition qui sert à former le régime indirect, est quelquefois sous-entendue.

145. Il y a 15 prépositions qui peuvent se sous-entendre. Voici ces 15 prépositions, avec des exemples :

1º *A.* — Je lui parle (c'est-à-dire je parle *à* lui).

2º *De.* — J'en parle (c'est-à-dire je parle *de* lui).

3º *Pendant.* — Il a régné vingt ans (c'est-à-dire il a régné *pendant* vingt ans).

4º *Durant.* — Il a travaillé toute la nuit (c'est-à-dire il a travaillé *durant* toute la nuit).

5º *Dans.* — Il viendra la semaine prochaine (c'est-à-dire il viendra *dans* la semaine prochaine).

6º *En.* — Je m'imagine cela (c'est-à-dire j'imagine cela *en* moi).

7º *Pour.* — Je viens dîner (c'est-à-dire je viens *pour* dîner).

8º *Moyennant.* — J'ai acheté ce livre trois francs (c'est-à-dire j'ai acheté ce livre *moyennant* trois francs).

9º *Voici.* — Mon père, le facteur ! (c'est-à-dire mon père, *voici* le facteur).

10º *Voilà.* — Ma mère, la voiture ! (c'est-à-dire ma mère, *voilà* la voiture).

11º *Sur.* — Vous pouvez y compter (c'est-à-dire vous pouvez compter *sur* cela).

12º *Avec.* — Il est parti, la joie dans le cœur (c'est-à-dire il est parti *avec* la joie dans le cœur).

4*

13º *Après.* —Cela fait, nous partîmes (c'est-à-dire *après* cela fait, nous partîmes).

14º *Entre.* — Ils se partagèrent le royaume (c'est-à-dire ils partagèrent le royaume *entre* eux).

15º *Chez.* — Allez-vous chez votre oncle? — Oui, car j'y dîne (c'est-à-dire je dîne *chez* lui).

DES PRÉPOSITIONS INUTILES.

146. Les prépositions *à* et *de* placées devant un infinitif ne forment pas toujours un régime indirect : *il aime* A DESSINER; l'infinitif *dessiner* n'est pas le régime de la préposition A, il est le rég. du verbe *aime.* Ce qui le prouve, c'est que si l'on demande : *il aime quoi?* on aura pour réponse ces mots : *à dessiner.* Puisqu'on dit : *il aime* LE DESSIN, on devrait dire : *il aime* DESSINER ; d'ailleurs, ne dit-on pas sans préposition : *il aime mieux dessiner.* —De même, dans cette phrase : *Il vous recommande* DE LIRE : *lire* est le régime du verbe *recommande,* et non de la préposition *de;* puisqu'on dit : *il vous recommande* LA LEC-TURE, on devrait dire : *il vous recommande* LIRE. L'usage a placé ces prépositions *à* et *de* devant les infinitifs, mais grammaticalement elles sont inutiles.

Nota. On reconnaît que la préposition *à* ou *de* est inutile, lorsque l'infinitif est après un verbe actif, (parce que le verbe actif doit avoir nécessairement un *régime direct*).

DÉFINITION DES DIFFÉRENTES ESPÈCES DE VERBES ET OBSERVATIONS SUR CES VERBES.

DU VERBE *Actif.*

147. Le verbe *actif* est celui qui exprime une action faite par le sujet, et qui a un régime direct : ma sœur ÉCRIT une *lettre.*

Ainsi, pour qu'un verbe soit *actif,* il faut qu'il réunisse les deux conditions suivantes : 1º qu'il exprime une *action faite par le sujet,* et 2º qu'il ait un *régime direct.*

148. Le verbe actif peut avoir un régime indirect à la suite du régime direct : ma sœur ÉCRIT *une lettre à mon père.*

149. Le verbe actif se conjugue avec l'auxiliaire *avoir* aux temps composés : j'AI *écrit une lettre,* j'AI *regardé ces tableaux.*

150. Il y a des verbes actifs qui *paraissent* avoir deux régimes directs (ce qui ne se peut pas) :

On *les* A NOMMÉS *présidents.*

Je *les* CROYAIS VOS *sœurs.*

Je *les* AI RENDUS mes *égaux.*

Je *les* AI INSTITUÉS mes *héritiers*.

Je *les* AI FAITS mes *amis*.

On *les* APPELLE *Georges* et *Émile*, etc,

Les substantifs placés après ces verbes actifs sont *qualificatifs* du pronom-régime LES, parce que les deux mots (le substantif et le pronom) se confondent dans notre esprit pour ne former qu'une seule et même idée. (Voyez page 78, n° 124 *bis*).

DU VERBE *Neutre*.

151. Le verbe *neutre* exprime aussi une action faite par le sujet, mais il n'a pas de régime direct; c'est ce qui le distingue du verbe actif : ma *sœur* COURT. — Le verbe neutre exprime quelquefois l'état du sujet (et il n'a pas non plus de régime direct) : ma *sœur* DORT.

152. Le verbe *neutre* ne peut avoir que le régime indirect : *Nous allons* A PARIS. — Quelquefois même il n'en a pas du tout : *Il dort.*

153. Le verbe neutre se conjugue aux temps composés avec l'auxiliaire *avoir* et avec l'auxiliaire *être*. Sur les 600 verbes neutres de la langue française, il y en a 540 qui se conjuguent avec l'auxiliaire *avoir*, et 60 avec l'auxiliaire *être*. (Voyez page 48, n° 104 de la *Conjugaison*.)

154. Un verbe actif devient neutre quand il cesse d'avoir un régime direct : *On a* CHAUFFÉ *le bain* (verbe actif). — *Pendant que le bain* CHAUFFERA (verbe neutre).

155. De même, un verbe neutre devient actif quand il a un régime direct : *Il* PARLE *bien* (verbe neutre). — *Il* PARLE *plusieurs langues* (verbe actif).

156. Il y a des verbes neutres qui *paraissent* avoir un régime direct :

Paraître. — Votre père PARAÎT un *homme* instruit.

Sembler. — Votre sœur me SEMBLE une jolie *personne.*

Devenir. — Il DEVIENDRA *général.*

Demeurer. — Il DEMEURERA un honnête *homme.*

Rester. — Vous RESTEZ mon *ami*, etc.

Les substantifs placés après ces verbes neutres sont *qualificatifs* du sujet, parce que les deux mots (le substantif et le sujet) se confondent dans notre esprit pour ne former qu'une seule et même idée. (Voyez page 78, n° 124 *bis*).

Nota. Ces verbes ne sont pas actifs, parce qu'ils ne réunissent pas les deux conditions voulues : *action faite par le sujet* et *régime direct.* — Ces verbes expriment un *état*, une *situation*, une *manière d'être* (et non une action).

157. Les verbes *coûter*, *valoir*, *peser*, *sentir*, et quelques autres, sont *actifs* quand ils expriment une action faite par le sujet, et qu'ils ont en même temps un régime direct :

Cet enfant me COÛTE bien des *soins.*

Vous me VALEZ bien des *peines.*
Cet homme PÈSE ma *malle.*
Je SENS cette *rose,* etc.

Ces mêmes verbes sont *neutres* quand ils expriment un
état, une *situation,* une *manière d'être* du sujet (et non
une action faite par le sujet) :

Ce livre COÛTE trois francs.
Cette maison VAUT cent mille francs.
Cette malle PÈSE un quintal.
Cette eau SENT la rose, etc.

Les substantifs placés après ces verbes neutres semblent former
des régimes directs, mais il n'en est rien ; ils sont régimes d'une
préposition sous-entendue (qu'on ne peut cependant pas indiquer).

157 bis. Dans les exemples suivants : Il a *régné* vingt
ans, il a *vécu* huit jours, j'ai *travaillé* deux heures, il *a
dormi* toute la nuit, etc., les substantifs placés après ces
verbes neutres sont régimes de la préposition *pendant*
sous-entendue : (il a régné *pendant* vingt ans, etc.)

DU VERBE *Passif.*

158. Le verbe *passif* est le contraire du verbe actif : en
effet le verbe actif exprime une action faite par le sujet, au
lieu que le verbe passif exprime une action *reçue, soufferte
par* le sujet : *Ma sœur* BAT *son frère* (verbe actif). — *Ma
sœur* EST BATTUE *par son frère* (verbe passif).

159. Pour changer une phrase active en phrase passive,
il faut prendre le régime direct du verbe actif pour en faire
le sujet du verbe passif; puis prendre le sujet du verbe
actif pour en faire le régime indirect du verbe passif, à
l'aide de la préposition *de* ou *par :*
Phrase active : *Mon père* GRONDE *ma sœur.*
La même phrase passive : *Ma sœur* EST GRONDÉE *par
mon père.*

160. Le verbe passif n'a pas de régime direct, il n'a que
le régime indirect : *Cette lettre* A ÉTÉ ÉCRITE *par ma
sœur.* — Et quelquefois même il n'en a pas du tout : *Cet
homme* EST ESTIMÉ.

161. Le verbe passif se conjugue dans tous les temps
avec l'auxiliaire *être : Je suis aimé, j'étais aimé, je fus
aimé, j'ai été aimé,* etc., etc. (Voyez page 52, n° 108 de la
Conjugaison).

162. Le verbe passif est formé du *participe passé d'un
verbe actif* joint à l'auxiliaire *être,* depuis le premier temps
jusqu'au dernier.

163. Un verbe neutre ne peut pas devenir passif.

164. Ainsi, pour qu'un verbe soit passif, il faut qu'il réunisse les 3 conditions suivantes :

1º Qu'il vienne d'un verbe *actif,*

2º Qu'il se conjugue dans tous les temps avec l'aux. *être,*

3º Que le sujet *ne fasse pas l'action.*

165. Il y a des verbes passifs qui *paraissent* avoir un régime direct :

Cet homme A ÉTÉ NOMMÉ *président.*

Votre fils A ÉTÉ REÇU *bachelier.*

Il A ÉTÉ PORTÉ *candidat.*

Il A ÉTÉ FAIT *général*, etc.

Les substantifs placés après ces verbes passifs sont *qualificatifs* du sujet, parce que les deux mots (le substantif et le sujet) se confondent dans notre esprit, pour ne former qu'une seule et même idée. (Voyez page 78, nº 124 *bis*).

Cette maison a ÉTÉ VENDUE vingt mille *francs.*

Le substantif *francs* placé après le verbe passif *a été vendue*, est ici régime d'une préposition sous-entendue (*pour* ou *moyennant*), c'est comme si l'on disait : cette maison *a été vendue* POUR ou MOYENNANT vingt mille *francs.*

DU VERBE *Pronominal.*

166. — Le verbe *pronominal* est celui qui se conjugue avec deux pronoms de la même personne, désignant le même individu : JE ME *flatte*, TU TE *loues*, IL OU ELLE SE *regarde*, NOUS NOUS *habillons*, etc.

167. A la 3ᵉ personne, les pronoms personnels *il* ou *elle, ils* ou *elles*, sont quelquefois remplacés par un substantif : L'HOMME *se regarde, la* FEMME *se regarde; les* HOMMES *se flattent, les* FEMMES *se flattent.* — Ou par un autre pronom : ON *se flatte*, QUELQU'UN *se promène*, CEUX-*ci se battent, les* MIENS *se fâchent*, etc.

168. A l'impératif, le verbe pronominal n'a qu'un pronom qui se place après le verbe : *Promène-*TOI, *promenons-*NOUS, *promenez-*VOUS.

Nota. Quand il y a une négation, le pronom se place devant le verbe : *Ne* TE *promène pas, ne* NOUS *promenons pas, ne* VOUS *promenez pas.*

169. L'infinitif d'un verbe pronominal n'a également qu'un pronom.

170. Quand on conjugue un verbe pronominal à l'infinitif, c'est du pronom *se* qu'on fait usage : SE *promener*, *s'être promené*, SE *promenant*, *s'étant promené*. Cependant quand on fait l'analyse grammaticale, on doit désigner comme verbe pronominal tout infinitif précédé d'un des pronoms *me, te, se, nous, vous, se*, si le sujet ou le

régime du verbe qui précède est de la même personne que l'un de ces pronoms : JE *veux* ME *promener*, TU *veux* T'*habiller*, IL *craint de* SE *tromper*, NOUS *voudrions* NOUS *habiller*, etc. — *Il* ME *recommande de* M'*amuser, je* TE *recommande de* T'*amuser, je* LUI *recommande de s*'*amuser, il* NOUS *recommande de* NOUS *amuser*, etc.

Mais dans cette phrase : *il veut* M'HABILLER , l'infinitif *m'habiller* n'est pas pronominal, parce que le pronom *me* (qui précède cet infinitif) n'est pas de la même personne que le sujet *il* du verbe précédent. — De même, dans cette phrase : *il me recommande de* VOUS AMUSER , l'infinitif *vous amuser* n'est pas pronominal, parce que le pronom *vous* (qui précède cet infinitif) n'est pas de la même personne que les pronoms *il* et *me*, sujet et régime du verbe précédent.

171. Tous les verbes pronominaux se conjuguent aux temps composés avec l'auxiliaire *être*.

172. Mais cet auxiliaire *être* est très-souvent employé pour l'auxiliaire *avoir* : *Je me suis flatté*, c'est-à-dire *j'*AI *flatté moi. Je m'*ÉTAIS *habillé*, c'est-à-dire *j'*AVAIS *habillé moi*, etc.

Cependant dans la phrase suivante : *ces marchandises se* SONT *bien vendues*, le bon sens s'oppose au changement de l'auxiliaire *être* en auxiliaire *avoir;* en effet, on ne peut pas dire : *ces marchandises* ONT *bien vendu elles*, (les marchandises ne peuvent pas se vendre elles-mêmes.) — La *corde s'*EST *cassée*, ne peut pas non plus se décomposer par : *la corde* A *cassé soi*, etc.

173. La plupart des verbes pronominaux sont formés par des verbes actifs ou par des verbes neutres : *Je regarde* (verbe actif), *je me regarde* (verbe pronominal). *Je plais* (verbe neutre), *je me plais* (verbe pronominal).

174. Quelques-uns sont pronominaux de leur nature même, c'est-à-dire qu'ils ne sont formés ni par un verbe actif ni par un verbe neutre : *je me repens, je m'empare*. (On ne peut dire dans aucun cas : *Je repens, j'empare*).

175. Les verbes pronominaux qui sont formés par un verbe actif ou par un verbe neutre, s'appellent *pronominaux accidentels*.

176. Ceux qui ne sont formés ni par un verbe actif ni par un verbe neutre, s'appellent *pronominaux essentiels*.

177. Le second pronom d'un verbe pronominal accidentel est presque toujours régime direct ou régime indirect : *Je* ME *flatte* (c'est-à-dire *je flatte* MOI). — *Je* ME *nuis* (c'est-à-dire *je nuis* A MOI).

178. Cependant il y a quelques verbes pronominaux accidentels dont le second pronom n'est ni régime direct ni

régime indirect; on ne peut pas l'analyser : *La corde s'est cassée* (on ne peut pas décomposer par : *La corde a cassé* SOI, ni *la corde a cassé* A SOI ; le bon sens s'y oppose).

179. Le second pronom d'un verbe pronominal essentiel n'est ni régime direct ni régime indirect ; il n'a pas de fonction, on ne peut pas l'analyser : *Je* ME *repens* (on ne peut pas décomposer par : *Je repens* MOI, ni *je repens* A MOI). — *Je* M'*empare* (on ne peut pas décomposer par : *J'empare* MOI, ni *j'empare* A MOI).

180. Quoiqu'il ait été dit (au n° 147 page 82) qu'un verbe actif a toujours un régime direct, il peut arriver qu'un verbe actif qui devient *pronominal* (accidentel) n'ait pas de régime direct ; comme dans cette phrase : *le vase se cassera;* le pronom *se* ne signifiant rien, ne peut pas être régime direct du verbe actif *cassera.* D'ailleurs ce verbe pronominal *se cassera* est employé ici pour le verbe passif *être cassé : ce vase sera cassé.* Or, pour qu'un verbe soit *passif,* il faut qu'il soit originairement *actif.* (Il ne faudrait donc pas, dans l'analyse grammaticale de cette phrase, désigner le verbe *casser* comme neutre, en se fondant sur ce qu'il n'a pas ici de régime direct.)

180 *bis.* Il y a des verbes pronominaux qui *paraissent* avoir deux régimes directs :

Il *se* croit le *sauveur* de son pays.

Il s'institue le *juge* de l'affaire.

Il *se* montre le *maître.*

Il *se* rend votre *égal,* etc.

Le pronom *se* est le régime direct de ces verbes pronominaux ; ainsi les substantifs placés après ne peuvent pas être un second régime direct, (puisqu'un seul suffit) ; ils sont *qualificatifs* du sujet *il,* parce que les deux mots (le substantif et le pronom-sujet) se confondent dans notre esprit pour ne former qu'une seule et même idée. (Voyez page 78, n° 124 *bis*).

181. *Nota.* Dans la phrase suivante : *Cette enfant s'appelle Amélie,* le pronom *se* n'est ni régime direct ni régime indirect, il ne peut pas s'analyser, car on ne peut pas décomposer : *Cette enfant appelle* SOI *Amélie.* — Quant au substantif *Amélie,* il est qualificatif du sujet *enfant,* par la raison énoncée dans le n° précédent.

182. Quand on interroge, le sujet étant après le verbe, il en résulte que lorsqu'un verbe pronominal est conjugué avec interrogation, c'est le second pronom qui est le sujet (le premier est régime direct ou régime indirect, et quelquefois même il n'est rien du tout, comme on vient de le voir au n° 178). *Vous occupez-*VOUS *de cela? vous parlez-*VOUS *quelquefois? vous repentez-*VOUS *de votre faute?*

Du Verbe *Unipersonnel*.

183. Le verbe *unipersonnel* est celui qui ne s'emploie qu'à la 3ᵉ personne du singulier avec le pronom *il;* mais il faut remarquer que ce pronom *il* ne tient la place d'aucun substantif déjà nommé ; il ne signifie absolument rien : IL *pleut*, IL *faut*.

184. Il y a deux espèces de verbes unipersonnels : 1ᵒ les verbes unipersonnels *essentiels,* c'est-à-dire qui sont unipersonnels de leur nature ; et 2ᵒ les verbes unipersonnels *accidentels,* c'est-à-dire qui ne sont unipersonnels que par accident, parce qu'ils sont formés d'un verbe primitivement actif, neutre, ou autre.

185. On reconnaît qu'un verbe actif, neutre, passif, pronominal, et même le verbe *avoir* et le verbe *être,* deviennent *unipersonnels,* quand le pronom *il* ne tient la place d'aucun substantif : *Il* FAIT une chaleur insupportable. *Il* ARRIVERA plusieurs courriers aujourd'hui. *Il* EST ÉCRIT que je ne réussirai pas. *Il* SE RASSEMBLE ici des gens armés. *Il* Y A long-temps. *Il* EST nuit. — Tous ces verbes sont *unipersonnels accidentels.*

186. Le pronom *il* ne signifiant rien, n'est que le sujet *apparent.*

187. Le verbe unipersonnel a un autre sujet qu'on appelle *sujet réel.*

188. On trouve ce sujet réel, comme dans les autres espèces de verbes, en mettant *qui?* devant : *Il arrivera plusieurs courriers, qui arrivera? — plusieurs courriers,* voilà le *sujet réel.*

189. Le sujet réel est presque toujours placé *après le verbe.*

190. De plus, ce sujet réel a l'apparence d'être le régime direct, car il répond à la question *qui?* ou *quoi?* placée après le verbe : *il arrivera* QUI? — réponse : *plusieurs courriers.* Mais il ne faut pas oublier que le verbe actif est *le seul* qui puisse avoir un régime direct.

Nota. Le pronom relatif *que* peut être le *sujet réel* d'un verbe unipersonnel : *La pluie* QU'*il tombera fera le plus grand bien.*

191. Tous les verbes unipersonnels n'ont pas un sujet réel : *il pleut, il neige,* etc. — En effet, on ne peut pas faire de réponse aux questions : *qui pleut? qui neige?*

192. Il y a trois verbes unipersonnels dont on ne peut trouver le sujet réel qu'en les tournant par d'autres verbes :

Il faut doit se tourner par : *il est nécessaire.*
Il fait — — — par : *il est fait.*
Il y a — — — par : *il est* ou *il existe.*

Exemples :

Il FAUT *que je sorte* (tournez : IL EST NÉCESSAIRE *que je sorte*). — IL FAIT *une chaleur insupportable* (tournez : IL EST FAIT *une chaleur insupportable*). — IL Y A *des femmes savantes* (tournez : IL EST ou IL EXISTE *des femmes savantes*).

Si l'on ne changeait pas ces trois verbes, on ne pourrait pas trouver le sujet réel, parce que les questions : *qui faut? qui fait? qui a?* ne signifient absolument rien.

Nota. Dans cette dernière phrase : *Il y a des femmes savantes*, le mot *y* ne peut pas s'analyser, parce qu'il ne signifie rien. (Voyez ce qui a été dit sur ce mot Y, page 74)

193. Le verbe unipersonnel ne s'accorde pas avec son sujet réel, il s'accorde avec son sujet apparent : *Il* ARRIVERA *plusieurs courriers* (et non : *il* ARRIVERONT *plusieurs courriers*).

194. Le verbe unipersonnel se conjugue généralement aux temps composés avec l'auxiliaire *avoir* : *Il* A *plu*, *il* A *grêlé*.— Quelques-uns, et c'est le petit nombre, prennent l'auxiliaire *être* : *il* EST RÉSULTÉ. *Il* EST TOMBÉ *de la neige*.

DU VERBE SUBSTANTIF *Être.*

195. Le verbe substantif *être* n'a pas de régime direct.

196. Le substantif placé après le verbe *être* a bien l'apparence d'en être le régime, car il répond aussi à la question *qui?* ou *quoi?* mais il est le *qualificatif* du sujet : *Mon père est un* NÉGOCIANT. *Je suis votre* AMI.

197. Le verbe substantif *être* se conjugue aux temps composés avec l'auxiliaire *avoir* : *j'ai été, j'eus été, j'avais été, j'aurai été*, etc.

198. Le participe passé du verbe *être* (été) n'a ni féminin, ni pluriel, il est toujours *invariable*.

DES FIGURES DE GRAMMAIRE OU DE CONSTRUCTION.

199. Le mot *figure* signifie en général la forme extérieure d'un corps, d'un objet quelconque. En Grammaire, on appelle *Figures* certaines constructions (ou arrangements de mots) qui, s'écartant de l'usage ordinaire, donnent à la phrase un autre aspect, une autre physionomie, une autre *figure*, ainsi que l'indique ce mot.

200. Les Figures de Grammaire ou de construction sont au nombre de quatre : l'Ellipse, le Pléonasme, l'Inversion, et la Syllepse (ou Synthèse).

DE L'ELLIPSE.

201. L'*Ellipse* est une figure de construction qui consiste à supprimer un ou plusieurs mots, afin d'ajouter à la précision, sans rien ôter à la clarté.

202. Voici quelques exemples d'Ellipses :

Il parle beaucoup, et n'agit pas (et sans ellipse : *il parle beaucoup, et* IL *n'agit pas*).

Voici deux lettres : l'une est pour vous ; l'autre, pour votre frère (et sans ellipse : *l'autre* EST *pour votre frère*).

Il est blanc comme la neige (et sans ellipse : *il est blanc comme la neige* EST BLANCHE).

Pauvreté n'est pas vice (et sans ellipse : LA *pauvreté n'est pas* UN *vice*).

DU PLÉONASME.

203. Le *Pléonasme* est la répétition du sujet, du régime, du qualificatif, du vocatif, ou du modificatif ; ou en d'autres termes : c'est la répétition d'un mot ayant une fonction, et qui pourrait être supprimé sans nuire au sens.

204. Exemples de Pléonasmes :

Je LE *tiens, ce nid de fauvette !* (et sans pléonasme : *je tiens ce nid de fauvette*).

Vous le haïssez, MOI *je l'aime* (et sans pléonasme : *je l'aime*).

Cela est BON *, très-bon* (et sans pléonasme : *cela est très-bon.*)

DE L'INVERSION.

205. L'*Inversion* est un changement dans l'ordre généralement suivi pour la construction des phrases.

Nota. Voici l'ordre direct d'une phrase (c.-à-d. sans inversion) : 1° le sujet, 2° le verbe, 3° le régime direct, 4° le régime indirect. Quelquefois ces 4 parties ont des compléments, c'est-à-dire des *adjectifs*, des *adverbes*, etc., qui en complètent le sens.

206. Exemples d'Inversions :

Là coulent mille divers ruisseaux (et sans inversion : *mille divers ruisseaux coulent là*).

Dans ce désordre, à mes yeux, se présente un jeune enfant (et sans inversion : *un jeune enfant se présente à mes yeux dans ce désordre*).

DE LA SYLLEPSE OU SYNTHÈSE.

207. La *Syllepse* ou *Synthèse* est une construction faite de telle manière que les mots s'accordent avec ce qu'on a dans l'esprit, et non avec ce qui est déjà exprimé dans la phrase.

208. Exemples de Syllepses :
Une infinité SONT *de cet avis.*
La plupart SONT BONS.

Dans ces 2 exemples, le verbe et l'adjectif s'accordent avec un substantif pluriel qui est dans l'esprit : *Une infinité de* GENS SONT de cet avis, *la plupart de* CES LIVRES (ou de tout autre objet) SONT BONS. — Si l'on disait : *une infinité* EST *de cet avis*, *la plupart* EST BONNE, il n'y aurait pas de syllepse ; mais l'usage ne permet pas de s'exprimer ainsi.

Je crains qu'il NE *vienne.*
J'empêcherai qu'il NE *fasse cela.*
J'ai peur qu'il N'*oublie.*

Ici, celui qui parle a l'esprit tellement préoccupé du *desir que la chose n'arrive pas*, qu'il exprime cette idée au moyen de la négation *ne*. — Si l'on disait : *je crains qu'il vienne, j'empêcherai qu'il fasse cela, j'ai peur qu'il oublie*, il n'y aurait pas de syllepse ; mais l'usage ne permet pas non plus de s'exprimer ainsi.

DES GALLICISMES OU IDIOTISMES FRANÇAIS.

209. Quoique toutes les langues paraissent construites sur un plan uniforme dans leurs parties essentielles, elles offrent cependant, soit dans *l'emploi des mots*, soit dans la *manière de les arranger*, des particularités qui, s'écartant des règles ordinaires, distinguent une langue de toutes les autres. Ces locutions particulières s'appellent *Idiotismes*.

210. Pour désigner les idiotismes propres à une langue en particulier, on se sert d'un nom analogue à celui de la langue. Les idiotismes de la langue anglaise s'appellent *Anglicismes ;* ceux de l'allemand, *Germanismes ;* du latin, *Latinismes*, etc. — Les idiotismes de la langue française se nomment *Gallicismes*.

211. Un *Gallicisme* est donc une manière de s'exprimer éloignée des lois générales du langage, et *exclusivement propre à la langue française.*

212. On voit par cette définition qu'il faut bien se garder de donner le nom de *Gallicismes* à ces façons de parler *irrégulières* si communes dans notre langue, car à moins de bien connaître les langues anciennes et les langues modernes où la nôtre a puisé, il arriverait souvent de prendre pour *Gallicismes* des expressions qui seraient peut-être des *latinismes* ou des *idiotismes* de quelque autre langue.

213. Ainsi donc, un *idiotisme* est une manière de s'exprimer irrégulière, contraire aux règles générales, mais autorisée par l'usage.

Exemples d'Idiotismes :

Il y a là quelqu'un (pour *quelqu'un est là*).
Il y avait autrefois un roi (pour *un roi existait autrefois*).
Je *m'en vais*, (pour *je pars* ou *je sors*).
Je *me porte* bien (pour *ma santé est bonne*).
Tu *te plais* ici (pour *tu éprouves du plaisir ici*).
Il *se sert* de mon livre (pour *il emploie mon livre*).
Comment *te portes-tu*? (pour *comment est ta santé?*)
Il *ne fait que* chanter (pour *il chante sans cesse*).
Il *ne fait que de* sortir (pour *il est sorti tout-à-l'heure*).
C'est à vous *que* je, veux parler (pour *je veux vous parler*).
Etc.   Etc.

214. Les syllepses peuvent être considérées comme des idiotismes, puisque ce sont des irrégularités (que l'usage permet cependant).

215. On doit analyser séparément chaque mot d'une phrase. Ainsi on séparera :

1° Les verbes qui forment des temps composés : *Il a chanté, il a été aimé*, etc.

2° Les substantifs composés : *un arc-en-ciel, un char-à-bancs*, etc.

3° Les prépositions, conjonctions, et adverbes composés : *à coté de, de peur que, long-temps*, etc.

4° Les articles élidés : *l'homme* (*le* homme), *l'armée* (*la* armée).

5° Les articles composés : *du* jardin (*de le* jardin), *au* public (*à le* public), etc.

6° Les mots où se trouve une apostrophe : *j'*aime (*je* aime), *c'*est bien (*ce* est-bien), etc.

216. Il y a cependant des expressions composées dont les mots ne peuvent pas s'analyser séparément, parce que ces mots isolés ne présentent aucun sens : *de rechef, peu-à-peu, vis-à-vis, tout-à-fait*, etc. — On doit considérer ces expressions composées comme autant d'*idiotismes*.

———————————

217. Voici un *Modèle d'Analyse grammaticale*, d'après un nouveau procédé.

Ce *Modèle* indique la manière de disposer le papier. — La grosse raie noire sépare la 1re partie de la seconde.

MODÈLE D'ANALYSE GRAMMATICALE.

PHRASE A ANALYSER	1. ESPÈCES DE MOTS.	2. GENRES.	3. NOMB.	4. PERS.	5. MODES.	6. TEMPS.	7. RAPPORTS DES MOTS ENTRE EUX OU FONCTIONS DES MOTS.
Votre — — —	adjectif déter. poss	f.	s.	— —	— —	— —	déterminatif du substantif *sœur*.
jeune — — —	adjectif qualific.	f	s.	— —	— —	— —	qualificatif du substantif *sœur*.
sœur — — —	substantif.	f.	s.	3e	— —	— —	sujet du verbe *a parlé*.
m'a { me — — —	pronom personnel	m.	s.	1re	— —	— —	(= à moi) rég. ou comp. de la pr. à sous-entendue.
{ a — — —	verbe auxiliaire.	— —	s.	3e	indic.	prés.	} *a parlé*, verbe neutre, indic., passé indéfini.
parlé — — —	participe passé.	— —	— —	— —	— —	— —	
hier — — —	adverbe de temps.	— —	— —	— —	— —	— —	modificatif du verbe *a parlé*.
au { à — — —	préposition.	— —	— —	— —	— —	— —	*au*, article composé ou contracté.
{ le — — —	article simple.	m.	s.	— —	— —	— —	déterminatif du substantif *soir*.
soir — — —	substantif.	m.	s.	3e	— —	— —	régime ou complément de la préposition à.
de — — —	préposition.	— —	— —	— —	— —	— —	
l'affaire { la	article simple.	f.	s.	— —	— —	— —	*l'* article élidé. déterminatif du substantif *affaire*.
{ affaire —	substantif.	f.	s.	3e	— —	— —	régime ou complément de la préposition *de*
qui — — —	pronom relatif.	f.	s.	3e	— —	— —	(= laquelle) sujet du verbe *intéresse*.
m'intéresse { me	pronom personnel.	m.	s.	1re	— —	— —	(= moi) régime ou complém. du verbe *intéresse*.
{ intér.	verbe actif.	— —	s.	3e	indic.	prés.	

3ᵉ Partie : ANALYSE LOGIQUE.

*Une proposition étant donnée , en désigner les parties consti-
tutives ; puis considérer la proposition dans son ensemble ; et
enfin dans ses rapports avec les autres propositions : tel est
l'objet de l'Analyse logique.*

CE QUE C'EST QUE L'ANALYSE LOGIQUE.

1. Faire l'Analyse logique, c'est désigner les *parties constitutives* de la proposition ; puis considérer la proposition
dans son *ensemble;* et enfin dans ses *rapports* avec les
autres propositions.

DE LA PROPOSITION ET DE LA PHRASE ,
LEUR DIFFÉRENCE.

2. Une *Proposition* est l'expression d'un jugement.

3. Un *Jugement* est une opinion donnée sur un sujet :
Le sucre est doux.

Cependant toutes les propositions n'expriment pas des
jugements aussi caractérisés que celui-ci. Quelquefois la
proposition énonce un fait (présent, passé, ou futur) : *Cet
enfant est malade , votre frère est parti, le domestique
sera renvoyé.* — Quelquefois encore , la proposition exprime un commandement : *Soyez attentif;* — ou une interrogation : *êtes-vous prêt?*

4. Une phrase est une réunion de mots formant un sens
complet : *Je suis content que vous soyez venu me voir.*

5. Il y a dans une phrase autant de propositions que
de verbes à un mode personnel , c'est-à-dire ayant des personnes. — (L'infinitif est le seul mode impersonnel.)

Ainsi , dans la phrase qui précède , il y a 2 propositions :
la 1ʳᵉ est : *Je suis content.* — La 2ᵉ, *que vous soyez venu
me voir.* (Le verbe *voir* étant à l'infinitif, ne forme pas
proposition.)

Nota. Certaines phrases n'ont qu'une proposition , telles
sont les phrases du nᵒ 3: *Le sucre est doux, cet enfant
est malade , etc.*

DES PARTIES CONSTITUTIVES DE LA PROPOSITION.

6. Une proposition a 3 parties constitutives ou essentielles : le *Sujet*, le *Verbe*, et l'*Attribut*.

7. Le *sujet* est le mot sur lequel on porte un jugement, ou qui est l'objet du fait énoncé. Dans les propositions suivantes : *Le sucre est doux*, le sujet est *sucre*. — *Le domestique sera renvoyé*, le sujet est *domestique*, etc.

8. L'*attribut* est ce qu'on dit du sujet. Dans les propositions : *Votre frère est parti*, l'attribut est *parti*. — *Le domestique sera renvoyé*, l'attribut est *renvoyé*, etc.

9. Le *verbe* lie l'attribut au sujet. Dans cette dernière proposition : *Le domestique sera renvoyé*, le verbe est *sera*.

10. Le sujet peut être :
1º ou un substantif : DIEU *est juste*.
2º ou un pronom : IL *est bon*.
3º ou un infinitif : LIRE *est utile*.

11. L'attribut peut être :
1º ou un adjectif qualificatif : *Dieu est* ÉTERNEL.
2º ou un participe présent : *Le soleil brille*,
(c.-à-d. *le soleil est* BRILLANT.)
3º ou un participe passé : *Votre frère est* PARTI.
4º ou un substantif : *Lire est* MON PLAISIR.
5º ou un pronom : *Cet ouvrage est* LE MIEN.
6º ou un infinitif : *Espérer est* JOUIR.

12. Le verbe qui sert à lier l'attribut au sujet, est toujours le verbe *être*.

13. Le verbe *être* peut se présenter sous deux formes :
1º sous la forme du verbe *être* lui-même : *Cet homme* EST *riche* ; 2º sous la forme d'un autre verbe pouvant se décomposer en verbe *être* et en *participe présent* (qui sert d'attribut) : *Cet homme* MENDIE, c'est-à-dire *cet homme* EST MENDIANT.

14. Quand le verbe *être* est à un temps composé, on doit considérer l'auxiliaire *avoir* et le participe *été* comme deux mots inséparables : *Il* A ÉTÉ *malade, il* AURAIT ÉTÉ *battu*.

15. Quand un verbe (autre que le verbe *être* lui-même) est à un temps composé formé de l'auxiliaire *avoir*, comme dans *il a étudié*, on doit ajouter le participe *été* à l'auxiliaire *avoir*, et changer le participe passé en participe présent : *Il a* ÉTÉ ÉTUDIANT. — *Vous auriez joué*, se change en : *Vous auriez* ÉTÉ JOUANT.

DU COMPLÉMENT LOGIQUE.

16. On appelle *Complément logique* tout mot qui est ajouté au sujet ou à l'attribut pour le compléter : *Le devoir* DE VOTRE FRÈRE *est écrit* SANS LE MOINDRE SOIN. — DE

VOTRE FRÈRE est ajouté au sujet *devoir* pour le compléter. — SANS LE MOINDRE SOIN est ajouté à l'attribut *écrit* également pour le compléter. Ce sont des *compléments logiques*.

Nota. L'article et l'adjectif déterminatif ne sont pas des compléments.

17. Le complément logique peut avoir lui-même un complément, c'est ce qu'on appelle un *complément de complément : L'élève* APPLIQUÉ A SES DEVOIRS *jouit* (c'est-à-dire *est jouissant*) DE L'ESTIME DE SES MAITRES. — Le complément du sujet *élève* est le mot APPLIQUÉ, qui a lui-même pour complément A SES DEVOIRS. — Le complément de l'attribut *jouissant* est DE L'ESTIME, qui a aussi pour complément DE SES MAITRES.

18. Tous les mots qui se rapportent au sujet ou à l'attribut comme compléments, font partie du sujet et de l'attribut ; ainsi dans l'exemple précédent : *L'élève appliqué à ses devoirs* est le sujet logique ; *jouissant de l'estime de ses maîtres* est l'attribut logique.

19. Le verbe *être* n'a jamais de complément.

20. Les adverbes joints aux verbes sont les compléments de l'attribut : *Cet enfant est* RAREMENT *tranquille (rarement* est le complément de l'attribut *tranquille). Votre frère souffre* BEAUCOUP (*beaucoup* est le complément de l'attribut *souffrant : Votre frère est* SOUFFRANT BEAUCOUP.)

Nota. Cependant les adverbes de négation : *ne, pas, point,* sont exceptés de cette règle, ils font partie du verbe : *il* N'EST PAS *malade (il,* sujet ; *n'est pas,* verbe ; *malade,* attribut.)

LE SUJET , LE VERBE , ET L'ATTRIBUT
NE SONT PAS TOUJOURS EXPRIMÉS.

21. Le sujet est quelquefois sous-entendu : *il va et vient,* (c'est-à-dire *il va et* IL *vient.*) — *Soyez tranquille* (c'est-à-dire VOUS , *soyez tranquille.*)

22. L'attribut n'est pas toujours exprimé : *Je suis à Paris* (c'est-à-dire *je suis* DEMEURANT *ou* EXISTANT *à Paris*). —*Il est à mes ordres* (c'est-à-dire *il est* OBÉISSANT *ou* SOUMIS *à mes ordres.*)

Nota. Il ne faut pas oublier que l'attribut ne peut être formé que par une des six espèces de mots indiqués au n° 11. — Ainsi, un régime indirect (*à Paris, à mes ordres*) ne peut pas servir d'attribut ; il ne peut être que le complément de l'attribut.

23. Le verbe aussi est quelquefois sous-entendu : *Le mien est bon ; le vôtre, mauvais* (c.-à-d. *le vôtre* EST *mauvais*).

DES DIFFÉRENTES ESPÈCES DE SUJETS
ET D'ATTRIBUTS.

24. Il y a 4 espèces de sujets : le sujet *simple*, le sujet *composé*, le sujet *incomplexe*, et le sujet *complexe*.

25. Le sujet est *simple*, quand il n'exprime qu'un seul objet (singulier ou pluriel); ou en d'autres termes, quand il n'y a qu'*un sujet* : Le CHIEN est *fidèle*, les CHIENS sont *fidèles*.

26. Le sujet est *composé*, quand il comprend plusieurs objets; ou en d'autres termes, quand il y a *plusieurs sujets*: Le LION *et le* TIGRE *sont cruels*.

27. Le sujet est *incomplexe*, quand il n'a pas de complément : *Cette* GRAMMAIRE *est bonne*.

28. Le sujet est *complexe*, quand il a un complément : *La grammaire* DE CET AUTEUR *est bonne*.

29. Il y a aussi 4 espèces d'attributs : l'attribut *simple*, l'attrib. *composé*, l'attrib. *incomplexe*, et l'attrib. *complexe*.

30. L'attribut est *simple*, quand il n'exprime qu'une manière d'être du sujet; ou en d'autres termes, quand il n'y a qu'*un* attribut : *Cet enfant est* MODESTE.

31. L'attribut est *composé*, quand il exprime plusieurs manières d'être du sujet; ou en d'autres termes, quand il y a plusieurs attributs : *Cet enfant est* INSTRUIT *et* MODESTE.

32. L'attribut est *incomplexe*, quand il n'a pas de complément : *Ce livre est* BON.

33. L'attribut est *complexe*, quand il a un complément : *Ce livre est* TRÈS-BON.

34. Il résulte de ces différentes espèces de sujets et d'attributs que les *propositions* sont *simples*, *composées*, *incomplexes*, et *complexes*, selon la nature de leurs sujets et de leurs attributs.

35. La proposition est *simple*, quand le sujet et l'attribut sont simples : *Vous êtes généreux*.

36. La propositon est *composée*, quand le sujet, ou l'attribut, ou même ces 2 parties, sont composées : VOTRE FRÈRE et VOTRE SŒUR *sont aimables*. *Vous êtes* RICHE et GÉNÉREUX. VOTRE FRÈRE et VOTRE COUSIN *sont* INTELLIGENTS *et* LABORIEUX.

37. La proposition est *incomplexe*, quand le sujet et l'attribut sont incomplexes (c'est-à-dire n'ont pas de complément) : *La propreté est une vertu*.

38. La proposition est *complexe*, quand le sujet, ou l'attribut, ou même ces deux parties sont complexes (c.-à-d. ont un complément) : *Le nom* DE VOTRE SŒUR *est joli*. *L'ordre est une qualité* BIEN PRÉCIEUSE. *Une écriture* SOIGNÉE *est une preuve* D'ORDRE.

5

DES DIFFÉRENTES SORTES DE PROPOSITIONS.

39. Il y a 3 sortes de propositions : la proposition *principale*, la proposition *incidente*, et la proposition *subordonnée*.

40. La proposition *principale* est celle qui dans la pensée occupe le premier rang, et dont dépendent les autres : JE SUIS CONTENT *que vous soyez venu me voir*, (JE SUIS CONTENT est la proposition principale).

41. La proposition *incidente* est celle qui est ajoutée au sujet ou à l'attribut d'une proposition, pour compléter ce sujet ou cet attribut : *L'élève* QUI ÉTUDIE *sera récompensé*, (QUI ÉTUDIE est une proposition incidente ajoutée au sujet *élève*). — *Je suis content* QUE VOUS SOYEZ VENU ME VOIR, (QUE VOUS SOYEZ VENU ME VOIR est une proposition incidente ajoutée à l'attribut *content*).

Nota. La proposition incidente est quelquefois ajoutée au complément du sujet ou au complément de l'attribut : *le livre de votre frère*, QUI EST PROFESSEUR, *est très-utile. J'aime beaucoup les enfants* QUE VOUS AVEZ.

42. Le mot qui sert à lier la proposition incidente au sujet ou à l'attribut, est la conjonction *que* ou l'un des pronoms relatifs : *qui, que, dont, où, lequel, laquelle, lesquels, lesquelles* (précédés quelquefois d'une préposition : *de qui, sur qui, à qui, d'où, duquel, auquel*, etc.)

43. La proposition *subordonnée* est celle qui est liée à une autre proposition par une conjonction : *Quand, lorsque, si, quoique, aussitôt que, pour que, tant que*, etc. : *Je suis heureux* QUAND JE SUIS SEUL, (QUAND JE SUIS SEUL est la proposition subordonnée).

Il faut excepter les 7 conjonctions *et, ni, ou, mais, car, donc, que*; les 6 premières peuvent se trouver devant toutes sortes de propositions (principale, incidente, et subordonnée), ainsi il ne faut y faire aucune attention. Quant à la conjonction *que*, elle ne peut se trouver que devant une proposition incidente, (à moins qu'elle ne forme une conjonction composée : *aussitôt que, pour que, tant que*, etc., et alors elle annonce une proposition subordonnée).

44. La plupart des Grammairiens n'admettent pas la proposition subordonnée, ils la confondent *à tort* avec la proposition incidente. — Voici en quoi diffèrent ces deux propositions :

L'incidente se rapporte toujours à un sujet ou à un attribut, tandis que la subordonnée se rapporte à la proposition entière qui précède ou qui suit, de sorte qu'on peut déplacer la subordonnée sans nuire au sens de la phrase : *Je suis heureux*, QUAND JE SUIS SEUL, ou : QUAND JE SUIS SEUL, *je suis heureux*. — Ce qu'on ne pourrait pas faire si c'était une incidente : *Je suis content* QUE VOUS SOYEZ VENU ME VOIR, on ne pourrait pas dire en déplaçant l'incidente : QUE VOUS SOYEZ VENU ME VOIR *je suis content.*

45. Il y a 2 espèces de propositions principales : la principale *absolue*, et la principale *relative.*

46. La principale *absolue* est la première énoncée, et a par elle-même un sens complet.

47. La principale *relative* est celle qui est à la suite de la principale absolue; elle a aussi par elle-même un sens complet, mais elle se rapporte à la principale absolue avec laquelle elle forme un tout complet.

Il ne peut y avoir dans une phrase qu'une principale absolue, mais il peut y en avoir plusieurs relatives : *Mon frère est à Paris, il fait ses études, il reviendra dans deux ans.* — La 1re proposition est principale *absolue*, et les 2 autres sont principales *relatives.*

48. Il y a 2 espèces de propositions incidentes : l'incidente *déterminative* et l'incidente *explicative.*

49. L'incidente *déterminative* est celle qui est liée d'une manière inséparable au sujet ou à l'attribut d'une autre proposition, pour *déterminer* le sens de ce sujet ou de cet attribut : *Le livre* QUE J'AI ACHETÉ HIER *est intéressant;* si l'on retranche l'incidente *que j'ai acheté hier,* la phrase n'offre plus de sens : *Le livre est intéressant;* on ne sait de quel livre il s'agit.

50. L'incidente *explicative* est celle qui est ajoutée au sujet ou à l'attribut d'une autre proposition, pour *expliquer* le sens de ce sujet ou de cet attribut, mais de telle sorte que si l'incidente est supprimée, le sens de la phrase n'en souffre pas : *Dieu*, QUI EST PARTOUT, *voit nos actions.* — Si l'on supprime l'incidente : *qui est partout,* la phrase offre un sens complet : *Dieu voit nos actions.*

DES DIFFÉRENTES MANIÈRES DE CONSIDÉRER
LES PROPOSITIONS.

51. Si l'on considère les propositions sous le rapport de *l'ordre de leurs parties,* les propositions sont *directes*, ou *inverses.*

52. La proposition *directe* est celle dont les parties se succèdent dans l'ordre suivant : 1o sujet (avec ou sans complément); 2o verbe; 3o attribut (avec ou sans complément) : *Mon avis est tel.*

53. La proposition *inverse* est celle dont les parties ne se succèdent pas dans l'ordre qui vient d'être dit : *Tel est mon avis.*

Nota. Quelquefois l'*inversion* ne se fait remarquer que dans les compléments : *il* ME *regarde. Je lis les livres* QUE VOUS ME *prêtez.*

54. Si l'on considère les propositions sous le rapport de la *totalité de leurs parties*, les propositions sont *pleines, elliptiques, explétives, explicites, et implicites.*

55. La proposition *pleine* est celle dont le sujet, le verbe, et l'attribut sont exprimés : *Le soleil est chaud, il brûle* (c'est-à-dire *il est brûlant*).

56. La proposition *elliptique* est celle dont une ou plusieurs parties sont sous-entendues : *Soyons attentifs* (au lieu de : Nous, *soyons attentifs*). — *Soyez à mes ordres* (au lieu de : Vous, *soyez* SOUMIS *à mes ordres*).

Nota. Quelquefois l'*Ellipse* ne se fait remarquer que dans les compléments : *il* ME *parle, j'irai vous* VOIR DIMANCHE MATIN.

57. La proposition *explétive* est celle qui renferme un pléonasme du sujet ou de l'attribut : MOI, *je suis content. Il est* AIMABLE, *très-aimable.*

58. La proposition *explicite* est celle dont le verbe et l'attribut sont énoncés séparément : *les étoiles sont brillantes.*

59. La proposition *implicite* est celle dont le verbe et l'attribut sont renfermés dans le même mot : *Les étoiles* BRILLENT, (*brillent* renferme le verbe et l'attribut : *sont brillant.*)

60. On appelle *expression implicite* un mot qui équivaut à une proposition entière ; l'interjection *ah!* équivaut selon les circonstances à : *Je souffre,* ou à : *je suis content,* etc.— *Ouf!* équivaut à : *j'ai chaud,* ou à : *je suis fatigué,* etc. —*Chut!* signifie : *faites silence,* etc. —L'adverbe *oui* signifie : *je le veux bien.* —*Non,* signifie : *je ne le veux pas.*— etc., etc.

Observation importante.

61. Toutes les propositions ne peuvent pas se soumettre à l'analyse logique. Telles sont les propositions suivantes qui renferment des *idiotismes* : *Je m'en vais. C'est à lui que je veux parler. Il pleut. Il ne vous convient pas de parler ainsi. Il m'en coûte de faire cela.* etc.

62. Le seul moyen de faire l'analyse logique de ces propositions, c'est de les ramener à une construction régulière : *Je m'en vais* (c'est-à-dire *je pars* ou *je sors*). — *C'est à lui que je veux parler* (c'est-à-dire *je veux lui parler,* ou *la personne à qui je veux parler est lui*). — *Il pleut* (c'est-à-dire *la pluie tombe*). — *Il ne vous convient pas de parler ainsi* (c'est-à-dire *parler ainsi ne vous convient pas*).— *Il m'en coûte de faire cela* (c'est-à-dire *faire cela me coûte*), etc.

---

63. Voici un *Modèle d'Analyse logique*, d'après un nouveau procédé :

MODÈLE D'ANALYSE LOGIQUE.

ESPÈCES DE PROPOSITIONS.	1° SUJETS.				2° VERBES.	3° ATTRIBUTS.			
	SIMP. INCOMPL.	SIMP.COMPLEXE	COMP.INCOMPL.	COMPOS.COMPL.		SIMP. INCOMPL.	SIMP.COMPLEXE	COMP.INCOMPL.	COMPOS.COMPL.
Phrase à 1 prop. princip. absolue, simple, incompl., directe, pleine, explicite.	Dieu....	. . . . . .		. . . . .	est.....	juste.			
Phrase à 1 prop. princip. absolue, simp., complexe, directe, pleine, explicite.		Une mauvaise conscience...	. . . . . .	. . . . .	est.....	. . . . .	rarement tranquille,		
Phrase à 1 prop. princip. absolue, compos. incompl. directe, pleine, explicite.			La géographie et l'histoire.	. . . . .	sont....	. . . . .	. . . . .	utiles et agréables.	
Phrase à 1 prop. princip. absolue, compos., compl., directe, pleine, explicite.				Votr. petit *frère* et votre grand *cousin* . . .	sont.....	. . . . .	. . . . .	. . . . .	bien *étourdis* et bien *légers*.
Phrase à 1 prop. princip. absolue, simple, incompl., directe, pleine, implicite.	Il.	. . . . .	. . . . .	. . . . .	a parlé (a été....	parlant.)			

(Suite du Modèle d'Analyse logique.)

ESPÈCES DE PROPOSITIONS.	1º SUJETS.				2º VERBES.	3º ATTRIBUTS.			
	SIMP. INCOMPL.	SIMP. COMPLEXE	COMP. INCOMPL.	COMPOS. COMPL.		SIMP. INCOMPL.	SIMP. COMPLEXE	COMP. INCOMPL.	COMPOS. COMPL.
Phrase à 3 prop. (1) princ. absolue, simp., complexe, directe, pleine, explicite. (2) incid. détermin. simp., complexe, inverse (dans le complément), pleine, implicite. (3) incid. détermin. simp., complexe, inverse (dans le complément), elliptique (dans le complément), implicite.		(1) *Le livre* (2) que je lis. . .	. . . . . .	. . . .	est.	. . . . . .	(3) *celui que vous m'avez donné.*		
Phrase à 2 prop. (1) princ. absolue, simp., complexe, directe, pleine, implicite. (2) Subordonnée, simple, incompl., directe, pleine, explicite.	(1) Je. . . . . (2) si le temps. .	. . . . . .	. . . . . .	. . . . . .	sortirai (serai . . . . est.	. . . . . . beau.	soi tant) demain,		

(Suite du Modèle d'Analyse logique.)

ESPÈCES DE PROPOSITIONS.	1º SUJETS.				2º VERBES.	3º ATTRIBUTS.			
	SIMP. INCOMPL.	SIMP. COMPLEXE	COMP. INCOMPL.	COMPOS. COMPL.		SIMP. INCOMPL.	SIMP. COMPLEXE	COMP. INCOMPL.	COMPOS. COMPL.
Phrase à 1 prop. princip. absolue, simp., complexe, directe, elliptiq., explicite.	(Vous). . .	. . . .	. . . .	. . . .	soyez. . . .	. . . . . .	(*soumis*) à mes ordres.		
Phrase à 1 prop. princip. absolue, simple, incompl., inverse , pleine , explicite.	mon avis.	.			est	Tel			
Phrase à 1 prop. princip. absolue, simp., complexe, inverse (dans le compl.), pleine , implicite.	(*Vocatif.*) Monsieur , *Je*.	. . . .	. . . .	. . . .	salue (suis. . . .	. . . . . .	vous . . . . . . *saluant*).		
Phrase à 1 prop. princip. absolue, simple, incompl., directe , pleine , implicite.	(*Il pleut* , — cette phrase renfermant un idiotisme , ne peut pas s'analyser telle qu'elle est, il faut la tourner de la manière suivante :) La pluie . . .	. . . .	. . . .	. . . .	tombe (est	tombant).			

4ᵐᵉ Partie : ORTHOGRAPHE DE PRINCIPES.

Une phrase étant dictée, l'écrire avec exactitude, (sous le rapport grammatical, car l'orthographe d'usage ne s'apprend pas dans les grammaires) : Tel est l'objet de l'Orthographe de Principes.

Chapitre Iᵉʳ. — Du Substantif.

Formation du Pluriel dans les Substantifs.

1. Règle générale. Le Pluriel dans les substantifs se forme en ajoutant la lettre *s* à la fin du mot : un *jardin*, des *jardins*.

2. — 1ʳᵉ *exception*. Les substantifs terminés au singulier par *s*, *x*, ou *z*, n'ajoutent rien au pluriel : un *bras*, des *bras*; une *voix*, des *voix*; un *nez*, des *nez*. ●

3. — 2ᵉ *exception*. Les substantifs en *au* et en *eu* forment leur pluriel en ajoutant la lettre *x* : un *gâteau*, des *gâteaux*; un *neveu*, des *neveux*.

Cependant *un landau* prend une *s* au pluriel : *Des landaus*. — (Académie.) —(*)

4. — 1ʳᵉ *remarque*. Les substantifs en *ou* forment leur pluriel en ajoutant la lettre *s* (d'après la règle générale) : un *sou*, des *sous*; un *verrou*, des *verrous*, etc.

5. Il faut excepter de la règle générale les 7 substantifs suivants, en *ou*, qui prennent la lettre *x* au pluriel : un *chou*, des *choux*; un *caillou*, des *cailloux*; un *joujou*, des *joujoux*; un *bijou*, des *bijoux*; un *genou*, des *genoux*; un *hibou*, des *hiboux*; un *pou*, des *poux*. (Académie.)

6. — 2ᵉ *remarque*. Les substantifs en *ant* et en *ent* doivent conserver le *t* au pluriel : un *enfant*, des *enfants*; un *serpent*, des *serpents*. — (Académie.)

Des Substantifs étrangers.

7. Les substantifs empruntés des langues étrangères (latine, grecque, hébraïque, italienne, etc.), ne prennent pas la marque du pluriel : un *alinéa*, des *alinéa*; un *iota*, des *iota*; un *alléluia*, des *alléluia*; un *piano*, des *piano*; etc.

Excepté un *numéro*, des *numéros*; un *zéro*, des *zéros*.—

(*) Il y a beaucoup d'autres exceptions, l'usage les apprendra. D'ailleurs ces exceptions n'appartiennent pas à l'Orthographe de Principes, qui fait l'objet de cette 4ᵉ partie; elles appartiennent à l'Orthographe d'usage et à l'Orthologie.

(Voyez à la fin de cette Grammaire, à l'Appendice, une liste de *Substantifs empruntés des langues étrangères.*)

Des Substantifs accidentels.

8. Les mots employés accidentellement comme substantifs ne prennent pas la marque du pluriel : *Je n'aime pas les* POURQUOI, *les* COMMENT.

Des Substantifs propres.

9. Les noms propres ne prennent pas la marque du pluriel : *Les deux* CORNEILLE *étaient poètes.*

Nota. On écrit cependant au pluriel : *les deux Amériques, les deux Siciles, les Espagnes, les Gaules, les Horaces et les Curiaces, les Césars, les Bourbons,* et quelques autres substantifs propres que l'usage apprendra.

10. *Remarque.* On emploie quelquefois les articles pluriels *les, des, aux,* devant les noms propres, pour donner plus d'élégance ou d'énergie à la phrase; mais il ne faut pas écrire les noms propres au pluriel : *Le siècle des* BOSSUET et *des* FÉNELON. (On pourrait dire sans l'article pluriel : *Le siècle de* BOSSUET et *de* FÉNELON.)

11. *Exception.* Quand les noms propres sont employés comme noms communs, c'est-à-dire pour servir de termes de comparaison, ils prennent la marque du pluriel.—Pour reconnaître si un substantif propre est employé comme terme de comparaison, il faut voir si on peut le changer en substantif commun ayant la même signification : *Les* CORNEILLES *seront toujours rares.* On peut dire : *Les* BONS POÈTES TRAGIQUES *seront toujours rares.* — (Voyez à la fin de cette Grammaire, à l'Appendice, une liste de *Substantifs propres employés comme termes de comparaison.*)

Des Substantifs composés.

12. Les substantifs composés s'écrivent au singulier et au pluriel, suivant le nombre qu'on obtient en décomposant l'expression : un *casse-noisettes* (c'est-à-dire un instrument qui casse *les noisettes*). — Des *serre-tête,* (c'est-à-dire des bonnets qui serrent *la tête*).

Nota. Cependant le verbe ne se mettra pas au pluriel. — Il n'y a que le substantif, l'adjectif, et le participe passé qui puissent prendre la marque du pluriel.

Les mots qui forment le substantif composé doivent être unis par un trait d'union. — (Voyez à la fin de cette Grammaire, à l'Appendice, une liste de *Substantifs composés, avec leurs décompositions*).

13. — 1re *remarque.* Il y a des substantifs composés formés de deux mots tellement inséparables que la décomposition ne peut pas avoir lieu : un *loup-garou,* (on ne peut

5*

pas dire : *un loup qui est garou*); alors on doit considérer
le second mot comme un adjectif et le faire accorder avec
le premier : un *loup-garou*, des *loups-garous;* une *pie-
grièche*, des *pies-grièches*, etc.

14. — 2e *remarque.* Dans les substantifs *grand'mère,
grand'tante, grand'messe*, etc, l'apostrophe tient lieu des
lettres qui manquent: Des *grand'mères*, des *grand'tantes*,
des *grand'messes*.

15. — 3e *remarque.* Il y a un substantif composé qui a
une orthographe si bizarre qu'il faut le citer à part, le voici :
Un *chevau-léger*, des *chevau-légers.* (Un *chevau-léger* est
un militaire de la cavalerie légère qui faisait autrefois partie de la Garde royale.)

16. Les substantifs placés après les prépositions *de, à,
sur, sans, en*, et autres, se mettent au singulier ou au
pluriel selon le nombre que l'usage a consacré pour ces substantifs, ou selon le sens que présente la phrase; ainsi on
écrira au singulier : Une mesure DE *froment*. Aller A *pied.*
Être SUR *pied.* Je suis SANS *pain.* Elles sont coiffées EN
bonnet, etc. — et au pluriel : Une mesure DE *haricots.*
Sauter A *pieds joints.* Il tomba SUR *pieds* et *mains.* Je suis
SANS *souliers.* Elles sont coiffées EN *cheveux*, etc.

17. *Nota.* L'Académie écrit indifféremment au singulier
et au pluriel : de l'huile D'*amande*, de la pâte D'*amandes.*

18. Un substantif précédé de *leur* se met au pluriel si le
sens présente une idée de pluralité : *ces dames attendent*
LEURS MARIS, (chaque dame ayant *un mari*, il en résulte
qu'il y a *plusieurs maris.*) — Mais dans cette phrase : *tous
les hommes de cette compagnie sont dévoués à* LEUR CAPI-
TAINE, on écrira *leur capitaine* au singulier, parce qu'il
n'y a qu'*un capitaine* par compagnie.

Nota. Cependant on écrira au singulier : *Je plains* LEUR
SORT. LEUR SANTÉ est mauvaise, etc., parce qu'on ne dit
pas *des sorts*, *des santés*, etc.

CHAPITRE II. — DE L'ADJECTIF QUALIFICATIF. (*)

Formation du Féminin dans les Adjectifs.

19. RÈGLE GÉNÉRALE. Le Féminin dans les adjectifs se
forme en ajoutant un *e* muet à la fin du mot : *Il est* JOLI,
elle est JOLIE.

(*) Il n'y a pas de chapitre sur l'*Article*, parce que cette espèce
de mots n'offre aucune difficulté sous le rapport de l'Orthographe.

20. *Exception.* Si l'adjectif se termine au masculin par un *e* muet, on n'ajoute rien au féminin : *Il est* AIMABLE, *elle est* AIMABLE. (*)

Formation du Pluriel dans les Adjectifs.

21. RÈGLE GÉNÉRALE. Le pluriel dans les adjectifs se forme en ajoutant la lettre *s* à la fin du mot : *Il est* BON, *ils sont* BONS.

22. — 1re *exception.* Les adjectifs terminés au singulier par *s* ou par *x*, n'ajoutent rien au pluriel : *Un œuf* FRAIS, *des œufs* FRAIS ; *un homme* HEUREUX, *des hommes* HEUREUX.

23. — 2e *exception.* Les adjectifs en *au* prennent *x* au pluriel : *Le* BEAU *livre, les* BEAUX *livres.*

Nota. Il y a beaucoup d'autres exceptions, l'usage les apprendra.

24. — 1re *remarque.* Les adjectifs *fou, mou, bleu,* prennent *s* au pluriel (d'après la règle générale) : *Ils sont* FOUS, MOUS, BLEUS.

25. — 2e *remarque.* Les adjectifs en *ant* et en *ent* doivent conserver le *t* au pluriel : *Il est* CHARMANT, *ils sont* CHARMANTS ; *il est* PRUDENT, *ils sont* PRUDENTS. — (Acad.)

Accord de l'Adjectif avec le Substantif.

26. L'adjectif s'accorde en genre et en nombre avec le substantif ou pronom auquel il se rapporte : *Ces hommes sont* POLIS, *ces femmes sont* POLIES, *elles sont* VRAIES.

27. Quand un adjectif qualifie plusieurs substantifs singuliers, il se met au pluriel, parce que plusieurs singuliers valent un pluriel : *Mon frère et mon cousin sont* AIMABLES.

28. Quand un adjectif qualifie plusieurs substantifs de différents genres, il se met au masculin (et au pluriel) : *Mon frère et ma sœur sont* CONTENTS.

29. — 1re *remarque.* Quoiqu'un adjectif qualifie plusieurs substantifs, il s'accorde avec le dernier seulement, dans les 4 circonstances suivantes :

1° Quand les substantifs sont *synonymes,*
2° Quand les substantifs sont *unis par la conjonction* OU,
3° Quand les substantifs sont *placés par gradation* (*ascendante ou descendante.*)
4° Quand les substantifs sont *réunis dans un seul mot,* comme *tout, rien, personne,* etc.

(*) Il y a beaucoup d'autres exceptions, l'usage les apprendra. D'ailleurs ces exceptions n'appartiennent pas à l'Orthographe de Principes, qui fait l'objet de cette 4e partie ; elles appartiennent à l'Orthographe d'usage et à l'Orthologie.

Exemples :

Un travail, une *occupation aisée.*
Un courage ou une *prudence étonnante.*
Aristide avait une modestie, une *grandeur* d'âme peu *commune.*
Paroles et regard, *tout* est *aimable* dans cette personne.

Nota. Quand les substantifs sont *synonymes*, et quand ils sont placés *par gradation*, ils ne sont unis par aucune conjonction.

30. — 2e *remarque.* Quoiqu'un adjectif qualifie plusieurs substantifs, il s'accorde avec le premier seulement, quand les substantifs sont unis par une des conjonctions : *ainsi que, comme, de même que, aussi bien que* :

Cet oiseau a le *cou*, ainsi que les ailes, fort *joli.*

31. — 3e *remarque.* Doit-on écrire : *Des bas de soie* NOIRS, ou *des bas de soie* NOIRE ? — L'accord de l'adjectif doit avoir lieu avec le substantif qu'on a dans l'esprit, ainsi on écrira : *Des bas de soie* NOIRS, si l'on veut faire porter l'attention sur la *couleur des bas*, c'est comme si l'on disait : *Des* BAS NOIRS *de soie.* — Et l'on écrira : *Des bas de soie* NOIRE, si l'on veut que l'attention se porte sur la *couleur de la soie*, c'est comme si l'on disait : *Des bas faits de* SOIE NOIRE.

---

32. Les adjectifs *nu, demi*, et les participes *excepté, supposé, passé, vu, compris, ci-inclus, ci-joint*, sont invariables quand ils sont placés avant le substantif : *Il est* NU-*pieds*, une DEMI-*heure*, EXCEPTÉ *vos sœurs*, SUPPOSÉ *ces faits*, PASSÉ *huit heures*, VU *les difficultés*, y COMPRIS *vos sœurs*, CI-INCLUS *l'expédition*, CI-JOINT *la copie.*

Nota. Dans ce cas, *nu* et *demi* sont joints au substantif par un trait d'union.

33. Ces mêmes mots (*nu, demi, excepté, supposé*, etc.) placés après le substantif s'accordent en genre et en nombre avec le substantif : *Il a les pieds* NUS, *une heure et* DEMIE, *vos sœurs* EXCEPTÉES, *ces faits* SUPPOSÉS, *huit heures* PASSÉES, *les difficultés* VUES, *vos sœurs y* COMPRISES, *l'expédition* CI-INCLUSE, *la copie* CI-JOINTE.

34. L'adjectif *demi* placé après le substantif ne s'accorde qu'en *genre ;* il reste au singulier, parce qu'il n'exprime qu'une *demie : deux douzaines et* DEMIE (c'est-à-dire *deux douzaines et* UNE SEULE DEMIE).

35. Quand le mot *demie* est employé comme substantif, il peut prendre la marque du pluriel : *Cette horloge sonne* LES DEMIES.

36. L'adjectif *feu* placé immédiatement avant le substantif s'accorde avec ce substantif : *La* FEUE *reine, ma* FEUE *sœur.*

L'adjectif *feu* séparé de son substantif par l'article ou par l'adjectif possessif est invariable : FEU *la reine,* FEU *ma sœur.*

37. Quand un adjectif qualifie un verbe, il cesse d'être adjectif et devient adverbe; par conséquent il est invariable : *Ces œillets sentent* BON, *ces étoffes coûtent* CHER.

38. Il ne faut pas considérer comme adjectifs certains substantifs qui sont joints à d'autres substantifs pour les qualifier; ainsi dans les exemples suivants : *Des rubans* PAILLE, *des gazes* JONQUILLE, les mots *paille* et *jonquille* restent au singulier, parce que c'est comme si l'on disait : *Des rubans couleur de* PAILLE, *des gazes couleur de* JONQUILLE.

39. Lorsque deux adjectifs se suivent et sont joints par un trait d'union, ce sont des *adjectifs composés*, qu'il faut soumettre aux mêmes règles que les substantifs composés, c.-à-d. qu'il faut décomposer l'expression pour savoir si l'on doit mettre ces adjectifs au singulier ou au pluriel, au masculin ou au féminin; en un mot, pour savoir s'ils doivent varier : *Des cheveux* CHÂTAIN-CLAIR (c.-à-d. *d'un châtain qui est clair*). *Des rubans* BLEU-FONCÉ (c.-à-d. *d'un bleu qui est foncé*.) *Des oranges* AIGRES-DOUCES (c.-à-d. qui sont *aigres* et *douces* tout à la fois.) *Des enfants* NOUVEAU-NÉS (c.-à-d. qui sont *nouvellement nés*). *Des enfants* AVEUGLES-NÉS (c.-à-d. qui sont *nés aveugles*), etc.

40. Plusieurs adjectifs réunis ne peuvent forcer un substantif singulier à devenir pluriel : l'adjectif reçoit bien la loi du substantif, mais il ne la lui fait jamais; *Le premier et le second* ÉTAGE (et non pas : *étages*). — *Un cours de* LANGUE *française, italienne, et espagnole* (et non pas : *de langues*).

Nota. Cependant le verbe se met au pluriel : *Le premier et le second étage* SONT *à louer.*

41. Ne confondez pas *prêt* avec *près.*
Prêt est un adjectif qui signifie tantôt *préparé* et tantôt *disposé : nous partirons quand vous voudrez, nous sommes* PRÊTS. — *Ils sont* PRÊTS *à vous obéir.*
Près est une préposition qui signifie *sur le point;* ou un adverbe qui signifie *proche : les beaux jours sont* PRÈS *de revenir.* — *Il demeure ici* PRÈS.

42. *Bénit* s'écrit avec un *t*, quand il signifie *béni par l'Église,* et qu'il est employé *sans auxiliaire : du pain* BÉNIT, *des drapeaux* BÉNITS. (Dans ce cas, *bénit* est un adjectif qualificatif.)
Quand ces deux circonstances ne sont pas réunies (c'est-

à-dire quand *béni* ne signifie pas béni par l'Eglise, ou quand il a un auxiliaire), *béni* s'écrit sans *t* : *un peuple* BÉNI *de Dieu, on a* BÉNI *le pain*. (Dans ce cas, *béni* est un participe passé.)

CHAPITRE III. — DE L'ADJECTIF DÉTERMINATIF.

43. Les adjectifs numéraux *vingt* et *cent* se mettent au pluriel quand il s'agit de plusieurs vingtaines et de plusieurs centaines : *quatre-*VINGTS *francs.* — *Quatre* CENTS *francs.*

44. — 1re *exception.* Quand *vingt* et *cent* sont suivis d'un autre adjectif numéral, ils ne prennent pas la marque du pluriel, (lors même qu'il s'agit de plusieurs fois *vingt* et de plusieurs fois *cent*) : *quatre-*VINGT-*cinq francs. Quatre* CENT *cinquante francs.*

45. — 2e *exception.* Quand *vingt* et *cent* sont employés pour *vingtième* et *centième*, ils ne prennent pas la marque du pluriel : *page quatre-*VINGT (c'est-à-dire *page quatre-*VINGTIÈME). — *Numéro quatre* CENT (c'est-à-dire *numéro quatre* CENTIÈME).

46. On écrit *mil* pour la date des années, quand ce mot se trouve au commencement du nombre qui exprime la date, (c'est une abréviation de *mille*) : *l'an* MIL *huit cent cinquante.*

Partout ailleurs on écrit *mille* qui est invariable : *dix* MILLE *francs. L'an deux* MILLE *avant Jésus-Christ.*

47. Quand *mille* est substantif, signifiant une mesure de chemin, il peut prendre la marque du pluriel : *trois* MILLES *d'Angleterre font un peu plus d'une lieue de France.*

48. Les mots *million, billion* ou *milliard, trillion,* etc., sont des substantifs qui peuvent prendre la marque du pluriel : *Deux* MILLIONS, *cinq* BILLIONS, etc.

49. L'adjectif numéral *quatre* ne prend jamais la marque du pluriel : *Les* QUATRE *francs que je vous dois.*

Nota. Il en est de même de *cinq, sept, huit, trente, quarante,* etc. — En un mot, il n'y a que les adjectifs numéraux *vingt* et *cent* qui puissent prendre la marque du pluriel.

50. *Ses* s'écrit avec une *s*, quand il peut se changer en *de lui, d'elle,* ou *de soi; (Ses* est un *adjectif possessif) : un père aime* SES *enfants* (c'est-à-dire les enfants *de lui*). *Une fille doit chérir* SES *parents* (c'est-à-dire les parents *d'elle*). *On doit respecter* SES *supérieurs* (c'est-à-dire les supérieurs *de soi*).

Ces s'écrit avec un *c*, quand il ne peut pas éprouver ces changements; *(Ces* est un *adjectif démonstratif)*: *avez-vous visité* CES *lieux?* (on ne peut pas dire : les lieux *de lui*).

51. *Aucun, nul*, et *maint*, s'écrivent au singulier, ainsi que les substantifs, les adjectifs, les verbes, et autres mots qui en dépendent : AUCUN *homme n'est venu;* NUL *soldat ne succomba;* MAINT *plaisir vous attend.*

52. *Exception. Aucun, nul*, et *maint*, prennent la marque du pluriel, 1° quand ils sont joints à des substantifs qui n'ont pas de singulier : *Aucuns frais, nulles funérailles, maints jeunes gens.* — 2° Quand ils sont joints à des substantifs qui ont au pluriel une autre signification qu'au singulier : *Il ne gagne* AUCUNS GAGES , NULLES TROUPES *ne sont mieux exercées.*

Nota. Le mot GAGES au pluriel signifie *appointements, salaire;* et au singulier il signifie *preuve, marque.* — *Troupes* au pluriel signifie *des soldats;* et au singulier, *une multitude.*

53. *Même* placé avant ou après un seul substantif (ou pronom) est *adjectif;* et par conséquent, il s'accorde avec ce substantif (ou pronom) :

> Vous faites toujours les *mêmes* fautes.
> Les Egyptiens adoraient les plantes *mêmes.*
> Ils viendront eux-*mêmes.*

54. *Même* placé après plusieurs substantifs, ou joint à un verbe pour le modifier, est *adverbe;* et par conséquent *invariable :*

> Les Egyptiens adoraient les animaux, les plantes *même.*
> Nous voudrions *même* y aller.

NOTA. *Même* joint à plusieurs substantifs signifie *aussi.*

55. *Quelque* joint à un substantif est *adjectif*, et conséquemment il s'accorde avec ce substantif :

> QUELQUES *talents* que vous ayez....

56. *Quelque* joint à un adjectif, à un participe, ou à un adverbe, est *adverbe;* et conséquemment reste *invariable :*

> QUELQUE *grands* que soient vos talents.......
> QUELQUE *étonnés* que nous paraissions.......
> QUELQUE *adroitement* que ces hommes fassent cela....

NOTA. *Quelque* joint à un adjectif suivi immédiatement de son substantif, est *adjectif;* et s'accorde avec ce substantif :

> QUELQUES *grands talents* que vous ayez......

57. *Quelque* devant un verbe, ou devant un pronom suivi d'un verbe, s'écrit en deux mots *(quel que)*, et le

premier mot *(quel)* varie, il s'accorde en genre et en nombre avec le sujet du verbe :

> Quels que *soient* vos talents......
> Vos talents quels qu'*ils soient......*
> Je veux avoir ces livres , quel qu'*en soit* le prix.

58. *Quelque* signifiant *environ* est adverbe, et par conséquent invariable : *Il a* quelque *60 ans,* (c'est-à-dire il a *environ* 60 ans).

59. *Tout* se rapportant à un substantif ou à un pronom, est *adjectif;* et par conséquent il s'accorde en genre et en nombre avec ce substantif ou pronom : Tous *mes amis,* toutes *vos jolies sœurs,* tous *ceux que je connais, vos frères sont* tous *pleins d'esprit,* (c'est-à-dire *tous* vos frères sont pleins d'esprit).

60. *Tout* joint à un adjectif qualificatif, à un participe, ou à un adverbe, est *adverbe* s'il signifie *entièrement,* et *conjonction* s'il signifie *quoique;* dans ces 2 cas, *tout* est *invariable :*

> Ces vins là veulent être bus *tout* purs (c.-à-d. *entièrement* purs).
> Ils étaient *tout* étonnés (c.-à-d. *entièrement* étonnés).
> Elles écrivent *tout* couramment (c.-à-d. *entièrement* couramment).
> Je l'aime, *tout* ingrate qu'elle est (c.-à-d. *quoique* ingrate).
> Ils avancèrent cependant, *tout* effrayés qu'ils étaient (c.-à-d. *quoique* effrayés).
> Je ne l'admirai pas, *tout* élégamment qu'elle était vêtue (c.-à-d. *quoique* élégamment vêtue).

61. *Exception. Tout,* quoique adverbe ou conjonction, varie par *euphonie,* c.-à-d. pour plaire à l'oreille, quand l'adjectif ou le participe qui le suit est féminin et commence par une consonne :

> De l'eau-de-vie *toute* pure.
> J'ai les mains *toutes* déchirées.
>
> Je ne l'aime pas, *toute* belle qu'elle est.
> Elles ne reculèrent pas, *toutes* surprises qu'elles étaient.

62. 1re *remarque.* Dans l'expression *tout autre* suivie d'un substantif, *tout* est tantôt *adjectif,* et tantôt *adverbe.*

Tout est adjectif (variable) quand il modifie le substantif; alors le sens permet de joindre le mot *tout* immédiatement au substantif, et de placer le mot *autre* après le substantif :

> Toute *autre place* me conviendrait mieux, (c'est-à-dire *toute place* autre me conviendrait mieux).

Tout est adverbe (invariable) quand il modifie l'adjectif *autre;* alors le sens permet de placer l'expression *tout autre* après le substantif :

> C'est une *tout autre* place, (c.-à-d. c'est une place *tout autre*).

Remarquez qu'on ne peut pas dire comme dans l'exemple précédent : c'est une *toute place* autre ; — d'ailleurs *tout autre* signifie ici *entièrement autre.*

63. — *2ᵉ remarque. Tout* est adverbe, et conséquemment invariable, quand il est suivi immédiatement d'un substantif (ou pronom) employé sans déterminatif, et précédé ou non précédé d'une préposition. (Dans ce cas, le mot *tout* signifie *entièrement*, *tout-à-fait*) :

Le chien est *tout* ardeur.
Ils sont *tout* feu.
Cette femme est *tout* en colère.
Elle est *tout* yeux, *tout* oreilles.
Elle est *tout* en pleurs.
Elle est *tout* à vous.

64. — *3ᵉ remarque.* Quand *tout* signifie *chaque*, on l'écrit indifféremment au singulier ou au pluriel :

A *tout moment*, ou à *tous moments.*
En *tout lieu*, ou en *tous lieux.*
En *tout genre*, ou en *tous genres.*
A *tout propos*, ou à *tous propos.*
De *tout côté*, ou de *tous côtés.*
De *toute sorte*, ou de *toutes sortes.*

65. — *4ᵉ remarque.* On écrit au *pluriel*, à cause du sens : *De toutes parts*, en *tous sens*, se sauver à *toutes jambes.*

On écrit au *singulier*, malgré le sens, mais à cause de l'oreille : De *toute espèce*, en *toute occasion*, à *tout instant.*—(De *toutes espèces*, en *toutes occasions*, à *tous instants*, serait trop dur à l'oreille).

CHAPITRE IV. — DU PRONOM.

66. *Se* s'écrit avec une *s*, quand on peut le tourner par *soi* ou par *à soi*; (*Se* est un *pron. personnel*) : Il *se* flatte (c'est-à-dire il flatte *soi*). Il *se* fera mal (c'est-à-dire il fera mal *à soi*).

Ce s'écrit avec un *c*, quand il ne peut pas éprouver ces changements; (CE est un *adj. dém.* ou un *pron. dém.*) : *Ce* cheval est bon. *Ce* sera bien.

67. *Leur* joint à un verbe ne prend jamais *s*; il se décompose par *à eux*, *à elles*; (*Leur* est un *pronom personnel* dont le singulier est *lui*) : Je *leur* parlerai (c'est-à-dire je parlerai *à eux* ou *à elles*).

Leur joint à un substantif pluriel, ou précédé des articles pluriels *les*, *des*, *aux*, prend *s*; (dans le premier cas, c'est un *adj. poss.*; dans le second, c'est un *pron. poss.*) : Ces orangers ont perdu toutes LEURS *feuilles.* Les hommes ont LEURS *défauts*, les femmes ont LES *leurs.* Ce domestique est un DES *leurs.* Donnez ces fruits à mes enfants et AUX *leurs.*

68. Lorsque le pronom *vous* est employé pour *tu*, l'adjectif qui s'y rapporte doit s'écrire au *singulier*, quoique le verbe soit au pluriel : Mon enfant, il faut que *vous* soyez SAGE.

Mais si *vous* sert à adresser la parole à plusieurs personnes, *l'adjectif* doit s'écrire au pluriel : Mes enfants, il faut que *vous* soyez SAGES.

69. Le pronom *nous* est quelquefois employé pour le pronom *je* ou *moi*, alors l'adjectif qui s'y rapporte doit s'écrire au *singulier :* Il faut que *nous* soyons PRUDENT, se dit-il à lui-même, (c.-à-d. il faut que JE SOIS *prudent*).

70. *Nôtre, vôtre,* précédés d'un article, sont des *pronoms possessifs*, et prennent un accent circonflexe sur ó :

Le nôtre, le vôtre.	Les nôtres, les vôtres.
Du nôtre, du vôtre.	Des nôtres, des vôtres.
Au nôtre, au vôtre.	Aux nôtres, aux vôtres.

Notre, votre, joints à un substantif, sont des *adjectifs possessifs*, et ne prennent pas d'accent sur o : *Notre* ami. *Votre* père.

71. Le pronom relatif *qui* prend le genre, le nombre, et la personne de son antécédent, et les communique au verbe, à l'adjectif, et au participe qui en dépendent : *Moi* qui PARLE, *toi* qui PARLES, *eux* qui PARLENT, *ô vertu* qui m'ANIMES! ma sœur, *toi* qui ES JOLIE; ma sœur, *toi* qui ES AIMÉE.

72. — 1re *remarque.* L'antécédent du pronom relatif *qui* est toujours un *substantif* ou un *pronom* placé devant. Ainsi l'adjectif ne peut pas servir d'antécédent : *Nous* serons deux *qui* FERONS cela. (N'écrivez donc pas : Nous serons deux qui *feront* cela; l'antécédent de *qui* est *nous*, et non pas *deux*).

Nota. Cependant si l'adjectif est précédé d'un article, il peut servir d'antécédent : nous serons *les deux* qui FERONT cela, (c'est comme s'il y avait : Nous serons *les deux individus* qui FERONT cela).

73. — 2e *remarque.* Quand un pronom relatif est précédé de deux mots (substantif ou pronom) pouvant également bien servir d'antécédent, c'est le dernier mot qui doit être préféré : *Tu* es CELUI qui *a* fait cela. (Le pronom relatif *qui* a pour antécédent le pronom *celui*, et non pas le pronom *tu*. — N'écrivez donc pas : *Tu* es *celui* qui AS *fait cela*).

74. *On* (pronom indéfini) est généralement *masculin* et *singulier :* *On* est VENU.

Quand le pronom *on* signifie particulièrement une personne du sexe féminin, il est du genre *féminin* : Lorsqu'*on* est JOLIE, on ne l'ignore pas long-temps. — Et quand il s'agit évidemment de plusieurs personnes, il est du nombre *pluriel;* mais dans ce cas, il n'y a que *l'adjectif* et le *participe passé* qui se mettent au pluriel; le verbe reste au singulier : On est heureux en ménage, quand *on* est bien UNIS.

75. *Personne*, pronom indéfini, est *masculin;* il n'est jamais précédé d'article ni d'adjectif déterminatif : *Personne* n'est VENU.

Personne, substantif, est *féminin;* il est toujours précédé d'un article ou d'un adjectif déterminatif : *La personne* est VENUE. *Cette personne* est VENUE.

76. *Quelque chose* est masculin, quand on peut le tourner par *une chose :* Il a fait *quelque chose* de JOLI, (c'est-à-dire il a fait *une chose*).

Quelque chose est féminin, quand on peut le tourner par *quelle que soit la chose : Quelque chose* qu'il ait ARTICULÉE, on ne l'a pas écouté, (c'est-à-dire *quelle que soit la chose* qu'il ait articulée, etc.)

CHAPITRE V. — DU VERBE.

77. Quand deux verbes se suivent, le second se met au présent de l'infinitif : Je *veux* PARLER.

78. Si le 1er verbe est l'auxiliaire *avoir* ou l'auxiliaire *être,* le second se met au *participe passé :* J'ai PARLÉ. Je *suis* FLATTÉ.

Nota. Cependant si le verbe *être* signifie *aller,* le verbe qui le suit se met au *présent de l'infinitif :* J'ai *été* DÎNER chez lui (c.-à-d. je suis *allé* DÎNER chez lui).

79. Après une préposition, le verbe se met au *présent de l'infinitif :* il apprend *à* CHANTER.

80. Le présent de l'infinitif est toujours *invariable,* (il ne prend jamais s) : Je veux *les* DEMANDER (et non : *les* demanders).

81. Le *futur de l'indicatif* et le *conditionnel présent* se prononcent à-peu-près de même à la 1re personne du singulier, mais l'orthographe en est différente : le futur s'écrit par *rai,* et le conditionnel par *rais;* il faut, pour distinguer ces deux temps, mettre le verbe au pluriel :

> Je *sorti*RAI, s'il fait beau temps; (et au pluriel : nous *sortirons*, s'il fait beau temps. — C'est le *futur*).
>
> Je *sorti*RAIS, s'il faisait beau temps; (et au pluriel : nous *sortirions*, s'il faisait beau temps. — C'est le *condit.*)

116   ORTHOGRAPHE DE PRINCIPES.

82. L'*imparfait de l'indicatif* et le *passé défini* des verbes en *er* ont à-peu-près la même prononciation à la 1re personne du singulier, mais l'orthographe en est différente : l'imparfait s'écrit par *ais,* et le passé défini par *ai ;* il faut, pour distinguer ces deux temps, mettre le verbe au pluriel :

> Je *donn*AI hier un bal ; (et au plur. : nous *donnâmes* hier un bal. — C'est le *passé défini*).
>
> Autrefois je *donn*AIS des bals ; (et au plur. : autrefois nous *donnions* des bals. — C'est l'*imparfait*).

83. Le *passé défini* et l'*imparfait du subjonctif* se prononcent de même à la 3e personne du singulier, mais l'orthographe en est différente : le passé défini s'écrit par *a, it, ut, int ;* et l'imparfait du subjonctif, par *ât, ît, ût, înt* (avec un accent circonflexe) ; il faut, pour distinguer ces deux temps, mettre le verbe au pluriel :

> Je crois qu'il *donna* tout ; (et au pluriel : je crois qu'ils *donnèrent* tout. — C'est le *passé défini*).
>
> Je ne croyais pas qu'il *donnât* tout ; (et au plur. : je ne croyais pas qu'ils *donnassent* tout. — C'est l'*imparfait du subjonctif*).
>
> Je crois qu'il *vint* tard ; (et au plur. : je crois qu'ils *vinrent* tard. — C'est le *passé défini*).
>
> Je craignais qu'il ne *vînt* pas ; (et au plur. : je craignais qu'ils ne *vinssent* pas. — C'est l'*imparf. du subjonctif*).

84. Le *présent de l'indicatif* des verbes dont le participe présent est terminé en *gnant, illant, yant,* et *iant,* a la même prononciation que l'*imparfait de l'indicatif* et le *présent du subjonctif,* à la 1re et à la 2e personne du pluriel, mais l'orthographe en est différente. Il ne faut pas oublier que le présent de l'indic. se forme du participe présent en changeant *ant* en *ons, ez ;* et que l'imparf. de l'indic., ainsi que le présent du subjonctif, se forme aussi du participe présent, mais en changeant *ant* en *ions, iez.* — Pour distinguer ces 3 temps, mettez le verbe *faire* à la place du verbe qui embarrasse :

> Nous *gagnons* peu maintenant ; (et avec le verbe *faire* : nous *faisons* peu de gain maintenant. — C'est le *présent de l'indicatif*).
>
> Nous *gagnions* davantage autrefois ; (et avec le verbe *faire* : nous *faisions* plus de gain autrefois. — C'est l'*imparf. de l'indicatif*).
>
> Il faut que nous *gagnions* davantage ; (et avec le verbe *faire* : il faut que nous *fassions* plus de gain. — C'est le *présent du subjonctif*).

85. Les verbes en *quer* (comme *fabriquer, communiquer*) conservent les lettres *qu* dans toute la conjugaison :

Nous FABRIQUONS, *que nous* FABRIQUASSIONS, *un homme* FABRIQUANT *des armes.*

Mais hors de la conjugaison, c'est-à-dire quand les mots sont *substantifs*, on change *qu* en *c* : *Une* FABRICATION, *un* FABRICANT *d'armes.*

Excepté : 1° un *trafiquant,* un *croquant ;* — 2° les adjectifs *piquant, marquant ;* — et 3° quelques adjectifs en *able : attaquable, critiquable,* etc.

86. Les verbes en *guer* (comme *intriguer, fatiguer*) conservent la lettre *u* après le *g* dans toute la conjugaison : *Nous* INTRIGUONS, *un état* FATIGUANT *celui qui l'exerce.*

Mais hors de la conjugaison, c'est-à-dire quand les mots sont *substantifs* ou *adjectifs*, on supprime l'*u* après le *g* : *C'est un* INTRIGANT, *voilà un exercice* FATIGANT.

87. Lorsque les pronoms *il, elle, on*, sont placés après un verbe à la 3e personne singulière terminée par une voyelle, on met un *t* entre le verbe et le pronom. Cette lettre *t*, qui s'appelle *lettre euphonique* (c'est-à-dire servant à adoucir la prononciation), se place entre deux traits d'union : *Aura-*T-*il fini? Parle-*T-*elle? Viendra-*T-*on?*

88. Lorsque les pronoms *en* et *y* sont placés après la 2e personne singulière de l'impératif terminée par un E *muet*, on met une *s* euphonique entre le verbe et le pronom :

> Voici des livres, donne-*s*-en à ton frère.
> Tu t'occupes de cette affaire, donne-*s*-y tous tes soins.

Nota. On peut écrire aussi : *donnes*-en, *donnes*-y.

88 *bis.* Si le mot EN est préposition, on n'emploie pas la lettre euphonique *s :*

> Donne *en* passant ce livre au libraire; (et non : Donne-*s*-en
>   passant, etc.)

89. Lorsque le pronom *je* est placé après un verbe terminé par un *e* muet, on met un *accent aigu* sur cet E *muet;* (cet accent s'appelle *accent euphonique) :*

> *Fermé-je* la porte?
> *Puissé-je* vous voir heureux!
> *Dussé-je* périr, j'exécuterai mon dessein.

Nota. Il ne faudrait pas écrire : *Fermai-je, puissai-je, dussai-je,* etc.

90. Le verbe *aller* fait à l'impératif VA, (qu'on écrit sans *s*) : VA *chez ton ami.*

91. Quand l'impératif VA est suivi du mot Y, on met une *s* euphonique entre les deux mots : *Va-*S-*y.* — (On peut écrire aussi : VAS-*y*).

Mais si après le mot *y,* il y a un infinitif, on n'emploie pas la lettre euphonique *s :* VA *y mettre ordre.*

92. L'impératif du verbe pronominal *s'en aller* est : *Va-t'en.*—Ce n'est pas ici le *t* euphonique, c'est le pronom

personnel *te* dont la dernière lettre est supprimée ; l'apostrophe est donc indispensable. Ce qui prouve que c'est le pronom *te*, c'est qu'au pluriel on dit : *Allez*-vous-*en*; *vous* est le pluriel de *t'*. — N'écrivez donc pas : *Va*-t-en, écrivez : *Va*̦t'*en*.

Accord du Verbe avec son Sujet.

93. Le verbe s'accorde en nombre et en personne avec son sujet. (Le sujet se trouve en mettant *qui?* devant le verbe) : cet *enfant* TRAVAILLE. Ces *enfants* TRAVAILLENT. *Tu* TRAVAILLES.

94. Quand un verbe a plusieurs sujets singuliers, il se met au pluriel, (parce que plusieurs singuliers valent un pluriel) :

> Mon *frère* et ma *sœur* PARLENT bien.

95. Si les sujets sont de différentes personnes, le verbe s'accorde avec la personne qui a la priorité, et se met au pluriel. (La 1re personne a la priorité sur les deux autres, et la 2e personne a la priorité sur la troisième) :

> *Vous* et MOI PARTIRONS demain.
> TOI et *lui* PARTIREZ ce soir.

96.—1re *remarque*. Quoiqu'un verbe ait plusieurs sujets, il s'accorde *avec le dernier seulement* dans les 4 circonstances suivantes :

1o Quand les sujets sont *synonymes*,
2o Quand les sujets sont *unis par la conjonction* ou,
3o Quand les sujets sont *placés par gradation, (ascendante* ou *descendante)*,
4o Quand les sujets sont *réunis dans un seul mot*, comme *tout, rien, personne*, etc.

Exemple :

Son courage, son *intrépidité* ÉTONNE.
La crainte ou *l'espérance* nous TROMPE souvent.
Votre intérêt, votre honneur, *Dieu* EXIGE ce sacrifice.
                                        (Gradation ascendante).
Un jour, une heure, un *moment* DÉCIDE quelquefois de notre bonheur ou de notre malheur. (Gradation descendante).
Paroles et regard, *tout* me CHARME dans cette personne.

Nota. Quand les sujets sont *synonymes*, et quand ils sont placés *par gradation*, ils ne sont unis par aucune conjonction.

97. *Observation*. Si les sujets unis par la conjonction ou sont de différentes personnes, le verbe se met au pluriel et à la personne qui a la priorité :

Toi ou *moi* PARTIRONS demain.
Toi ou lui PARTIREZ ce soir.

98. — 2e *remarque*. Quoiqu'un verbe ait plusieurs sujets, il s'accorde *avec le premier seulement*, quand les su-

jets sont unis par une des conjonctions *comme, de même que, ainsi que, aussi bien que, non plus que*, ou par la préposition *avec :*

> L'*Eléphant*, comme les castors, AIME la société de ses semblables.
> La *fortune*, de même que les dignités, CHANGE le cœur de l'homme.
> La *vie* humaine, ainsi que les plus belles fleurs, ne DURE qu'un
> *Ton père*, avec ta mère, FORME ton caractère.	{moment.

99. — *3e remarque.* Quand deux sujets sont unis par la conjonction NI, et qu'ils font tous deux l'action exprimée par le verbe, le verbe se met au *pluriel : Ni la douceur ni la force n'ÉBRANLENT sa résolution.*

Mais s'il n'y a qu'un des deux sujets qui puisse faire l'action, le verbe se met au *singulier : Ni cette femme ni cette autre n'ÉTAIT sa mère.*

100. Après *un de* ou *un des,* on met le verbe au pluriel, si l'action exprimée par le verbe est faite (ou doit être faite) par plusieurs sujets : Trajan est *un des* plus grands princes qui AIENT régné.

Mais si l'action est faite (ou doit être faite) par un seul sujet, on met le verbe au singulier : C'est *un de* nos écrivains qui S'EXPRIME ainsi.

101. *Plus d'un* veut le verbe qui suit au singulier :

> *Plus d'un* homme PENSE ainsi.

Exception. Si le verbe exprime une idée de réciprocité, il se met au pluriel :

> *Plus d'un* fripon se DUPENT l'un l'autre.

102. Le verbe *être* précédé de *ce* ne se met au pluriel que lorsqu'il est suivi d'une 3e personne du pluriel (substantif ou pronom) *sans préposition :*

> C'ÉTAIENT *mes frères*. C'ÉTAIENT *eux.*

Mais on écrira : c'*était* nous, c'*était* vous (au singulier), parce que *nous* et *vous* ne sont pas des 3es personnes du pluriel.

Nota. Quoique deux singuliers vaillent un pluriel, le verbe *être* reste cependant au singulier dans les phrases analogues à la suivante : C'ÉTAIT *mon frère* et *ma sœur* (parce que *frère* et *sœur* ne sont pas des 3es personnes du pluriel).

103. Le *collectif général* gouverne toujours dans la phrase, c'est-à-dire que le verbe, l'adjectif, etc., s'accordent avec le collectif général. (Voyez ci-devant, page 59, n° 36, pour la définition des *collectifs*) :

> Le *peuple* des villages voisins ÉTAIT PRÉSENT à ce spectacle.

104. Le *collectif partitif* ne gouverne pas, c'est le substantif qui le suit :

> La plupart des *enfants* ne PENSENT guère.

Nota. Il faut remarquer que le mot *enfants* n'est pas le sujet du verbe *pensent*, c'est le mot *la plupart*.

105. Lorsque les collectifs partitifs *la plupart, une infinité*, et les adverbes de quantité *peu, beaucoup*, ne sont suivis d'aucun substantif, il faut en supposer un; et ce substantif, qui est *toujours pluriel*, gouverne dans la phrase (d'après la règle précédente) :

> La *plupart* PENSENT comme moi (c.-à-d. la plupart des
> Une *infinité* le CROIENT. | *personnes* PENSENT comme moi).
> *Peu* le SAVAIENT.
> *Beaucoup* l'IGNORAIENT.

Nota. Dans ces 2 derniers exemples le verbe a pour sujet le *substantif pluriel* sous-entendu, et non les adverbes *peu* et *beaucoup*, (parce qu'un adverbe n'est jamais *sujet*).

106. — *Exception.* Quand le collectif partitif est le mot sur lequel se porte toute l'attention, il gouverne (et non le substantif qui le suit) : UNE NUÉE de flèches *couvre* les combattants. Une faible TROUPE de montagnards *résistait* à cette armée aguerrie. Une MULTITUDE innombrable d'Indiens *fût égorgée.*

106 *bis.* Certaines phrases renferment deux verbes dont l'un est en rapport avec le collectif, et l'autre avec le substantif qui suit le collectif : La *multitude d'hommes* qui m'ENTOURAIENT, ÉTAIT cause que je ne voyais plus rien. — (D'ailleurs le pronom relatif *qui* a pour antécédent le substantif pluriel *hommes*).

107. *Le peu* suivi d'un substantif singulier, signifie *la petite quantité* ou *le manque.*

Lorsque *le peu* signifie *la petite quantité*, c'est le substantif singulier suivant qui gouverne : Le peu de VIANDE que j'ai *mangée* a suffi pour m'incommoder (c.-à.-d. la *petite quantité* de viande, etc.)

Lorsque *le peu* signifie *le manque*, c'est le *peu* qui gouverne (et non le substantif singulier) : LE PEU d'humanité qu'il a *montré* est *révoltant* (c'est-à-dire le *manque* d'humanité, etc.)

Nota. On reconnaît que le substantif qui suit *le peu* gouverne, quand en retranchant *le peu* la phrase présente un sens raisonnable; ainsi dans le 1ᵉʳ exemple, on pourrait dire : *La viande* que j'ai mangée a suffi pour m'incommoder. — Mais dans le 2ᵉ exemple, on ne pourrait dire raisonnablement : *L'humanité* qu'il a montrée est révoltante, (parce que *le peu* signifie ici *le manque*).

108. *Le peu* suivi d'un substantif pluriel est soumis à la règle des *collectifs partitifs*; c'est le substantif pluriel suivant qui gouverne (et non le collectif partitif) : Le peu d'HABITANTS que j'ai *vus étaient polis.*

CHAPITRE VI. — DU PARTICIPE PRÉSENT.

109. Le *Participe présent* est toujours *invariable*. Exemple : *Cette femme est douce, affable*, PRÉVENANT *tout le monde.*

110. Cependant on dit : *Une femme* PRÉVENANTE, en faisant varier le mot *prévenant;* mais alors ce n'est pas un Participe présent, c'est un *Adjectif verbal*, c'est-à-dire un *adjectif qui vient d'un verbe.*

111. Si le mot terminé par *ant* est un *Participe présent*, il est INVARIABLE; si c'est un *Adjectif verbal*, il VARIE, il prend le genre et le nombre du substantif ou pronom auquel il se rapporte. — La difficulté est donc de distinguer le *Participe présent* de l'*Adjectif verbal.*

112. Le *Participe présent* exprime une *action*, surtout une action momentanée ; et l'*Adjectif verbal* exprime une *qualité*, une situation habituelle, un état plus ou moins durable.

113. On reconnaît à 3 circonstances principales que le mot en *ant* est un *Participe présent :*

I° — Quand il est précédé de la préposition *en :*

Elles ont pleuré *en* PARTANT.

II° — Quand il a un *régime direct :*

Une mère CARESSANT *ses enfants.*

III° — Quand il est accompagné d'une circonstance de lieu, de *temps*, ou de *quelque mot explicatif :*

Des fleurs NAISSANT *au milieu des ronces.*
(*Au milieu des ronces* exprime le *lieu.*)
Des fleurs NAISSANT *dans l'hiver.*
(*Dans l'hiver* exprime le *temps.*)
Des fleurs NAISSANT *sans culture.*
(*Sans culture* est une *explication.*)

114. Hors de là, le mot en *ant* est généralement un *Adjectif verbal :* Voilà des fleurs *naissantes.* (*)

(*) Je dis *généralement*, car il y a des nuances si délicates et si difficiles à saisir qu'il n'est pas possible d'établir des *règles* satisfaisantes à cet égard ; et, comme le dit très-bien M. Lemare, il est bien plus sûr de se diriger par l'*idée* qu'on veut peindre, que par des *règles* insuffisantes et souvent fausses, (que ce Grammairien appelle plaisamment des *recettes*). — Ainsi, voulez-vous exprimer l'idée d'une *action* qui ne dure qu'un certain temps? employez le participe présent. —Est-ce l'idée d'un *état plus ou moins durable?* employez l'adjectif verbal.

6

115. 1re *Remarque*. Malgré la circonstance de *lieu* qui accompagne le mot en *ant* dans l'exemple suivant, c'est un Adjectif verbal : Des débris FLOTTANTS *sur les eaux*, parce qu'il y a état, situation exprimée par la préposition *sur*, (sur les eaux).

Mais on écrira : des débris FLOTTANT *vers la rive*, parce qu'il y a ici action exprimée par la préposition *vers*, (vers la rive).

116. 2e *Remarque*. Malgré les mots explicatifs ajoutés aux mots en *ant* dans les exemples suivants, ce sont des adjectifs verbaux, parce qu'on veut peindre l'*état*, la *situation* :

> Des vagues BLANCHISSANTES *d'écume*.
> Ils abordent tout DÉGOUTTANTS *d'eau*.
> Une femme BRILLANTE *de fraîcheur*.

Il en est de même des mots suivants : *dégoûtant de*, *expirant de*, *mourant de*, *éclatant de*, *resplendissant de*, *étincelant de*, *rayonnant de*, *pétillant de*, *haletant de*.

CHAPITRE VII. — DU PARTICIPE PASSÉ.

117. — 1re RÈGLE. Le Participe passé joint à l'auxiliaire *être* s'accorde en genre et en nombre avec son sujet. (Le sujet se trouve en mettant *qui?* devant le verbe; la réponse indique le sujet) :

> Ma sœur *est* AIMÉE.

118. — 2e RÈGLE. Le Participe passé joint à l'auxiliaire *avoir* s'accorde en genre et en nombre avec son régime direct, si ce régime est avant. (Le régime direct se trouve en mettant *qui?* ou *quoi?* après le verbe; la réponse indique le régime direct) :

> Notre *sœur* que nous avons AIMÉE.....

119. Hors ces deux cas, c'est-à-dire si le Participe passé n'est pas joint à l'auxiliaire *être*, et s'il n'est pas précédé de son *régime direct*, il est invariable :

> Nous *avons* DÎNÉ.
> Nous avons AIMÉ *notre sœur*.

AINSI,

120. Quand on rencontre un *Participe passé* dans une phrase, comment peut-on savoir s'il doit varier?

Il faut se faire les deux questions suivantes :

1re *Question* : Le part. passé est-il joint à l'auxil. *être?*

OUI. = Accord avec le sujet.

NON. = Passez à l'autre question.

2ᵉ *Question :* Le part. est-il précédé de son *régime direct ?*
Oui. = Accord avec le régime direct.
Non. = Laissez le participe *invariable.*

NOTE IMPORTANTE.

121. Avant de chercher le régime direct, il faut avoir
la précaution : 1° de trouver le sujet ; et 2° de ne joindre
à ce sujet aucun mot qui lui soit étranger, sans quoi on
s'exposerait à de graves méprises.

EXEMPLE

pour prouver la nécessité de commencer par trouver
le sujet :

Voilà les peines que m'a *causées* cet évènement.

Si pour reconnaître le régime direct du verbe *a causées,*
on disait, sans aucune précaution : *Voilà les peines que*
m'a causées QUOI? on répondrait : *Cet évènement.* On croirait avoir le régime direct du verbe *a causées,* et point du
tout, on en aurait le sujet. Il faut donc commencer par
chercher le sujet, et dire : QUI *a causé?* Réponse : *Cet*
évènement; voilà le sujet. — Puis ensuite on cherche le
régime direct en disant : *Cet évènement a causé* QUOI?
Réponse : *Les peines;* voilà le régime direct.

122.   EXEMPLE

pour prouver la nécessité de n'ajouter au sujet
aucun mot qui lui soit étranger :

Quant à ces dames, je les ai *crues* vos parentes.

Si pour trouver le régime direct du verbe *ai crues,* on
disait : *Je les ai crues* QUOI? on répondrait *vos parentes.*
On croirait avoir le régime direct du verbe *ai crues,* mais
on se tromperait, car la question est mal faite; elle renferme le mot même de la réponse, qui est le pronom *les*
(signifiant *elles, ces dames*). Il faut donc dire, en énonçant
le sujet, et *rien que le sujet : J'ai cru* QUOI? Réponse : *Les*
(*elles, ces dames*); voilà le régime direct.

Nota. Le substantif *parentes* est le qualificatif du pronom *les*
(signifiant *ces dames*) parce que les deux substantifs (*dames* et *pa-*
rentes) se réunissent dans notre esprit pour ne former qu'une seule
et même idée : les deux mots s'identifient.

123. Toutes les difficultés des Participes passés peuvent
se résoudre au moyen des deux règles énoncées dans les
nᵒˢ 117 et 118 ; car le *participe passé ne peut s'accorder*
qu'avec son sujet ou avec son régime direct. Aussi dans les
Observations qui suivent, ne verra-t-on autre chose que
l'application de ces deux règles.

OBSERVATIONS.

124. — I. Le participe passé employé *sans auxiliaire* doit être supposé joint à l'auxiliaire *être*, parce qu'en effet l'auxiliaire *être* est sous-entendu : *Une femme* ESTIMÉE (c'est-à-dire *une femme* QUI EST *estimée*). — Dans ce cas, accord avec le sujet, par la 1re règle du Participe passé.

125. — II. Le participe passé d'un verbe pronominal est toujours joint à l'auxiliaire *être*, mais cet auxiliaire *être* est très-souvent employé pour l'auxiliaire *avoir*, (ainsi qu'on l'a vu page 86, n° 172). *Cette femme s'est* DONNÉ *la mort* (c.-à-d. *cette femme* A DONNÉ *la mort à soi*). Dans ce cas, le participe ne s'accorde pas avec son sujet, mais il s'accordera avec son régime direct, si ce régime est avant : *Cette femme s'est* TUÉE (c.-à-d. *cette femme a tué* SOI). — 2e règle du Participe passé.

Quand l'auxil. *être* d'un verbe pronominal n'est pas employé pour l'auxil. *avoir*, le participe passé s'accorde avec son sujet, (par la 1re règle) : *La corde s'est* CASSÉE, (on ne peut pas dire : *La corde* A *cassé soi*). — *Elle s'est* REPENTIE *de sa faute*, (on ne peut pas dire : *Elle* A *repenti soi de sa faute*).

126. — III. Les verbes unipersonnels se conjuguent avec les deux auxiliaires : *Il* A *plu, il* EST *tombé de la neige*. — (Voyez page 89, n° 194). — (*)

Le participe passé d'un verbe unipersonnel conjugué avec l'auxil. *être* s'accorde avec son sujet apparent *il*, et non avec son sujet réel : IL *est* VENU *des hommes*. — (1re règle.)

Le participe passé d'un verbe unipersonnel conjugué avec l'auxil. *avoir* est toujours invariable, car il ne peut pas avoir de régime direct placé devant, puisqu'un verbe unipersonnel n'a jamais de régime de cette nature, malgré les apparences contraires : *Les pluies qu'il a* FAIT. (Voyez page 88, n° 190).

Il résulte de ce qui vient d'être dit que le participe passé d'un verbe unipersonnel est *toujours invariable*, (qu'il soit joint à l'auxiliaire *être* ou à l'auxiliaire *avoir*).

(*) Nous croyons devoir rappeler ici ce qu'on a déjà vu (page 88, n° 185 de l'Analyse grammaticale) qu'un verbe actif, neutre, passif, pronominal, et même le verbe *avoir* et le verbe *être*, deviennent *unipersonnels*, quand le pronom *il* ne tient la place d'aucun substantif; exemples : *il n'a tenu qu'à elle d'être heureuse. Il a plu à ma sœur d'agir ainsi. Il est écrit qu'elle ne réussira pas. Il s'est rassemblé ici des gens de lettres*, etc.

127. — IV. Les verbes neutres se conjuguent aussi avec les deux auxiliaires : *j'*AI *dormi, je* SUIS *arrivé.* — (Voyez page 83, n° 153).

Le participe passé d'un verbe neutre conjugué avec l'auxil. *être* s'accorde avec son sujet, (par la 1re règle) : *Ma sœur est* TOMBÉE.

Le participe passé d'un verbe neutre conjugué avec l'auxil. *avoir* est toujours invariable, car il ne peut pas avoir de régime direct placé devant, puisqu'un verbe neutre n'a jamais de régime de cette nature, malgré les apparences contraires : *Les jours qu'il a* VÉCU (c.-à-d. *les jours* PENDANT LESQUELS *il a vécu.*) — (Voyez page 84, n° 157 *bis*).

Nota, Il y a deux verbes neutres qui demandent une observations particulière ; ce sont les verbes *coûter* et *valoir,* qui ne sont neutres que dans le sens propre. Dans ce cas, *coûter* signifie *être acheté un certain prix ;* et *valoir* signifie *être d'une certaine valeur :*

    Les sommes que ce cheval a *coûté*.....
    Les sommes que ces objets auraient *valu*.....

Dans le sens figuré, *coûter* et *valoir* sont actifs. Dans ce cas, *coûter* signifie *causer, occasionner, exiger ;* et *valoir* signifie *procurer, rapporter, produire :*

    Les larmes que cette perte lui a *coûtées*.....
    Les honneurs que son mérite lui a *valus*.....

128. — V. Lorsque le participe passé a pour régime direct le pronom relatif *en* ou *le,* il est invariable, parce que ces pronoms sont eux-mêmes invariables, (quels que soient le genre et le nombre des mots auxquels ces deux pronoms se rapportent) :

    Voulez-vous des plumes ? J'EN AI ACHETÉ.
    Cette tragédie est aussi belle que je L'*avais* PENSÉ.

(Application de la 2e règle).

Remarque importante. Il ne faut pas conclure de là que toutes les fois qu'un participe est précédé du pronom *en,* ce participe soit nécessairement invariable ; car le pronom *en* peut être régime indirect, et le participe peut avoir un régime direct avec lequel il s'accorde : *Je les en ai* BLÂMÉS (c.-à-d. j'ai blâmé *eux* DE CELA. — Le pronom *les* est régime direct du participe *blâmés,* et le pronom *en* est régime de la préposition *de* sous-entendue). — Application de la 2e règle.

Nota. Le mot *le* est un pronom *relatif invariable,* quand il tient la place d'un adjectif qualificatif, d'un infinitif, d'un participe passé, ou d'une phrase entière. — Quand le mot *le* tient la place d'un substantif, c'est un *pronom personnel masculin singulier,* dont le féminin est *la,* et le pluriel, *les.*

129. — **VI.** Lorsque le participe passé est suivi d'un infinitif (sans préposition), il est quelquefois difficile de distinguer quel mot est le régime direct; car si l'on fait usage de la question *qui?* ou *quoi?* placée après le participe pour trouver le régime, on obtient deux réponses; exemple : *La dame que j'ai entendue chanter a une jolie voix;* si l'on demande : *J'ai entendu qui?* ou *quoi?* on aura pour réponse : *La dame* ou *chanter,* car on peut également dire : *J'ai entendu* LA DAME, et *j'ai entendu* CHANTER.

La première réponse exige que le participe varie; et la seconde, au contraire, qu'il ne varie pas.

Afin de lever la difficulté, il faut d'abord se rappeler qu'*un verbe actif ne peut pas avoir deux régimes directs,* (voyez page 82, n° 150). — Puis, pour reconnaître quel est le véritable régime direct, (du substantif *dame* ou de l'infinitif *chanter,* car il y en a nécessairement un qui n'en a que l'apparence), il faut voir si l'on ne pourrait pas en mettre un de côté. En effet, l'Analyse grammaticale enseigne (page 80, n° 135) qu'*un infinitif n'a pas de fonction quand il peut se changer en participe présent.* Voyons si l'on peut dire : *La dame que j'ai entendue* CHANTANT *a une jolie voix.* Le changement pouvant avoir lieu, l'infinitif n'est donc pas régime, il n'a aucune fonction. — Alors le véritable régime direct est *la dame,* (ou plutôt *que,* qui en tient la place). Par conséquent le participe passé *entendue* s'accorde avec ce régime (*que*) placé devant.

De tout cela, il résulte la règle suivante :

Un participe passé suivi d'un infinitif (sans préposition) est *variable,* si l'infinitif peut se changer en participe présent :

La dame que j'ai ENTENDUE CHANTER *a une jolie voix,* (on peut dire : la dame que j'ai *entendue* CHANTANT). — C'est l'application de la 2ᵉ règle : participe précédé de son régime direct.

Si l'infinitif ne peut pas se changer en participe présent, le participe passé reste *invariable* :

La chanson que j'ai ENTENDU CHANTER *est jolie* (on ne peut pas dire : la chanson que j'ai *entendue* CHANTANT).

Nota. L'infinitif est ici régime du participe *entendu,* et *que* (signifiant *la chanson*) est régime du verbe *chanter.*

Quelquefois l'infinitif qui suit le participe est sous-entendu : J'ai fait toutes les démarches que j'ai *dû* (c'est-à-dire que j'ai *dû* FAIRE). — Dans ce cas, le participe est invariable, parce que l'infinitif sous-entendu est le régime direct du participe, et que ce régime direct est placé après.

130. — **VII.** Le participe *fait* joint à un infinitif est toujours invariable. — Il en est de même du participe *laissé* :

Je les ai FAIT ENTRER.	*Je les ai* LAISSÉ ENTRER.
Ils se sont FAIT BATTRE.	*Ils se sont* LAISSÉ BATTRE.

Nota. Le pronom *les* n'est pas le régime direct des participes *fait* et *laissé*, mais des deux verbes ensemble *fait entrer, laissé entrer*. On considère le *Participe* et l'*infinitif* comme ne faisant qu'une seule expression, qu'un seul mot. (— *Laisser* joint à un infinitif, signifie *permettre, souffrir, ne pas empêcher*). — (1)

CHAPITRE VIII. — DE L'ADVERBE. (2)

131. L'*Adverbe* est un mot *invariable*, c'est-à-dire qui ne prend ni genre ni nombre : ils étaient *ensemble* (et non : *ensembles*).

Cependant on écrit : *jamais, toujours, ailleurs, dedans,* et quelques autres adverbes, avec une *s* finale; mais cette lettre n'est pas la marque du pluriel, elle est exigée par l'*orthographe d'usage*.

132. *Plus tôt* signifiant le contraire de *plus tard*, s'écrit en deux mots : Il arrivera *plus tôt* que moi.

Plutôt signifiant *préférablement*, s'écrit en un seul mot : *Plutôt* mourir que de se déshonorer.

133. *Là* s'écrit avec un accent grave, quand il est adverbe : Que faites-vous *là* ? Prenez celui-*là*.

La s'écrit sans accent, quand il est *article* ou *pronom personnel* : *La* terre est ronde. Je *la* regarde.

134. *Où* s'écrit avec un accent grave sur l'*u*, quand il est *adverbe* ou *pronom relatif* : *Où* allez-vous? Voici la maison *où* il loge.

Ou s'écrit sans accent, quand il est *conjonction*, (il signifie *ou bien*) : Je veux l'un *ou* l'autre, (c'est-à-dire je veux l'un *ou bien* l'autre).

---

(1) Opinion de Th. Corneille, de Restaut, de Wailly, de Douchet, de Girard, de Condillac, de De la Touche, de Lévizac, de Laveaux, et de plusieurs Grammairiens modernes. — (Voyez surtout le *Dictionnaire raisonné des Difficultés grammaticales et littéraires de la langue Française*, par J.-Ch. Laveaux, au mot *Participe*).

(2) Il n'y a pas de chapitre sur la *Préposition*, parce que cette espèce de mots n'offre aucune difficulté sous le rapport de l'Orthographe de principes.

135. Les adverbes *autrefois, quelquefois, toutefois,* s'écrivent en un seul mot :

> *Autrefois* je travaillais beaucoup.
> Je vais *quelquefois* me promener.
> Venez avec moi, si *toutefois* cela ne vous dérange pas.

Nota. *Quelque chose, quelque temps, quelque part,* s'écrivent en deux mots.

136. *Partout* signifiant *en tout lieu,* s'écrit en un seul mot, (c'est un adverbe) : Il va *partout.*

Par tout s'écrit en deux mots dans tous les autres cas :
Par tout ce que je sais, je le crois honnête homme.

137. *Surtout* s'écrit en un seul mot, 1º quand il signifie *principalement,* (c'est un adverbe) : Il lui recommanda *surtout* d'avoir soin de sa mère.

— Et quand il signifie une espèce de redingote fort large, qui se met sur tous les autres habits, (c'est un substantif) : J'ai acheté un *surtout.*

Dans tout autre cas, *sur tout* s'écrit en deux mots ; il signifie *sur toutes les choses :*

> Il parle *sur tout,* (c -à-d. *sur toutes les choses*).

138. *Davantage* s'écrit en un seul mot, quand il est adverbe ; il signifie *plus :* Travaillez *davantage.*

*Partout ailleurs *d'avantage* s'écrit en deux mots, et peut prendre la marque du pluriel, (parce qu'il est substantif) : Il a beaucoup *d'avantages* sur moi.

139. L'adverbe *alentour* s'écrit à volonté en un seul ou en trois mots :

> On bâtit ici *alentour,* ou *à l'entour.*

140. *A propos* s'écrit sans trait d'union, quand il signifie *dans un temps convenable* ou *convenablement,* (c'est un adverbe) : Il est venu *à propos.* Il a répondu *à propos.*

A-propos s'écrit avec un trait d'union dans tout autre cas, (c'est un subst. composé) : Voilà un bon *à-propos.*

141. *Encore* s'écrit avec un *e* muet à la fin du mot : Il est *encore* revenu.

Cependant en poésie, on l'écrit quelquefois sans E *muet* quand on veut n'avoir que deux syllabes dans ce mot (au lieu de trois) : Il est *encor* très-beau. — Ou quand on veut avoir une rime en *or :* Elle est très-jeune *encor.*

142. *Guère* s'écrit sans *s* à la fin : Je n'en ai *guère.*

Cependant en poésie, on écrit *guères* avec une s, quand cette lettre est nécessaire à la rime ou à la mesure du vers.

143. Presque tous les adjectifs terminés en *ant* et en *ent* forment des adverbes en changeant *nt* en *mment :*

> *Constant.* — *Constamment.*
> *Prudent.* — *Prudemment.*

Remarquez que le premier adverbe s'écrit avec un *a*, à cause de son adjectif *constAnt;* le second s'écrit avec un *e*, à cause de son adjectif *prudEnt.*

144. *Témoin* placé au commencement d'une phrase, et *à témoin*, sont pris adverbialement, et restent par conséquent invariables :

> *Témoin* les victoires qu'il a remportées.
> Je les prends tous *à témoin.*

Pour témoin est un substantif qui prend la marque du pluriel, quand il s'agit de plusieurs personnes :

> Je les prends tous *pour témoins.*

CHAPITRE IX. — DE LA CONJONCTION.

145. QUAND signifiant *lorsque* ou *dans quel temps,* s'écrit avec un D. (Dans le premier cas, c'est une *conjonction;* dans le second, c'est un *adverbe de temps*) :

> *Quand* vous viendrez, vous me ferez plaisir (c'est-à-dire *lorsque* vous viendrez, etc.)
> *Quand* viendrez-vous? (c.-à-d. *dans quel temps* viendrez-vous ?)

QUANT signifiant *pour ce qui est de*, s'écrit avec un T, (c'est une *préposition*) :

> *Quant* à moi, je partirai demain (c.-à-d. *pour ce qui est de* moi, je partirai demain).

146. PARCE QUE signifiant *vu que*, ou *attendu que*, s'écrit en deux mots :

> Je ne peux pas sortir, *parce que* je suis malade (c.-à-d. *vu que* je suis malade, ou *attendu que* je suis malade.)

PAR CE QUE signifiant *par la chose que*, s'écrit en trois mots :

> *Par ce que* je vois, je pense que vous réussirez (c.-à-d. *par la chose que* je vois, je pense que vous réussirez).

147. QUOIQUE signifiant *bien que*, s'écrit en un seul mot; (*quoique* est une *conjonction*) :

> *Quoique* peu riche, il est généreux (c.-à-d. *bien que* peu riche, etc.)

QUOI QUE signifiant *quelque chose que*, s'écrit en deux mots; (*quoi que* est un *pronom indéfini*) :

> *Quoi que* vous fassiez, vous ne réussirez pas (c.-à-d. *quelque chose que* vous fassiez, etc.)

6*

CHAPITRE X. — DE L'INTERJECTION.

148. *Ah!* exprime la *joie*, la *douleur*, et l'*admiration* :

Ah! quel plaisir !

Ah! que je souffre !

Ah! comme c'est beau !

Ha! exprime l'*étonnement* et la *frayeur* :

Ha! vous voilà !

Ha! j'ai eu peur !

149. *Oh!* s'emploie pour l'*exclamation* et pour l'*affirmation* :

Oh! qu'il est cruel de perdre un ami !

Oh! pour le coup, j'avais tort.

Oh! marque l'*étonnement*; il sert aussi *pour appeler* :

Ho! que me dites-vous là !

Ho! venez un peu ici !

Nota. Dans ce dernier cas, *ho* ! est une abréviation de *holà* !

150. O désigne l'*apostrophe*; il marque aussi l'*exclamation* :

O mon Dieu, exaucez ma prière !

O qu'il est cruel de perdre un ami !

Nota. Dans ce dernier cas, *ô* s'emploie pour *oh* ! — On ne met jamais le *point d'exclamation* immédiatement après *ô*; on le met après le mot qui est en apostrophe, ou à la fin de la phrase exclamative.

151. *Eh!* exprime l'*admiration*, la *surprise*, et la *douleur* :

Eh! comme il est beau !

Eh! qui aurait pu croire cela ?

Eh! que je suis malheureux !

Nota. On ne met pas d'accent sur *eh* !

Hé! sert à *appeler*, à *avertir* :

Hé! viens ici.

Hé! qu'allez-vous faire?

On écrit aussi : *hé bien* ! *hé quoi* ! *hé oui* ! — De plus il faut remarquer que le point d'exclamation ne se met qu'après *bien*, *quoi*, et *oui*.

Si l'on fait attention à la prononciation, le choix entre *ah* ! et *ha* !, *oh* ! et *ho* !, *eh* ! et *hé* ! n'est pas difficile : prononce-t-on ces mots *brièvement*, on les écrit avec une *h* au commencement, et cette *h* est *aspirée*. — Si, au contraire, on appuie sur ces mots, si on les prolonge, il n'y a pas d'*h aspirée;* et alors l'*h* se trouve à la fin du mot. — La frayeur, l'étonnement, un sentiment subit font prononcer ces mots *brièvement;* la joie, la douleur, l'exclamation, un sentiment profond les font prononcer *longuement.*

152. L'Interjection de douleur *aïe!* s'écrit avec un *ï* surmonté d'un tréma, (et non *aye* avec un *y*); on l'écrit aussi *ahi.* (Académie) :

> *Aïe!* vous me faites mal !
> Ou bien : *Ahi!* vous me faites mal !

CHAPITE XI. — DES ACCENTS, ET AUTRES SIGNES ORTHOGRAPHIQUES. (*)

DES ACCENTS.

153. On ne met pas d'accent sur l'*e* dans les 3 circonstances suivantes :

1° Devant deux consonnes semblables : TErre, bElle, cEtte, cEsse, etc.

2° Devant un *x* : SExe, Exemple.

3° Devant une consonne qui termine la syllabe : VErtu, Estime, bErgEr, assEz. — (Il y a cependant plusieurs exceptions à cette règle : *procès, forêt,* etc.)

Nota. On ne met pas d'accent sur une majuscule : *O mon Dieu!* — *A vendre.* — *Emile.* — Etc.

154. On ne met pas non plus d'accent sur quelque voyelle que ce soit, quand cette voyelle est devant deux consonnes semblables : *balle, colle, tulle,* etc. — Exceptions : *châsse* (pour mettre des reliques), *châssis,* (et les dérivés : *enchâsser, enchâssure*).

155. On met un accent grave sur l'*e*, quand il y a un *e* muet dans la syllabe-suivante : *Fidèlement, il espèrera.* — Mais on écrira : *Fidélité, espérance,* parce qu'il n'y a pas d'E muet dans la syllabe suivante.

Il faut excepter de cette règle la syllabe *ége*, et la syllabe *ée*, qui prennent un accent aigu, quoiqu'il y ait un *e* muet après : Un *siége,* je *crÉe.*

156. Les verbes terminés en *aitre* et en *oître* prennent un accent circonflexe sur l'*i* placé devant la lettre *t* : *connaître, il connaît, il connaîtra; croître, il croît, il croîtra.*

(*) L'emploi des *Accents* et autres *Signes orthographiques* étant un objet d'*Orthographe d'usage,* il n'est guère possible d'établir des *règles* à ce sujet ; il ne sera donc question ici que de quelques *Observations générales.*

157. On met un accent circonflexe sur les 6 participes passés suivants, mais seulement au masculin singulier : DÛ (de *devoir*), CRÛ (de *croître*), MÛ (de *mouvoir*), PÛ (de *paître*), TÛ (de *taire*), et REDÛ (de *redevoir*).

158. On ne met pas d'accent circonflexe sur l'*i* qui a un tréma : *nous* HAÏMES, *vous* HAÏTES, *qu'il* HAÏT.

Nota. On ne doit pas mettre de point sur l'*i*, quand il est surmonté d'un accent circonflexe : *nous* FÎMES, *vous* FÎTES, *qu'il* FÎT.

DE L'APOSTROPHE.

159. Les mots *jusque*, *lorsque*, *puisque*, *quoique*, *quelque*, s'écrivent avec une apostrophe devant certains mots qui reviennent souvent dans le discours, tels que : *à*, *au*, *aux*, *il*, *elle*, *ils*, *elles*, *eux*, *un*, *une*, *on*, *en*, *ici*, et *alors* : *Jusqu'à Paris, jusqu'au ciel, jusqu'aux nues, jusqu'en Asie, jusqu'ici, jusqu'alors.* — *Lorsqu'il voudra.* — *Puisqu'elle le veut.* — *Quoiqu'on le dise.* — *Quelqu'un, quelqu'une.*

Mais on écrira sans apostrophe : *Puisque aider les malheureux est un devoir. J'avais quelque espoir*, etc.

160. On ne met pas d'apostrophe dans *contre eux*, *entre eux*, *entre autres*, quoiqu'on en mette une dans *entr'aider entr'ouvrir*, *entr'actes*, etc.

161. On ne met d'apostrophe dans le mot *presque* que pour le substantif *presqu'île*. — Hors de là, on n'en met jamais : *Un ouvrage* PRESQUE *achevé.*

162. On emploie l'apostrophe dans les substantifs *grand'mère*, *grand'messe*, *grand'chose*, etc., pour remplacer l'*e* muet ; ce serait une faute de mettre un trait d'union.

DU TRÉMA.

163. On écrivait autrefois les mots suivants avec un tréma : *poème*, *poète*, *poétique*, *poésie*, *Noé*, *Noel*, *Israel*, *israélite*, et quelques autres. On les écrit maintenant avec un accent. — (*Noel* et *Israel* ne prennent pas d'accent, parce que l'*e* est devant une consonne qui termine la syllabe. Voyez la règle 153, n° 3).

164. On emploie le tréma dans les mots suivants : *Ciguë*, *aiguë*, *exiguë*, etc. — Il serait plus raisonnable de placer le tréma sur l'*u* (et non sur l'*e*) ; puisque c'est l'*u* qu'il s'agit de prononcer séparément de l'*e* ; mais l'usage en a décidé autrement.

165. C'est une faute que d'écrire *déïsme*, *athéïsme*, et quelques autres, avec un tréma. L'accent suffit pour faire détacher les deux voyelles. Ecrivez donc : *Déisme, athéisme.* (D'ailleurs n'écrit-on pas *obéir*, sans tréma ?)

DE LA CÉDILLE.

166. La cédille ne s'emploie que devant l'*a*, l'*o*, et l'*u*, pour donner au *c* le son de l'*s* : *Façade, façon, reçu*. — Ce serait sans utilité qu'on la placerait devant l'*e* et l'*i* : *Recevoir, adoucir*. (N'écrivez donc pas : *Reçevoir, adouçir*).

DU TRAIT D'UNION.

167. On met un trait d'union entre les pronoms personnels et l'adjectif *même* : *Moi-même, toi-même*, etc.

168. On met un trait d'union entre le verbe et les pronoms-*sujets (je, tu, il, elle, nous, vous, ils, elles, ce, on)* placés après le verbe : *Irai-je? est-ce vrai? que dit-on?* etc.

169. On met un trait d'union entre le verbe et les pronoms-*régimes (Moi, toi, nous, vous, le, la, les, lui, leur, y, en)* placés après le verbe : *Donne-moi, prenez-le, venez-y, parlez-en*, etc.

Si le verbe est suivi de deux pronoms, on emploie deux traits d'union : *Donne-le-moi, prenez-le-lui*, etc.

Remarque. On écrira sans trait d'union : *Venez le voir*, parce que le pronom *le* est régime du verbe qui vient après. — On écrira par la même raison : *Venez lui parler, va te récréer*, etc. — Enfin on écrira : *Viendrez-vous nous voir?* parce que *nous* est régime du verbe *voir* qui est après.

170. On met un trait d'union entre l'adverbe *très* et le mot qui suit : *Très-bon, très-bien*. (Académie).

171. On joint par un trait d'union les mots *ci* et *là*, quand ils sont unis d'une manière inséparable au mot qui précède ou qui suit : *Ceux-ci, ceux-là, ci-dessus, là-bas*.

Mais on écrira sans trait d'union : *C'est là une belle action, ce sont là vos gens*, parce qu'on pourrait, sans nuire au sens, supprimer le mot *là*, et dire : *C'est une belle action, ce sont vos gens*.

172. Il faut réunir par un trait d'union les adjectifs numéraux : *Dix-sept, dix-huit, dix-neuf, quatre-vingt-un, quatre-vingt-dix-neuf*, etc.

Excepté : *Vingt et un, trente et un*, et tous ceux où se trouve la conjonction *et*.

Autre exception : Les mots *cent, mille*, et *million*, ne doivent jamais être suivis ni précédés d'un trait d'union : *quatre cent mille, cinq cents millions*, etc.

Chapitre XII. — De la Ponctuation.

De la Virgule.

173. On emploie la virgule pour séparer les parties semblables d'une phrase, comme les sujets, les verbes, les qualificatifs, etc., ayant ou n'ayant pas de complément :

Le *père*, la *mère*, les *enfants* sont partis.
Il *allait, venait, montait, descendait*.
Ce jeune homme est *bon, généreux, instruit, modeste*.
Il a été *nourri par sa mère, élevé par son oncle, protégé par ses amis*.

174. Quand une phrase est composée de plus de 2 parties semblables, et que la dernière est précédée de la conjonction *et*, on met la virgule entre les deux dernières comme entre les autres. (Académie) :

Ce voyageur a parcouru l'*Europe*, l'*Asie*, l'*Afrique*, et l'*Amérique*.

175. Quand il n'y a que *deux parties* semblables unies par *et, ni, ou*, et que ces deux parties ont peu d'étendue, on ne met pas de virgule :

J'aime *la musique* ET *la peinture*.

Cependant si les deux parties semblables (ou seulement la dernière) ont une certaine étendue, on emploie la virgule :

J'aime *la musique depuis mon enfance*, ET *la peinture depuis mon voyage en Italie*.
Il est *Professeur*, ET *Auteur de différents ouvrages didactiques*.

176. On sépare par une virgule les propositions qui ont peu d'étendue et qui ont à-peu-près la même forme :

Je suis venu, je l'ai salué, je suis reparti.

Si les propositions ont une certaine étendue, on les sépare par un point-virgule. (Voyez ci-après, n° 181.)

177. On met entre deux virgules les mots qui sont au vocatif ou en apostrophe :

Il faut, *mon ami*, que je vous remercie.

Ainsi que les mots explicatifs qui pourraient être retranchés de la phrase *sans nuire au sens;* dans ce cas, les virgules tiennent lieu de parenthèses :

Dieu, *qui est partout*, voit nos actions.
(On pourrait dire sans nuire au sens : *Dieu voit nos actions.*)
Le vaisseau, *fendant les ondes*, disparut à nos yeux.
(On pourrait dire : *Le vaisseau disparut à nos yeux.*)

Ce jeune homme, *après avoir fini ses études*, alla étudier la Médecine à Paris.

(On pourrait dire : *Ce jeune homme alla étudier la Médecine à Paris.*)

Nota. On peut aussi considérer comme mots explicatifs les expressions suivantes : *or, or donc, ainsi, ainsi donc, enfin, de plus, de là*, et quelques autres placées avant une proposition qui conclut :

Ainsi, il résulte de ce qui vient d'être dit que.....

Enfin, pour terminer tout ce que nous avons à dire.....

178. On emploie la virgule pour tenir la place d'un verbe sous-entendu :

L'un est bon ; l'autre, mauvais (c.-à-d. l'autre *est* mauvais).

179. On se sert de la virgule avant un verbe séparé de son sujet par une certaine quantité de mots :

L'homme dont je vous ai parlé hier au soir, *est arrivé*.

180. On met une virgule avant une proposition qui commence par une des conjonctions *si, quand, lorsque, quoique*, etc. :

Vous viendrez me voir à la campagne, *quand vous en aurez le temps*.

Quelquefois il y a inversion, c.-à-d. que ces conjonctions sont en tête de la phrase ; alors la virgule se met après la proposition où se trouve la conjonction :

Quand vous en aurez le temps, vous viendrez me voir à la campagne.

Remarque. On supprime la virgule quand la proposition qui précède ou qui suit la conjonction, a peu d'étendue :

Vous viendrez *quand* vous pourrez.

— Ou quand la proposition entière est le régime direct du verbe qui précède :

Je ne SAIS *si vous comprenez cela*.

Nota. Quelquefois la conjonction *si* est remplacée par un *participe présent* précédé de *en* :

En examinant avec attention, on s'aperçoit que...... (c.-à-d. si l'on examine avec attention, on s'aperçoit que.....)

DU POINT-VIRGULE.

181. On emploie le point-virgule pour séparer les propositions qui ont une certaine étendue, et qui ont à peu près la même forme :

Il avait plus de connaissances que les enfants de son âge; il parlait assez bien plusieurs langues; il cultivait avec succès la musique et le dessin ; mais un amour-propre excessif ternissait tous ses talents.

Nota. Quand les propositions ont peu d'étendue, on les sépare par des virgules. (Voyez le n° 176.)

182. On sépare par un point-virgule les phrases dont les membres sont déjà séparés par une virgule :

Chez les étrangers cet enfant est doux, honnête, prévenant; chez lui il est vif, emporté, peu docile.

DES DEUX-POINTS.

183. On emploie les deux-points quand on rapporte les paroles de quelqu'un, ou quand on fait une citation :

Virgile a dit : Un travail assidu et opiniâtre fait surmonter toutes les difficultés.

Voici ce qu'on lit dans un journal : La foudre est tombée hier sur le clocher de la Cathédrale, et a endommagé la voûte de ce bel édifice.

184. On emploie les deux-points après une proposition qui annonce des détails ou une énumération :

Tout me plaît chez cette personne : paroles, regard, gestes.

Voici trois choses qui vous manquent : attention, bonne volonté, et patience.

Nota. Dans ce cas, les deux-points tiennent lieu des mots *savoir, c'est-à-dire*.

185. On emploie les deux-points devant une proposition qui sert de développement, d'explication à ce qui précède :

Il faut être indulgent pour les autres : nous avons souvent besoin qu'on le soit pour nous.

Travaillez avec constance : c'est le seul moyen de réussir.

Nota. Dans ce cas, les deux-points tiennent lieu des mots *parce que, car*.

DU POINT.

186. On emploie le point à la fin d'une phrase dont le sens est entièrement achevé :

La santé est le premier des biens.

L'emploi du point dans cet exemple n'est pas douteux, puisque après le mot *biens* il n'y a plus rien ; mais dans le passage suivant, où plusieurs phrases se suivent et se rapportent les unes aux autres, pourquoi emploie-t-on le point ?

Le Nil est un grand fleuve d'Egypte. L'Egypte est en Afrique. L'Afrique est une des cinq parties du Monde.

C'est que le sens de chacune de ces phrases est entièrement achevé, et forme un tout complet qui peut s'isoler de ce qui est avant et de ce qui est après ; chaque phrase n'ayant avec celle qui précède d'autre rapport que celui qui résulte du sujet même que l'on traite.

187. Quand on écrit un mot en abrégé, on place un point à l'endroit du mot où l'on supprime des lettres :

Masc. Fém. Sing. Plur. Indic. Prés.

S. M. (Sa Majesté).   J.-C. (Jésus-Christ).

Du Point d'Interrogation.

188. Le point d'interrogation se place à la fin d'une phrase interrogative :

Qui êtes-vous? D'où venez-vous?

Du Point d'Exclamation.

189. Le point d'exclamation se met à la fin des phrases qui expriment une exclamation de surprise, de terreur, de joie, en un mot quelque émotion; — et après les interjections :

Ha! Vous m'avez fait peur!
Ah! Qu'il me tarde de le voir!

Nota. Dans les expressions : *Hé bien! — hé quoi! — ô mon Dieu!* (et autres analogues), le point d'exclamation ne se place qu'après le dernier mot.

Des Points de Suspension.

190. On emploie les points de suspension, pour indiquer une interruption dans le discours :

Si je ne me retenais, je te....; mais j'ai pitié de toi.

Du Trait de Séparation ou d'Interlocution.

191. On emploie le trait de séparation. comme l'indique ce mot, quand on veut *séparer* d'une manière très-sensible des phrases ou des mots; exemple :

Cette Grammaire est divisée en cinq parties : Conjugaison. — Analyse grammaticale. — Analyse logique. — Orthographe de principes. — Orthologie.

192. Le trait de séparation prend le nom de *trait d'interlocution*, quand il sert à séparer les paroles de plusieurs personnes qui s'entretiennent ensemble, (et qu'on appelle des *interlocuteurs.*) Le trait d'interlocution évite la répétion des mots : *dit-il, dit-elle, répondit-il, répondit-elle,* etc.; exemple :

Quand viendrez-vous ? — Dans huit jours. — Pourquoi pas plus tôt? — Cela m'est impossible, je serai à la campagne une semaine. — Hé bien! soit, dans huit jours.

De l'Alinéa.

193. On doit faire usage de l'alinéa toutes les fois que, par la nature du sujet que l'on traite, on est obligé d'indiquer un repos plus considérable que celui qui est marqué par le point.

194. Néanmoins, on peut faire usage de l'alinéa pour

présenter d'une manière plus claire les détails d'une énumération ; exemple :

Il faut d'abord s'attacher à retenir un petit nombre d'Époques, telles sont les suivantes :

Adam, ou la Création ;
Noé, ou le Déluge ;
Romulus, ou la Fondation de Rome ;
Octave-Auguste, ou l'Empire Romain ;
La Naissance de J.-C.;
La Chute de l'Empire Romain ;
Clovis, ou la Fondation de la Monarchie Française;
     Etc.,   etc.,   etc.

CHAPITRE XIII. — DES MAJUSCULES.

195. On doit mettre une majuscule ou capitale :

1º Au commencement d'une phrase ;
2º Au commencement d'un alinéa ;
3º Après un point;
4º Après les deux-points employés pour annoncer un discours, une citation ;
5º Après un point d'interrogation et d'exclamation ;
6º Aux noms propres ;
7º Au commencement de chaque vers ;
8º Aux noms de peuples : les *Français*, les *Anglais*, etc.
9º Aux noms de sectes : les *Stoïciens*, les *Épicuriens*, etc.
10º Aux noms de sciences, d'arts, de métiers : la *Grammaire*, la *Peinture*, la *Menuiserie*, etc. ;
11º Aux mots qui désignent le titre d'un ouvrage, d'une pièce ;
12º Aux noms des êtres personnifiés : L'*Ignorance suit la Paresse.*
13º Enfin, aux mots qu'on veut faire remarquer.

CHAPITRE XIV. — DES HOMONYMES ET DES HOMOGRAPHES.

196. On appelle *Homonymes* des mots qui ont une prononciation *semblable* et une orthographe *différente*, comme *autel* (d'église) et *hôtel* (où on loge).

197. On appelle *Homographes* des mots qui ont une prononciation et une orthographe *semblables*, comme *cor* (de chasse) et *cor* (aux pieds).

198. Le nombre des Homonymes de la langue française

est considérable (*). Il ne sera question ici que de ceux sur lesquels on se trompe quelquefois; ces homonymes seront présentés dans des *exemples* toujours plus faciles à retenir que les meilleures explications.

199.   HOMONYMES.

1. Il a beaucoup d'*acquis*. = Pour l'*acquit* de sa conscience.

2. Qu'avez-vous *à faire?* = J'ai une *affaire* importante. Qu'ai-je *affaire* de tout cela? Avoir *affaire* à quelqu'un.

5. Percer quelque chose avec une *alêne*. = Il a l'*haleine* mauvaise.

4. Manger des *amandes*. = Payer une forte *amende*.

5. Je l'ai *amené* à faire ce que je voulais (c.-à-d. je l'ai conduit à faire, etc.) Si vous venez nous voir, *amenez* votre frère. Ce vent nous *amènera* la pluie. = Je l'ai *emmené* dans ma voiture, (*emmener* éveille toujours l'idée de mener AVEC SOI).

6. *Anoblir* (donner des lettres de noblesse) : Cette famille fut *anoblie* sous Henri IV. = *Ennoblir* (rendre plus éclatant, plus illustre) : Les Sciences, les Beaux-Arts *ennoblissent* une langue.

7. *Appât* (pâture, tout ce qui attire) : Un *appât* pour prendre des poissons. L'intérêt est un grand *appât* pour un avare. = *Appas* (charmes) : Les *appas* de la gloire. Le jeu a de grands *appas* pour les jeunes gens.

8. Une *arête* de poisson. = *Arrête*-toi.

9. Je me présenterai sous vos *auspices*. = Il est entré à l'*hospice*.

10. Il est arrivé *avant* moi. L'*avant* d'un navire est la proue ou le devant. = Les quatre dimanches de l'*Avent*, (ce sont les quatre dimanches avant Noël. L'*Avent* est le temps consacré par l'Église pour se préparer à cette fête solennelle).

11. Une jolie *boîte*. = Cet enfant *boite*.

12. Cet ouvrage est *bon*. = Il ne va que par sauts et par *bonds*. Il m'a fait faux *bond*.

15. De *but* en blanc. = Entre en *butte* aux railleries.

14. Le *chaos* avant la Création. = Nous avons éprouvé bien des *cahots* sur cette route. Un *cahot* nous a fait verser.

15. Il *chôme* toutes les fêtes. = Un toit couvert de *chaume*. Je ne veux pas qu'il *chaume* mon champ (c.-à-d. qu'il coupe le chaume).

16. Couper *cours* au mal. = Couper *court* à quelqu'un.

17. Manger de la *crème*. = Le Saint-*Chrême* (huile sacrée pour les cérémonies de l'Église).

(*) Voyez sur cette matière les ouvrages de Lequien, de Fréville, de Philipon de la Madelaine, etc.

18. C'est un enfant *dégoûtant*. = Ce linge n'est pas sec, il est encore tout *dégouttant*. Il était tout *dégouttant* de sang.

19. Ils travaillent tous à l'*envi*. = Il excite l'*envie*.

20. Mon Dieu, *exaucez* ma prière. = *Exhaussez* cette maison.

21. Cultiver un *fonds* de terre. Placer son bien à *fonds* perdu. Ce marchand a vendu son *fonds*. Cet homme a un grands *fonds* d'esprit, un grand *fonds* de probité. Il parle sur tout, mais il n'a point de *fonds*. = Le *fond* d'un puits. Une maison bâtie dans un *fond*. Trouver le *fond*. Perdre *fond*. Un bas-*fond*. De *fond* en comble. Le *fond* d'un procès. Le *fond* de la matière. La forme emporte le *fond*. Faire *fond* sur quelqu'un, sur quelque chose. Il possède cette science à *fond*. Dans le *fond* il a raison. = Les *fonts* baptismaux. = Ils *font* ce qu'ils veulent.

22. Des pastilles à la *menthe*. = Cette dame a une belle *mante*. = Je ne veux pas qu'il *mente*. = La ville de *Mantes*.

23. Un *martyr* est celui qui souffre le *martyre*. Sainte-Cécile est vierge et *martyre*.

24. Mes appartements sont de *plain*-pied. Chanter le *plain*-chant. Du linge *plain* (c.-à-d. uni, sans être ouvré). = Il a *plein* pouvoir. La lune est dans son *plein*. En *plein* jour. En *plein* vent. Être en *plein* champ (c.-à-d. dans les champs, loin de toute habitation).

25. Une vaste *plaine*. La *plaine* liquide (c.-à-d. la mer.) Être en *plaine* campagne (c.-à-d. en rase campagne, sur un terrain plat). Une étoffe *plaine* (c.-à-d. unie, sans être ouvrée). = Il a *pleine* puissance. La *pleine* lune. En *pleine* rue. Crier à *pleine* tête, à *pleine* gorge. Chanter à *pleine* voix.

26. Cette *plinthe* est trop étroite. = Il a porté *plainte* contre moi.

27. *Qui* avez-vous vu à la campagne? = *Qu'y* avez-vous fait?

28. Cet enfant *raisonne* bien. = Cette salle ne *résonne* pas.

29. Les *satires* de Boileau. = Les *satyres* de la Fable.

30. Un *seau* d'eau. = Le *sceau* du ministre. Le Garde des *Sceaux*. = Faire un *saut*. = C'est un *sot*.

31. *Sceller* un paquet, une lettre. = *Seller* un cheval. = *Céler* un secret, un dessein (c.-à-d. le cacher).

32. Tout est *sens* dessus dessous. Il est de *sens* rassis. Il n'a pas le *sens* commun. = Être de *sang*-froid. Il sue *sang* et eau. = Il est *sans* raison. = Il *s'en* va. = *C'en* est fait. = *Cent* francs.

33. Il *souffre* de sa goutte. = On *soufre* les allumettes, on y met du *soufre*.

34. Cet homme est toujours *soûl*. = Cela coûte un *sou*. = Il est *sous* mes ordres.

35. Il est toujours par monts et par *vaux*. = Le bateau allait à *vau*-l'eau. = Un *veau* marin.

36. Être dans la bonne *voie*. Publier un avis par la *voie* des journaux. Être sur la *voie* publique. La *voie* lactée. Il y avait une *voie* d'eau dans le vaisseau. Voilà une jolie claire-*voie*. Ce panier est à claire-*voie*. = Apprendre quelque chose par la *voix* de la renommée, par la *voix* publique. = Tu me *vois*.

37. Un doux *zéphyr*. Un *zéphyr* rafraîchissant. = Le Dieu *zéphire*. Chez les Anciens , le *zéphire* était le vent d'Occident.

38. Cela ne vaut pas un *zeste*. Couper un *zeste* (de citron , d'orange). Le *zeste* d'une noix (ce qui divise la chair de la noix en quatre). = Entre le zist et le *zest*. *Zest !* il est bien loin.

200.   HOMOGRAPHES.

39. Il est d'un caractère *aimant*. = L'*aimant* attire le fer.

40. Une *aune* de drap. = On a abattu un *aune* (arbre à bois blanc , qui croît dans les lieux humides).

41. Boire de la *bière*. = Mettre un mort dans la *bière* (c'est-à-dire dans le cercueil).

42. Mon *cher* fils. = Tout est *cher* à Paris. = Le Département du *Cher*.

43. Ma *chère* fille. = Cette étoffe est *chère*. = Nous avons fait bonne *chère*.

44. Un *cor* au pied. = Un *cor* de chasse. = Demander quelqu'un à *cor* et à cri.

45. Un voile de *crêpe*. = Manger une *crêpe*.

46. Faire *diète*. = Assembler la *Diète*.

47. Cela est *faux*. = La *faux* du temps.

48. Un *fléau* du ciel. = Le *fléau* d'une balance. = On bat le blé avec un *fléau*.

49. Entrer dans la *lice*. = La *lice* et ses petits, (la *lice* est la femelle d'un chien de chasse).

50. Baiser la *mule* du Pape. = Il était monté sur une *mule*.

51. Manger une *oublie*. = Il *oublie* ses amis.

52. La chasse et la *pêche*. = Manger une *pêche*.

53. *Pêcher* en eau trouble. = Un *pêcher* chargé de fruits.

54. Une *poêle* à frire. = Un *poêle* est un drap mortuaire, et un voile qu'on tient sur la tête des mariés pendant la bénédiction nuptiale. = Allumez le *poêle*.

55. Un *quartier* d'agneau , un *quartier* de pomme. = Il demeure dans un beau *quartier*. = Ne faire *quartier* à personne.

56. Manger de la *raie* = Faire une *raie* au crayon.

5ᵐᵉ Partie : ORTHOLOGIE.

Une pensée se présentant à l'esprit, l'exprimer avec correction, tant pour l'emploi des mots que pour leur arrangement : Tel est l'objet de l'Orthologie.

Chapitre Iᵉʳ. — Du Substantif.

DU PLURIEL DE QUELQUES SUBSTANTIFS.

1. Les Substantifs terminés au singulier par *al*, forment leur pluriel en changeant *al* en *aux* : Un *cheval*, des *chevaux*, etc.

Excepté les 7 substantifs suivants : *Bal, carnaval, régal, aval, pal, cal,* et *chacal,* qui font au pluriel : Des *bals*, des *carnavals*, des *régals*, des *avals*, des *pals*, des *cals*, et des *chacals*.

2. Les substantifs en *ail* forment leur pluriel en ajoutant une *s* : Un *gouvernail*, des *gouvernails*, etc.

Excepté les 9 substantifs suivants : *Bail, corail, émail, soupirail, plumail, vantail* (1), *ventail* (2), *vitrail,* et *travail,* qui changent *ail* en *aux* : Des *baux*, des *coraux*, des *émaux*, des *soupiraux*, des *plumaux*, des *vantaux*, des *ventaux*, des *vitraux*, et des *travaux*.

3. Cependant ce dernier mot, *travail,* fait *travails* au pluriel dans 2 circonstances : 1° quand il signifie des piliers de bois pour contenir les chevaux fougueux qu'on veut ferrer ou panser : *Ce maréchal-ferrant a deux* TRAVAILS ; — 2° quand il s'agit des comptes ou rapports présentés à un chef d'administration : *Ce commis a quatre* TRAVAILS *par mois avec le ministre. Le ministre a eu deux* TRAVAILS *cette semaine avec le Roi.*

Nota. Depuis quelque temps on dit *des travails,* au pluriel, pour signifier certaines opérations de cabinet, telles que calculs, recherches, classifications, etc. — *On a déjà présenté deux* TRAVAILS *sur cet objet.*

4. *Ail* fait au pluriel : *aulx,* — et mieux *ails.* (Académie.)

5. *Bétail* fait au pluriel : *bestiaux.*

_____

(1) Un *vantail* est le battant d'une porte qui s'ouvre des deux côtés.

(2) Un *ventail* est la partie inférieure de l'ouverture d'un casque. (Terme de blason).

6. *OEil* fait au pluriel : *yeux*. Exemples : des *yeux* bleus, les *yeux* du pain, les *yeux* du fromage, les *yeux* du bouillon. Excepté dans les expressions suivantes :

> Des *œils*-de-bœuf (fenêtres rondes ou ovales).
> Des *œils*-de-chat, des *œils*-de-serpent, etc. (Hist. natur.)

7. *Ciel* fait au pluriel : *cieux*. Excepté dans les expressions suivantes :

> Des *ciels*-de-lit.
> Des *ciels*-de-tableau.
> Des *ciels*-de-carrière.
> Les beaux *ciels* de ces contrées.
> Ce peintre fait bien les *ciels*.

8. *Aïeul* fait au pluriel *aïeux* quand il signifie *ancêtres :* *Ces portraits sont ceux de mes* AÏEUX.

Mais on dit *aïeuls* au pluriel quand il s'agit du *grand-père paternel* et du *grand-père maternel* : *J'ai encore mes deux* AÏEULS. — *Nota.* On dit par conséquent : Les *bisaïeuls*, les *trisaïeuls*.

DU GENRE DE QUELQUES SUBSTANTIFS.

9. Voici une liste de substantifs sur le genre desquels on se trompe quelquefois. — Un adjectif ou un article ajouté à ces substantifs servira à en faire retenir le genre avec plus de facilité ; il faudra les lire *souvent* pour accoutumer l'oreille au genre qui leur convient.

Substantifs masculins.

Un joli *acrostiche.*	Un bel *équinoxe.*
Un *albâtre* très-beau.	Un *érésipèle* douloureux. (*)
Un *alvéole* douloureux.	Un *esclandre* fâcheux.
Cet *amadou* est bon.	Du *girofle.*
Un singulier *amalgame.*	Un *goître.*
Un bon *amidon.*	Un *horoscope* heureux.
Un *aphthe* douloureux.	Un grand *incendie.*
Un long *armistice.*	Un petit *interstice.*
Un petit *astérisque.*	Un *isthme* étroit.
Un *asthme* fatigant.	Un *ivoire* très-blanc.
Un grand *bowl*, (ou *bol*).	Un grand *ixe* (la lettre *x*).
Un bon *cigare.*	De bons *légumes.*
Un *crabe.*	Un *losange.*
De grands *décombres.*	Un *monticule.*
Un bon *entre-côtes.*	Un *narcisse.*
Un *épiderme* épais.	Un petit *ongle.*
Un joli *épisode.*	Un grand *orbe.*
Un bel *épithalame.*	Un petit *orifice.*

(*) On disait autrefois *érysipèle*, ce qui était conforme à l'étymologie. (Académie, dernière édition, 1855.)

Un beau *paraphe* (ou *parafe*).   Un *socque*.
Des *pleurs* abondants.   Etc., etc.
Un *sarigue*.

Substantifs féminins.

Une *amnistie* heureuse.   Une belle *image*.
Une jolie *anagramme*.   Une vilaine *impasse*.
Une *argile* molle.   Une *jujube*.
Une grosse *artère*.   Manger de bonnes *moules*.
Une *atmosphère* épaisse.   De la *nacre*.
De la *charpie*.   Une belle *offre*.
Une *dinde* grasse.   Une grande *orbite*.
Une *disparate*.   Une belle *oriflamme*.
Une *drachme*.   Une paroi *épaisse*.
Une belle *ébène*.   Une *patère*.
De bonnes *échalottes*.   Une *pétoncle*.
L'*écliptique* est grande.   Une *phase* de la lune.
Des *éphémérides* exactes.   . De la *réglisse*.
Une fâcheuse *équivoque*.   Une bonne *rencontre*.
Une *fibre* molle.   De la *sandaraque*.
Une *gaufre* excellente.   Une *spirale*.
Une *hydre* affreuse.   Une *vertèbre*. (*)

10. Il y a des substantifs qui sont des deux genres, selon leur signification ; tels sont les suivants :

AIGLE est du féminin dans le sens d'enseigne militaire :
L'*aigle* ROMAINE, les *aigles* IMPÉRIALES. —Partout ailleurs
il est du masculin : L'*aigle est* COURAGEUX.

11. AMOUR est masculin au singulier : UN FOL *amour*.
— Et féminin au pluriel : *De* FOLLES *amours*. (On dit cependant : TOUS *les amours*, *ses* PREMIERS *amours*, surtout
en poésie).

Nota. Quand *amour* signifie les amours que font les
sculpteurs ou les peintres, il est masculin : *sculpter, peindre
un petit* AMOUR, *de petits* AMOURS.

12. AUTOMNE est des 2 genres : UN *automne* PLUVIEUX,
LA FROIDE *automne*. Cependant le masculin est préférable : le nom des autres saisons étant de ce genre.

13. COUPLE est féminin quand il signifie le nombre deux :
UNE COUPLE *de pigeons ne suffisent pas pour le dîner de
six personnes.* — *Couple* est masculin quand il signifie le
mâle et la femelle : UN COUPLE *de pigeons suffit pour peu-
pler une volière;* ou quand il est question d'union, de con-
formité : *Voilà* UN JOLI COUPLE (en parlant de 2 personnes du même sexe ou non, mais du même âge) ; *voilà* UN
COUPLE *de vases*, (pour désigner deux vases assortis).

_____

(*) Il eût été facile de grossir ces deux listes ; mais on n'a donné
ici que les substantifs dont le genre est le plus souvent dénaturé.

14. Délice est masculin au singulier : *un grand délice ;* — et féminin au pluriel : *de grandes délices.*

Cependant pour éviter la rencontre choquante des 2 genres dans la même phrase, on dit : un *de mes plus* grands délices, (et non : un *de mes plus* grandes délices).

15. Enfant est masculin quand il désigne un garçon : *Votre fils est* un bel enfant. — Féminin quand il signifie une fille : *Votre fille est* une belle enfant.

16. Exemple est masculin dans toutes ses acceptions : *Voilà* un bel exemple *d'anglaise.* — *Voilà* un bel exemple *à suivre.* (Académie.)

17. Foudre est féminin quand il est employé au propre, dans le sens de *feu du ciel :* la foudre *est* tombée. — Il est masculin ou féminin à volonté quand il est accompagné d'un adjectif : *La foudre menaçante* ou *le foudre menaçant.*

Foudre est masculin en parlant de la représentation qu'en font les peintres et les sculpteurs : le foudre *de Jupiter. Un aigle tenant* un foudre *dans ses serres.*

On dit aussi au masculin : un foudre *de vin,* pour signifier un vaste tonneau.

Au figuré, *foudre* est toujours masculin : *Les* foudres lancés *par les Papes. C'est* un foudre *d'éloquence.* Un foudre *de guerre.*

18. Gens exige au féminin tous les mots correspondants qui précèdent : *Les* vieilles *gens ;* — et au masculin tous ceux qui suivent : *Les gens* vieux. — Cependant il y a une exception en faveur du mot *tout :* 1° quand *tous* est le seul adjectif qui précède le mot *gens :* Tous *les gens de bien ;* 2° quand *tous* est suivi d'un adjectif qui a la même terminaison pour les deux genres : Tous *les* honnêtes *gens.*

Excepté aussi : *gens de lettres, gens d'affaires, gens de guerre,* etc., qui sont du masculin, parce que ces mots ne se disent que des *hommes.*

19. Hymne est féminin quand il désigne les hymnes qu'on chante à l'église : *Les* belles hymnes *du bréviaire de Paris.*—Partout ailleurs, *hymne* est du masculin : Un bel hymne guerrier.

20. Œuvre est généralement du féminin : Une bonne œuvre, *les* œuvres complètes *de Voltaire.* — Œuvre n'est du masculin que lorsqu'il signifie une *partie* des ouvrages d'un musicien : Le premier, le second œuvre *de Mozart ;* ou le recueil de *toutes* les gravures d'un même graveur : *J'ai* tout *l'*œuvre *de Callot ;* ou enfin la pierre philosophale : *Travailler* au grand œuvre, (c'est-à-dire à faire de l'or).

7

21. ORGE est du genre féminin : *De* BELLE ORGE, *de* BELLES ORGES. — Excepté dans les deux cas suivants : *De l'*ORGE MONDÉ, *de l'*ORGE PERLÉ.

22. ORGUE est masculin au singulier : *Un bel orgue;* — et féminin au pluriel : *de belles orgues.* — Cependant ne dites pas : CET ORGUE *est* UN *des plus* BELLES *que je connaisse,* parce que l'oreille serait blessée d'entendre les deux genres dans la même phrase; dites : CES ORGUES *sont des plus* BELLES *que je connaisse.*—(Il faut remarquer que le mot *orgues* peut s'employer au pluriel pour ne signifier qu'*un seul instrument*).

23. PÂQUE est masculin quand il signifie la fête des Chrétiens : PÂQUE (ou PÂQUES) *est* TARDIF *cette année.* — *Pâques* est féminin : 1º quand il signifie la fête des Juifs : LA PÂQUE *des Juifs;* et 2º au pluriel : *faire de* BONNES PÂQUES (c'est-à-dire une bonne communion).

24. PÉRIODE est essentiellement féminin : *La lune fait* SA PÉRIODE *en vingt-neuf jours et demi.* LA PÉRIODE *d'une fièvre, d'une maladie.* UNE PÉRIODE *à trois membres* (littér.) —*Période* est masculin quand on ne considère qu'*un seul point* de la période : *Sa maladie est* AU DERNIER PÉRIODE. LE DERNIER PÉRIODE *de la vie. Racine a porté* AU *plus* HAUT PÉRIODE *l'harmonie de la langue française,* (c'est-à-dire au plus haut point).

CHAPITRE II. — DE L'ARTICLE. (*)

Emploi de DU, DES, DE LA.

25. On emploie *du, des, de la,* devant un substantif pris dans un sens partitif, c'est-à-dire pour désigner une *partie* de ce dont on parle :

Donnez-moi *du* papier, *des* plumes, et *de la* cire à cacheter.

26. — 1ʳᵉ *exception.* Quand le substantif pris dans un sens partitif est précédé d'un adjectif qualificatif, on emploie simplement *de* (en supprimant l'article) :

Donnez-moi DE *bon* papier, DE *bonnes* plumes, et DE *bonne* cire à cacheter.

(*) Il ne sera pas question ici des règles sur la *contraction* de l'article, parce que personne ne dira : *je vais* A LE *jardin,* au lieu de : *je vais* AU *jardin;* — ni sur l'*emploi* de l'article devant un substantif déterminé : LE *livre de mon frère,* et non : *livre de mon frère;* — ni sur la *suppression* de l'article devant un substantif non déterminé : *Un jeune homme sans capacité,* et non : *sans* LA *capacité,* etc., etc. —Il est inutile de grossir une Grammaire de Règles que tout le monde observe parfaitement sans les avoir apprises, si ce n'est par l'usage.

27. Cependant si l'adjectif ne fait qu'une seule expression avec le substantif, on rétablit *du, des, de la* :

Ce sont DES *petits-maîtres.*

28. — 2e *exception.* Quand le substantif est sous la dépendance d'un collectif ou d'un adverbe de quantité, on emploie simplement *de* :

Un grand *nombre* DE personnes. *Beaucoup* DE livres.

29. Cependant si le substantif est déterminé par ce qui vient après, on rétablit *du, des, de la* :

Un grand *nombre* DES personnes *que j'ai vues*, ont été arrêtées. *Beaucoup* DES livres *que je vous ai donnés*, sont rares.

Nota. On dit aussi : La *plupart* DES personnes; *bien* DES livres, (quoique *la plupart* soit un collectif, et que *bien* soit un adverbe de quantité).

30. — 3e *exception.* Quand le substantif est le régime ou complément d'un verbe actif accompagné d'une négation, on emploie simplement *de* :

Je *ne* vous ferai *pas* DE reproches.

Nota. Quelquefois la négation est remplacée par une expression négative, comme *sans*, etc. : il est parti *sans* avoir mérité DE reproches.

31. Cependant si le substantif est suivi d'un adjectif qualificatif ou d'un pronom relatif, on rétablit *du, des, de la* :

Je *ne* vous ferai *pas* DES reproches *inutiles.*
Je *ne* vous ferai *pas* DES reproches *que vous n'écouteriez pas.*

RÉPÉTITION DE L'ARTICLE.

32. On répète l'article et les adjectifs déterminatifs devant chaque substantif :

Les frères et *les* sœurs (et non : les frères et sœurs).
Mon père et *ma* mère (et non : mes père et mère).

Nota. Cependant on trouve dans le Dictionnaire de l'Académie (dernière édition, 1855) les exemples suivants, où le déterminatif n'est pas répété devant chaque substantif : Un prince déchu de *ses dignités, droits, et priviléges ;* la fortune a *son flux et reflux ; des officiers et sous-officiers ; les enfants et petits-enfants ; les négociants et banquiers*, etc.

33. Quand plusieurs adjectifs sont unis par la conjonction *et*, on répète l'article si les adjectifs ne qualifient pas le même substantif :

LE *vieux* et LE *jeune* soldat (c'est-à-dire le vieux soldat et le jeune soldat).
MON *grand* et MON *petit salon* (c'est-à-dire mon grand salon et mon petit salon).

Mais on ne répète pas l'article si les adjectifs qualifient le même substantif :

Le *vieux* et *brave* soldat.

Mon *grand* et *beau* salon.

34. Ne dites donc pas : *l'histoire ancienne et moderne*, parce que la même histoire ne peut pas être ancienne et moderne tout à la fois ; dites : *l'histoire ancienne et l'histoire moderne*, ou *l'histoire ancienne et la moderne*.

Cependant si le substantif est pluriel, on peut ne pas répéter le déterminatif : *Les langues anciennes et modernes ; des mots grecs et latins ; des substances animales et végétales ; des parties molles et solides ; des matières civiles et criminelles*, etc. (Académie.)

SUPPRESSION DE L'ARTICLE.

35. La suppression de l'article change quelquefois le sens de la phrase.

Tous deux signifie ensemble : *Ils entrèrent* TOUS DEUX *en se donnant la main.*

Tous les deux signifie chacun de son côté : *Ils vinrent* TOUS LES DEUX *à-peu-près à la même heure.*

Nota. Cette règle s'applique aussi à *tous trois*, à *tous quatre*, etc.

36. *Entendre raillerie* signifie supporter la raillerie, ne pas s'en fâcher : *Il a un bon caractère, il* ENTEND *très-bien* RAILLERIE.

Entendre la raillerie signifie savoir railler, avoir le talent de railler : *C'est un homme plein d'esprit, il* ENTEND *très-bien* LA RAILLERIE.

37. *Rendre la justice* signifie juger, faire fonction de juge : *Ce tribunal* REND *bien* LA JUSTICE.

Rendre justice signifie être juste envers quelqu'un : *Je vous* RENDS *bien* JUSTICE.

VARIABILITÉ DE L'ARTICLE.

38. *Le plus, le mieux, le moins* joints à un adjectif qualificatif ou à un participe passé conjugué avec l'auxiliaire *être* (exprimé ou sous-entendu), peuvent exprimer deux choses, 1° une comparaison, 2° un superlatif.

1° Quand *le plus, le mieux, le moins*, expriment une comparaison, l'article doit varier : *De toutes ces dames, votre sœur étant* LA PLUS MALHEUREUSE, *était* LA PLUS AFFLIGÉE.

2° Quand *le plus, le mieux, le moins* expriment un superlatif, l'article doit rester invariable : *Votre sœur ne pleure pas, lors même qu'elle est* LE PLUS MALHEUREUSE, LE PLUS AFFLIGÉE.

39. *Nota.* Quoiqu'il y ait comparaison, l'article reste invariable si la comparaison ne se fait que sur un seul objet ; exemple : *On perça le monstre à l'endroit où il a la peau* LE PLUS TENDRE. —

Dans cet exemple, on ne compare pas *la peau* du monstre à d'autres peaux, on la compare seulement à elle-même, considérée dans ses différentes parties.

40. *Le plus, le mieux, le moins* joints à un verbe ou à un adverbe, sont toujours invariables, qu'il y ait comparaison ou superlatif : *De toutes ces dames, votre sœur est celle qui chante* LE MIEUX *et* LE PLUS AGRÉABLEMENT.

CHAPITRE III. — DE L'ADJECTIF QUALIFICATIF. (*)

41. Quand un adjectif est joint immédiatement à plusieurs substantifs de différents genres, l'oreille exige qu'on énonce le substantif masculin le dernier, si l'adjectif a une terminaison différente pour chaque genre; ainsi ne dites pas : *Je trouve en elle un charme et une beauté toujours nouveaux;* dites : *Une beauté et un charme toujours nouveaux.*

42. Tout adjectif (et participe présent ou passé) doit se rapporter à un mot exprimé dans la phrase; ainsi ne dites pas : DESIREUX *de s'instruire, son unique occupation est de lire les bons auteurs;* dites : DESIREUX *de s'instruire,* IL *n'a d'autre occupation que de lire les bons auteurs.*

43. L'adjectif (ainsi que le participe présent ou passé) doit se rapporter d'une manière non équivoque à son substantif ou pronom. Ainsi ne dites pas : RICHE *et* PUISSANT,

---

(*) Ici devraient se trouver les règles de la formation du féminin dans les adjectifs, si je n'avais jugé qu'elles sont parfaitement *inutiles;* en effet, est-il bien nécessaire que j'emploie 2 ou 3 pages (comme dans toutes les Grammaires) à enseigner ce qu'on sait déjà, que *blanc* fait au féminin *blanche;* que *vieux* fait *vieille; long, longue; jaloux, jalouse,* etc., etc — Quant à la formation du pluriel des adjectifs en *al,* je demande s'il est possible d'établir des règles à ce sujet, après la lecture du passage suivant, extrait du *Cours de Langue française* de M. Lemare (3e édition, 1835, t. Ier, no 898) : — « Grand tumulte parmi les Grammairiens sur cette finale, l'Académie elle-même ne peut s'y faire entendre.

    » Buffon a dit :   des habitants *brutaux,*
                        des mouvements *machinaux.*
    » Jean-Jacques :   des compliments *triviaux,*
                        ceux qui ont été *libéraux.*
    » Regnard :   des liens *conjugaux.*
    » L'Académie :   des offices *vénaux,*
                        des moyens *légaux,* tandis qu'elle rejette tous les mots précédents.
    » M. Chapsal, qui cite et adopte les exemples ci-dessus, se glisse

vous lui avez toujours été fidèle, parce qu'on ne sait si c'est *vous* ou *lui* qui avez été *riche* et *puissant*. Dites : *Quand* VOUS *avez été riche et puissant, vous lui avez toujours été fidèle*; ou bien dans un autre sens : *Quand* IL *a été riche et puissant, vous lui avez toujours été fidèle*.

44. Plusieurs adjectifs réunis ne peuvent forcer un substantif singulier à devenir pluriel; ainsi ne dites pas : LES HISTOIRES *ancienne* et *moderne*; dites : *L'histoire ancienne et l'histoire moderne*; ou : *L'histoire ancienne et la moderne*. — (Il ne faudrait pas dire : *L'histoire ancienne* et *moderne*. Voyez page 148, règle 34).

45. Certains adjectifs terminés en *able* (dérivés d'un verbe) ne peuvent s'employer qu'en parlant des personnes : *Une veuve inconsolable*; d'autres en parlant des choses : *Une erreur pardonnable*. Ce serait donc une faute de dire : *Une perte inconsolable, une personne pardonnable*. Pour corriger ces fautes, il faut dire : *Une perte dont on ne peut se consoler, une personne excusable* ou *digne de pardon*.

Pour reconnaître si ces adjectifs, en *able*, se disent des personnes ou des choses, il faut voir si le verbe d'où ils dérivent a pour régime direct un nom de personne ou un nom de chose. *Inconsolable*, vient du verbe *consoler*, et comme on dit *consoler une personne*, on peut dire qu'*une personne est consolable* (ou *inconsolable*); mais comme on ne dit pas *pardonner une personne*, (car *pardonner* ne peut avoir pour régime direct qu'un nom de chose), il s'ensuit qu'on ne peut pas dire non plus qu'*une personne est pardonnable*.

Nota. Si le verbe est *neutre*, l'adjectif qui en est formé ne se dit pas en parlant des personnes; ainsi on ne pourrait pas dire : *les hommes sont périssables*; mais on dirait bien : *les biens sont périssables*.

46. L'adjectif s'accorde avec le substantif *air* dans les phrases analogues à la suivante : *Cette femme a l'air con-*

» dans la mêlée; et augmentant le désordre, il veut qu'on dise :
» les sons *nasals*, les soins *filials*, les chevaux *fatals*. Letellier
» accourt, s'escrime à droite et à gauche, s'attaque aux habitants
» *brutaux* de Buffon, arrête ses mouvements *machinaux*, rit des
» compliments *triviaux* de Jean-Jacques, foule aux pieds les liens
» *conjugaux* de Regnard, étouffe les sons *nasals* de M. Chapsal, et
» sans respect pour l'autorité (l'Académie) qui tient notre langue
» en tutelle, proscrit ses offices *vénaux*.

» Quel parti prendre dans une aussi grande affaire? — Celui de
» l'*analogie*, ou s'*abstenir*, lorsqu'on craint par trop de choquer
» l'oreille par un son tout-à-fait inusité. »

tent, parce que la femme pourrait avoir *l'air content*, et *n'être pas contente.*

Nota. Quand il s'agit de choses, il est mieux de ne pas se servir de l'expression *avoir l'air.* Ainsi, au lieu de dire : *Cette pomme a* L'AIR CUIT ; dites : *Cette pomme a l'air* D'ÊTRE CUITE, ou : *Cette pomme* PARAÎT CUITE.

47. Ne confondez pas *près de* avec *prêt à. Près de* signifie *sur le point de : Cet homme est bien malade, il est* PRÈS DE *mourir.* — *Prêt à* signifie *préparé à, disposé à : Cet homme est résigné, il est* PRÊT A *mourir.*

OBSERVATIONS SUR QUELQUES ADJECTIFS.

48. *Capable* se dit 1° de ce qui est en état de faire une chose : *ce cheval n'est pas* CAPABLE *de porter ce fardeau.* —2° Quand il s'agit d'une idée de contenance : *Cette salle est* CAPABLE *de contenir mille personnes.* — 3° Quand il signifie *qui peut produire tel ou tel effet, amener tel ou tel résultat : Cette maladie est* CAPABLE *de le tuer. Cette démarche est* CAPABLE *de vous nuire.* (Académie.)

Susceptible signifie 1° qui peut recevoir certaines qualités, certaines modifications : *Cette terre est* SUSCEPTIBLE *d'améliorations. Les enfants sont* SUSCEPTIBLES *de bonnes et de mauvaises impressions.* — 2° qui est facile à blesser, à choquer : *Cet homme est fort* SUSCEPTIBLE. (Académie.)

49. *Casuel.* — Ne dites pas : *Cet objet est* CASUEL ; *dites : Cet objet est* CASSANT, FRAGILE.

50. *Conséquent.* — Ne dites pas : *C'est une affaire* CONSÉQUENTE ; *dites : C'est une affaire* IMPORTANTE, CONSIDÉRABLE, MAJEURE.

51. *Déhonté, éhonté.* — On peut dire également bien : *C'est un homme* DÉHONTÉ *ou* ÉHONTÉ. (Académie.)

52. *Digne*, sans négation, se dit du bien et du mal : *Il est* DIGNE *d'estime,* DIGNE *de mépris.*

Digne, avec une négation, et *indigne* ne se disent que du bien : *Il* N'EST PAS DIGNE *de votre estime. Il est* INDIGNE *de votre estime.* — Ainsi, ne dites pas : *Il n'est pas* DIGNE *de votre mépris ;* dites : *il ne mérite pas votre mépris.* Ne dites pas non plus : *Il est* INDIGNE *de votre mépris ;* dites encore : *il ne mérite pas votre mépris.*

53. *Ennuyeux* signifie qui ennuie habituellement : *Un livre* ENNUYEUX, *un homme* ENNUYEUX.

Ennuyant signifie qui ennuie dans le moment : *Quel temps* ENNUYANT ! *Cet homme, ordinairement si spirituel, si aimable, a été bien* ENNUYANT *aujourd'hui.*

54. *Matinal* se dit de celui qui, sans en avoir l'habitude, s'est levé matin : *Vous êtes bien* MATINAL *aujourd'hui.*

Matineux se dit de celui qui a l'habitude de se lever

matin : *Les belles dames ne sont guère* MATINEUSES. (Académie.)

Matinier signifie qui appartient au matin : *L'étoile* MA-
TINIÈRE.

55. *Mousseux, mousseuse* signifie qui mousse : *Le vin
de Champagne est* MOUSSEUX. *Cette bière est* MOUSSEUSE.

Moussu, moussue signifie qui est couvert de mousse :
Un arbre MOUSSU, *une pierre* MOUSSUE.

Nota. Cependant on dit une *rose mousseuse* pour désigner une espèce de rose qui semble recouverte de mousse.

56. *Passager* signifie qui ne s'arrête point dans un lieu,
ou du moins qui n'y a point de demeure fixe : *Les grues
et les hirondelles sont des oiseaux* PASSAGERS.

Passant se dit d'un chemin, d'une rue, d'un quartier :
Un chemin PASSANT, *une rue* PASSANTE, *un quartier* PAS-
SANT. (Académie.) — (Il ne faut donc pas dire : *une rue
passagère*).

57. *Rancunier.* — Ne dites pas : *vous êtes bien rancu-
neux*; dites : *vous êtes bien* RANCUNIER.

58. *Vénéneux* se dit des végétaux : *Un arbre* VÉNÉNEUX,
la ciguë est VÉNÉNEUSE.

Venimeux se dit des animaux : *Le scorpion est* VENI-
MEUX, *la vipère est* VENIMEUSE.

Nota. Au figuré on emploie *vénéneux* et *venimeux* : *Cette
doctrine est* VÉNÉNEUSE. *C'est une langue* VENIMEUSE.

CHAPITRE IV. — DE L'ADJECTIF DÉTERMINATIF.

59. On ne doit pas employer l'adjectif possessif, quand
l'idée de possession est suffisamment exprimée par le sens
total de la phrase; ne dites donc pas : *J'ai mal à* MA *tête,
il a* SES *yeux rouges*; dites : *J'ai mal à* LA *tête, il a* LES
yeux rouges.

Cependant lorsqu'on veut désigner un mal habituel, on
emploie l'adjectif possessif : MA *migraine m'a repris,* SA
goutte le tourmente.

60. Pour se servir de *son, sa, ses, leur, leurs,* lorsque
l'objet possesseur est un nom de *chose,* il faut que l'objet
possesseur et l'objet possédé soient dans la même proposition :

La *campagne* a SES *agréments.*

Ainsi ne dites pas : *J'habite la campagne,* SES AGRÉ-
MENTS *sont sans nombre,* parce que l'objet possesseur
campagne, n'est pas dans la même proposition que l'objet
possédé *agréments*; dans ce cas, il faut remplacer l'adjectif

possessif par l'article, et mettre le pronom *en* devant le verbe : *J'habite la campagne*, LES *agréments* EN *sont sans nombre*.

61. *Exception.* Quoique le mot possesseur et le mot possédé ne soient pas dans la même proposition, on peut employer *son, sa, ses, leur, leurs*, lorsque l'objet possédé est régime d'une préposition :

Je vais à la campagne, je jouirai DE *ses agréments.*

62. L'adjectif *chaque* doit toujours être suivi d'un substantif; ainsi ne dites pas : *Ces volumes coûtent cinq francs* CHAQUE; dites : *Ces volumes coûtent cinq francs* CHACUN.

63. L'adjectif *deuxième* éveille nécessairement l'idée de *troisième*; ainsi ne dites pas : *Le* DEUXIÈME *volume*, en parlant d'un ouvrage qui n'a que deux volumes; dites : *Le* SECOND *volume.*

Nota. On peut employer le mot *second* pour *deuxième*; ainsi, au lieu de dire : *Le deuxième* et le *troisième* volume, on peut dire : *Le second* et le *troisième* volume.

64. L'adjectif *tel* ne doit pas s'employer pour *quel*; ainsi ne dites pas : TEL *qu'il soit*; dites : QUEL *qu'il soit.*

Ce même adjectif *tel* ne doit pas non plus s'employer pour *quelque*; ainsi ne dites pas : TEL *puissant qu'il soit*; dites : QUELQUE *puissant qu'il soit.*

65. L'adjectif *quel* ne doit pas non plus s'employer pour *quelque*; ainsi ne dites pas : QUEL *temps qu'il fasse*; dites : QUELQUE *temps qu'il fasse.*

CHAPITRE V. — DU PRONOM EN GÉNÉRAL.

66. Les pronoms s'accordent en genre et en nombre avec les substantifs dont ils tiennent la place; ils sont soumis aux mêmes règles que les adjectifs qualificatifs. (Voyez page 107, les règles 26, 27, 28, et 29); on dira donc :

Les fruits et les fleurs *auxquels* je donne mes soins (règle 28).

Il a un courage, une intrépidité à *laquelle* rien ne peut résister (règle 29).

67. Un pronom ne peut pas tenir la place d'un substantif qui n'est pas déterminé, c'est-à-dire qui est employé sans article ou sans adjectif déterminatif). Ainsi ne dites pas : *Il a demandé* GRÂCE, *et* ELLE *lui a été accordée*; dites : *Il a demandé* SA GRÂCE *ou* UNE GRÂCE, *et* ELLE *lui a été accordée.*

Nota. Cependant il y a des cas où il est impossible de déterminer le substantif, (c.-à-d. de le faire précéder d'un article ou d'un adjectif déterminatif); alors il faut prendre

7*

une autre tournure ; ainsi comme on ne peut pas dire : *Quand nous mîmes en* LA MER, ELLE *était paisible*, on dira : *Quand nous nous embarquâmes, la mer était paisible.*

De même, la phrase suivante est fautive : *Tantôt il me rend justice, tantôt il ne me* LA *rend pas ;* et comme on ne peut pas dire en déterminant le mot *justice : tantôt il me rend* LA *justice* (voyez ci-devant, page 148, règle 37), il faut changer la tournure de la phrase, et dire : *Tantôt il me rend justice, tantôt il n'en fait rien ;* ou bien encore : *Tantôt il me rend justice, tantôt il ne le fait pas.* (Le pronom relatif *le* tient la place de la phrase : *Il ne me rend pas justice.*)

68. Quand on emploie un pronom, il faut que ce pronom se rapporte d'une manière claire à son substantif ; ainsi ne dites pas : *Molière a surpassé Plaute dans ce qu'*IL *a fait de plus beau*, parce qu'on ne sait si le pronom IL se rapporte à *Molière* ou à *Plaute ;* est-ce Molière qui *a fait* ou est-ce Plaute ? — Il faut dire si c'est Molière qui a fait : *Molière, dans ce qu'il a fait de plus beau, a surpassé Plaute ;* et si au contraire c'est Plaute qui a fait, dites : *Molière a surpassé Plaute dans ce que celui-ci a fait de plus beau.*

69. Quand on répète un pronom, il faut que ce pronom se rapporte toujours au même substantif ; ainsi ne dites pas : *Charles arriva chez son père ;* IL *lui présenta son ouvrage, et* IL *le trouva si bien fait qu'*IL *fut mis dans l'endroit le plus apparent du salon.* — Cette phrase renferme trois IL, le premier se rapporte à *Charles*, le 2e au *père*, et le 3e à l'*ouvrage*. Pour corriger cette phrase, il faut faire disparaître quelques-uns de ces pronoms, et dire : *Charles arriva chez son père, et lui présenta son ouvrage ; le père le trouva si bien fait qu'il le mit dans l'endroit le plus apparent du salon.*

CHAPITRE VI. — DES PRONOMS PERSONNELS.

70. Quand un pronom personnel est régime ou complément d'un infinitif dépendant d'un verbe qui précède, ce pronom-régime peut se placer avant l'infinitif ou avant le verbe qui précède :

Je viens *vous* chercher ;

ou : Je *vous* viens chercher.

Cependant la 1re manière est plus usitée ; les poètes emploient quelquefois la seconde.

71. Quand deux impératifs sont unis par une des conjonctions *et*, *ou*, le second impératif peut avoir le pronom-régime placé avant ou après lui ; ainsi on peut dire :

Lisez-*le* sans cesse, et relisez-LE ;
ou : Lisez-*le* sans cesse, et LE relisez.

Nota. La 1ʳᵉ construction est plus usitée, la seconde ne l'est guère qu'en poésie.

72. Quand un impératif sans négation a deux pronoms-régimes, l'un direct et l'autre indirect, on énonce le régime direct le premier : *Donnez*-LE-MOI. *Prêtez*-LES-NOUS. *Conduisez*-NOUS-Y. *Menez*-LES-Y.

Il faut excepter de cette règle les pronoms *moi*, *toi*, *le*, *la*, combinés avec le mot *y* ; le mot *y* se place le premier, quoiqu'il ne soit pas régime direct, mais c'est pour éviter de dire *m'y*, *t'y*, *l'y* ; ainsi dites : *Envoyez*-Y-MOI, *promènes*-Y-TOI, *menez*-Y-LE, (et non : *Envoyez*-M'Y, *promène*-T'Y, *menez*-L'Y).

Nota. Cependant il est mieux de prendre une autre tournure, et de dire : *Envoyez-moi là*, ou bien : *Je vous prie de m'y envoyer*, etc., etc.

Il faut aussi excepter de cette règle les pronoms *me*, *te*, *nous*, *vous*, *lui*, *leur*, combinés avec le pronom *en* ; le pronom *en* ne se place pas non plus le premier, quoique ce soit le régime direct : *donnez*-M'EN, *donnez*-LUI-EN, *donnez*-NOUS-EN, *donnez*-LEUR-EN.

73. Il faut répéter les pronoms personnels régimes ; ainsi ne dites pas : *il* ME *connait, aime, et protége* ; dites : *il* ME *connait,* M'*aime, et* ME *protége*.

74. Il faut aussi répéter les pronoms personnels régimes, quand ces pronoms forment des régimes de nature différente, c'est-à-dire quand l'un est régime direct, et l'autre régime indirect ; ainsi ne dites pas : *il* NOUS *a vus et parlé ;* dites : *il* NOUS *a vus et* NOUS *a parlé*.

75. Le pronom *soi* se dit des personnes et des choses :

On a souvent besoin d'un plus petit que SOI.
L'*aimant* attire le fer à SOI.

76. Mais il faut remarquer que *soi*, ne se dit des personnes qu'après un pronom indéfini ou après un infinitif :

On ne doit pas toujours parler de SOI.
Ne *vivre* que pour SOI, c'est être un égoïste.

Ainsi ne dites pas : *Cet homme parle toujours de* SOI, parce que *soi* se rapporterait à un substantif de personne, et non à un pronom indéfini. — Dites : *Cet homme parle toujours de* LUI.

77. Cependant pour éviter une équivoque, on se sert de *soi* après un substantif de personne ; ainsi on peut dire : *Ce jeune homme a cédé son commerce à son frère, et maintenant il travaille pour* SOI *dans la librairie.* (Si l'on disait : *Il travaille pour* LUI, on ne saurait si c'est pour son frère qu'il travaille, ou si c'est pour lui-même.)

78. Le pronom *soi* ne peut pas tenir la place d'un substantif pluriel ; ainsi ne dites pas : *Voilà les maux que les guerres traînent après* SOI ; (dites : *Après* ELLES.)

79. Les pronoms *lui, à lui, à elle, à eux, à elles,* et *leur,* ne peuvent pas tenir la place d'un substantif de chose ; on les remplace alors par *y,* (qui se décompose par *à lui, à elle,* etc.) ; ainsi ne dites pas en parlant d'un canif : *Je* LUI *ferai ajouter une lame* ; dites : *J'y ferai ajouter,* etc.

79 bis. *De lui, d'elle, d'eux, d'elles,* ne peuvent pas non plus se dire en parlant de choses ; il faut les remplacer par *en,* (qui se décompose par *de lui, d'elle,* etc.) ; ainsi ne dites pas : *Vous connaissez ma faiblesse, et vous abusez* D'ELLE ; dites : *Et vous* EN *abusez.*

Nota. Cette règle s'applique aussi à toutes les prépositions (*sur, pour,* etc.) ; ainsi ne dites pas en parlant d'un cheval : *je monterai* SUR LUI ; ni en parlant de l'honneur : *je travaille* POUR LUI. Etc. etc.

80. On ne peut dire *c'est lui, c'est elle, ce sont eux, ce sont elles,* qu'en parlant des personnes.

En parlant des choses, on dit : *Ce l'est, ce les sont ;* exemples : *Est-ce là votre livre ? — Oui,* CE L'EST (et non pas : *C'est lui*). *Sont-ce là vos livres ? — Oui,* CE LES SONT (et non pas : *Ce sont eux*).

Nota. Cependant il est mieux de dire : *Oui, c'est mon livre. — Oui, ce sont mes livres.* (*Ce l'est, ce les sont,* est dur à l'oreille).

81. Lorsque le pronom *le* tient la place d'un adjectif, d'un participe passé, ou d'un substantif non déterminé, il est *invariable,* (c'est un pronom relatif) : *Madame, êtes-vous malade ? — Je* LE *suis* (et non pas : *Je* LA *suis*). *Mademoiselle, êtes-vous enrhumée ? — Je* LE *suis* (et non pas : *Je* LA *suis*). *Êtes-vous mère ? — Je* LE *suis* (et non : *Je* LA *suis*).

Lorsque le pronom *le* tient la place d'un substantif ou d'un adjectif déterminé, il est variable ; il fait *la* au féminin, et *les* au pluriel, (c'est un pronom personnel) : *Êtes-vous la mère de cet enfant ? — Oui, je* LA *suis. Êtes-vous la malade ? — Oui, je* LA *suis.*

Chapitre VII. — Des Pronoms démonstratifs.

82. Les pronoms *celui-ci* et *ceci* se rapportent au substantif le plus proche; et *celui-là, cela,* au plus éloigné : *Voyez l'âne et le cheval :* CELUI-CI *porte la tête haute,* CELUI-LA *la tient toujours baissée.*

83. Les pronoms *celui, celle, ceux, celles,* ne peuvent pas être joints immédiatement à un adjectif ou à un participe; ainsi ne dites pas : *Celle aimable, celle écrite;* dites : *Celle qui est aimable, celle qui est écrite.*

84. On emploie le pronom démonstratif CE, devant le verbe *être,* au lieu des pronoms personnels *il, elle, ils, elles,* dans les phrases analogues aux suivantes : *Prenez ce livre,* C'EST *un bon ouvrage,* (et non pas : IL *est un bon ouvrage*). — *Lisez souvent Buffon et Fénelon,* CE *sont des écrivains à étudier,* (et non pas : ILS *sont des écrivains à étudier.*) — Etc.

85. Lorsque le pronom *ce* est placé en tête d'une phrase, on doit le répéter dans le second membre de la phrase, quand ce membre commence par le verbe *être* : CE *que je sais le mieux,* C'EST *mon commencement.*

Nota. Cette règle n'est pas toujours observée, car on dit : *Ce que vous voulez faire* EST *une chose impossible* (et non pas : *Ce que vous voulez faire,* C'EST *une chose impossible*)

86. Quoique le pronom *ce* ne soit pas au commencement de la phrase, on peut l'employer devant le verbe *être,* quand ce qui précède ce verbe a une certaine étendue : *La chose que je désire le plus,* C'EST *de vivre à la campagne.*
Mais on dirait sans le pronom *ce* : *Le bonheur* EST *de vivre à la campagne,* parce que *le bonheur,* qui précède le verbe *être,* a peu d'étendue.

(Au reste, c'est le goût et l'oreille qui, dans ces règles 85 et 86, décident si l'on doit employer le pronom *ce.*)

Chapitre VIII. — Des Pronoms possessifs.

87. Les pronoms possessifs ne doivent pas s'employer, si l'on n'a pas déjà exprimé le substantif auquel ces pronoms possessifs se rapportent; ainsi ne dites pas en commençant une lettre : *J'ai reçu* LA VÔTRE *il y a deux jours;* dites : *j'ai reçu votre lettre.*

Chapitre IX. — Des Pronoms relatifs.

88. Le pronom relatif *qui* prend le genre, le nombre, et la personne de son antécédent, et les communique au verbe, à l'adjectif, au participe, et au pronom qui en dépendent; ainsi ne dites pas : *Ce n'est pas* MOI *qui* SE FERA *prier ;* dites : *Ce n'est pas* MOI *qui* ME FERAI *prier.*

89. L'antécédent du pronom relatif *qui* est toujours un *substantif* ou un *pronom* placé devant, et jamais un adjectif; ainsi ne dites pas : *Nous étions* DEUX *qui* PARLAIENT; dites : NOUS *étions deux qui* PARLIONS. — (L'antécédent de *qui* est *nous*, et non pas *deux*.)

90. Cependant quand l'adjectif est précédé d'un *article*, cet adjectif peut servir d'antécédent : *Vous êtes* LE SEUL *qui l'*AIT *fait*, parce qu'il y a un substantif sous-entendu; c'est comme si l'on disait : *Vous êtes le seul* HOMME *qui l'*AIT *fait.* (Ne dites donc pas : *Vous êtes le seul qui l'*AYEZ *fait.*)

91. Quand un pronom relatif est précédé de deux mots (substantif ou pronom) pouvant également bien servir d'antécédent, c'est le dernier mot qui doit être préféré, comme frappant le plus l'oreille : *Je suis* CELUI *qui* PARLERA. Le dernier pronom *(celui)* est l'antécédent, et non le premier *(je).* — (Ne dites donc pas : JE *suis celui qui* PARLERAI.)

92. Le pronom relatif doit être placé le plus près possible de son antécédent, pour éviter une équivoque; ainsi ne dites pas : *J'ai vu une* FEMME *à la fenêtre* QUI *m'a paru jolie;* dites : *J'ai vu à la fenêtre une* FEMME QUI *m'a paru jolie.*

93. Si la construction de la phrase est telle qu'on ne puisse pas rapprocher le pronom relatif de son antécédent, on remplace *qui, que, dont*, par *lequel, laquelle, duquel, de laquelle;* ainsi au lieu de dire : *J'ai vu le* MARI *de votre sœur,* QUI *doit obtenir cette place;* dites : *J'ai vu le* MARI *de votre sœur,* LEQUEL *doit obtenir cette place.*

94. *Nota.* Si les substantifs qui précèdent le pronom relatif sont du même genre, l'emploi de *lequel* n'empêche pas l'équivoque; ainsi dans cette phrase : *J'ai vu l'oncle de votre ami,* QUI *doit obtenir cette place*, si l'on disait : *J'ai vu l'oncle de votre ami,* LEQUEL *doit obtenir cette place,* l'équivoque n'en existerait pas moins ; pour la faire disparaître, il faut dire : *J'ai vu l'oncle de votre ami,* LEQUEL ONCLE *doit obtenir cette place;* ou dans un autre sens : *J'ai vu l'oncle de votre ami,* LEQUEL AMI *doit obtenir cette place.*

95. *Qui*, régime d'une préposition, ne peut pas se dire des animaux ni des choses; ainsi ne dites pas : *Le cheval* SUR QUI *je suis monté;* dites : SUR LEQUEL.— Ni : *Le livre* A QUI *je donne la préférence;* dites : AUQUEL.

96. Un substantif ne doit pas être représenté deux fois par les pronoms relatifs *que, qui;* ainsi ne dites pas : *Voilà un désordre* QUE *je prétends* QUI *cesse;* dites : *Voilà un désordre* QUE *je prétends faire cesser* (en supprimant le second pronom relatif). — Ne dites pas non plus : *C'est un procès* QU'*on a cru* QU'*on perdrait;* dites : *C'est un procès* QU'*on a cru perdre.*

97. De même, quand la phrase commence par *c'est, c'était, ce fut, ce sera,* etc., suivi d'un régime indirect, il ne faut pas représenter une seconde fois ce régime indirect par les pronoms relatifs *qui, dont, où,* etc. Ainsi ne dites pas : *C'est* A VOUS A QUI *je veux parler,* parce que le régime indirect *à vous* serait représenté une seconde fois par *à qui;* — ni : *C'est* DE VOTRE SŒUR DONT *je parle,* parce que le régime indirect *de votre sœur* serait représenté une seconde fois par *dont;* — ni enfin : *C'est* A LA VILLE OÙ *je vais,* parce que le régime indirect *à la ville* serait représenté une seconde fois par *où.* — Pour corriger ces phrases, il faut remplacer *à qui, dont, où,* par la conjonction *que,* et dire : *C'est* A VOUS QUE *je veux parler, c'est* DE VOTRE SŒUR QUE *je parle, c'est* A LA VILLE QUE *je vais.*

98. *Nota.* Ne dites pas non plus : *C'est* ICI OÙ *je demeure, c'est* LÀ OÙ *je vais,* parce que les adverbes *ici* et *là* sont représentés une seconde fois par le mot *où.* Pour éviter cette répétition, on remplace *où* par la conjonction *que,* (comme dans les phrases précédentes) : *C'est* ICI QUE *je demeure, c'est* LÀ QUE *je vais.*

99. On emploie *d'où* (au lieu de *dont*) pour exprimer une idée de sortie, d'extraction : *La maison* D'OÙ *je sors est à vendre.*

Exception. Quand il s'agit d'*être né*, d'*être issu*, on emploie *dont* (et non pas *d'où*) : *La maison* DONT *je sors est illustre.*

100. N'imitez pas la construction suivante : *Tel* QUI *rit vendredi, dimanche pleurera;* il faut dire : *Tel rit vendredi,* QUI *dimanche pleurera.* — C'est une exception à la règle 92, en faveur des phrases qui commencent par *tel.*

101. Il est mieux de dire : *Il a été traité comme il* LE *méritait,* que : *Il a été traité comme il méritait,* en sous-entendant le pronom relatif *le.* — Dites par conséquent : *Il est plus instruit qu'il ne* LE *paraît,* plutôt que : *Il est plus instruit qu'il ne paraît.*

102. Le pronom relatif *le* (invariable) ne doit pas tenir la place d'un participe passé qui n'a pas déjà été exprimé; ainsi ne dites pas : *Celui qui se laisse battre mérite de l'être;* dites : *celui qui se laisse battre mérite d'être battu.*

Chapitre X. — Des Pronoms indéfinis.

103. On emploie *l'on*, au lieu de *on*, pour éviter un hiatus, (c'est-à-dire la rencontre de 2 voyelles dans deux mots différents), ce qui arriverait infailliblement après *et, si, ou;* ainsi ne dites pas : Et on *dit*, si on *veut*, ou on *voudra;* dites : Et l'on *dit*, si l'on *veut*, ou l'on *voudra.*

Cependant il ne faut pas employer *l'on*, quand le mot suivant commence par une *l; ne dites pas : *Et l'on le dit*, *si l'on le laisse*, etc.; dites : *Et on le dit*, *si on le laisse.*

104. De même, on emploie *que l'on*, au lieu de *qu'on*, pour éviter une cacophonie, (c'est-à-dire la rencontre de syllabes désagréables à l'oreille), ce qui arriverait devant des mots commençant par : *Co, ca, qui*, etc.; ainsi ne dites pas : *Je veux* qu'on *commence*, qu'on ca*che*, qu'on qui*tte*, etc.; dites : *Je veux* que l'on *commence*, que l'on *cache*, que l'on *quitte*, etc.

105. Dans tout autre cas, il faut préférer *on* à *l'on*, parce qu'alors il n'y a pas d'hiatus ni de cacophonie à éviter; ainsi ne dites pas au commencement d'une phrase : L'on *viendra;* dites : On *viendra.* Ne dites pas non plus : *Je veux* que l'on *vienne;* dites : *Je veux* qu'on *vienne.* — (Cependant ce ne serait pas une faute d'employer *que l'on;* c'est une affaire de goût.)

106. *L'un et l'autre* exprime le pluriel : *Ils sont venus* l'un et l'autre.

L'un l'autre exprime la réciprocité, (indépendamment du pluriel) : — *Ils se regardèrent* l'un l'autre.

107. *Nota.* Quand il y a plus de deux personnes, on met ces pronoms au pluriel : *Ils se réunirent* les uns et les autres *contre l'ennemi commun. Ils se consolaient* les uns les autres.

108. *Chacun* suivi d'un régime direct prend *leur, leurs* : *Ils ont* chacun *dans* leur *genre le plus grand* mérite.

Hors ce cas, *chacun* prend *son, sa, ses* : *Ils ont le plus grand mérite*, chacun *dans* son *genre. Ils réussissent* chacun *dans* son *genre.*

Chapitre XI. — Du Verbe.

Du Sujet.

109. Tout verbe doit avoir un sujet ; ainsi ne dites pas : *En quoi votre fils réussit parfaitement*, EST *le dessin ;* dites : CE *en quoi votre fils réussit parfaitement*, EST *le dessin ;* ou bien : LA CHOSE *dans laquelle votre fils réussit parfaitement*, EST *le dessin.*

Nota. L'infinitif est le seul mode qui n'ait pas de sujet. — L'impératif a son sujet toujours sous-entendu.

110. Tout sujet doit avoir un verbe : ainsi ne dites pas : *Faites-moi voir vos ouvrages*, QUI, *s'ils sont bien faits, nous les exposerons ;* dites : *Faites-moi voir vos ouvrages ; s'ils sont bien faits, nous les exposerons.*

111. Le sujet d'un verbe ne doit pas être exprimé deux fois, ainsi ne dites pas : CE JEUNE HOMME *travaillant toute la journée,* IL *a besoin de se reposer le soir ;* dites : CE JEUNE HOMME *travaillant toute la journée, a besoin de se reposer le soir.*

112. Quand plusieurs infinitifs sont sujets d'un verbe, on fait précéder ce verbe du pronom démonstratif *ce : Lire, peindre, faire de la musique,* C'EST *son unique occupation.*

Cependant on peut très-bien dire : *Promettre* et *tenir* SONT deux choses bien différentes.

113. *Nota.* Quand il n'y a qu'un seul infinitif pour sujet, on peut à volonté employer ou supprimer le pronom *ce : Agir ainsi,* C'EST *être peu raisonnable ;* ou bien : *Agir ainsi* EST *être peu raisonnable :* c'est le goût ou l'oreille qui en décide ; cependant il est mieux d'employer le pronom *ce,* surtout quand l'infinitif est suivi d'un complément, c'est-à-dire de mots qui en complètent la signification : AGIR *ainsi contre l'opinion de tout le monde,* C'EST *être peu raisonnable.*

Chapitre XII. — Du Régime des Verbes.

114. Il faut donner aux verbes les régimes qui leur conviennent. Ainsi ne dites pas : *Ne vous inquiétez pas ce que je ferai ;* dites : *Ne vous inquiétez pas* DE *ce que je ferai.* — Ne dites pas : *Ils se sont nui les uns les autres ;* dites : *Ils se sont nui les uns* AUX *autres.* — Ne dites pas : *Je vous embrasse ainsi qu'*A *votre sœur ;* dites : *Ainsi* QUE *votre sœur.* — etc., etc.

115. Il ne faut pas donner deux régimes directs à un verbe actif; ainsi ne dites pas : *J'ai assuré votre père que vous viendrez*; dites : *J'ai assuré* A *votre père que vous viendrez*.

116. Quand il y a dans une même phrase deux verbes qui ne veulent pas le même régime, c.-à-d. dont l'un veut un régime direct et l'autre un régime indirect, il faut donner à chaque verbe le régime qui lui convient; ainsi ne dites pas : *Il attaqua et s'empara de la ville*; dites : *Il attaqua la ville et s'*EN *empara*.

117. Quand deux verbes exigent des régimes indirects formés par des prépositions différentes, il faut donner à chaque verbe la préposition qui lui convient; ainsi ne dites pas : *Je l'ai vu monter et descendre de voiture*; dites : *Je l'ai vu monter en voiture et* EN *descendre*.

118. *Nota.* Cette règle s'applique à deux adjectifs et à deux prépositions qui exigent des régimes différents. Ne dites pas : *Il est content et attaché à sa profession*; dites : *Il est content* DE *sa profession, et* Y *est attaché.* — Ne dites pas non plus : *Des gardes étaient auprès et dans le palais*; dites : *Des gardes étaient* AUPRÈS DU *palais et* DEDANS.

119. Les régimes (directs ou indirects) liés par une des conjonctions *et, ni, ou,* doivent être exprimés par des mots de même espèce; ou en d'autres termes : les conjonctions *et, ni, ou,* doivent unir un substantif à un substantif, un infinitif à un infinitif, une proposition à une proposition; ainsi ne dites pas : *Il aime le* JEU *et* A ÉTUDIER ; dites : *Il aime* LE JEU *et* L'ÉTUDE ; ou bien : *Il aime* A JOUER *et* A ÉTUDIER.—Ne dites pas non plus : *Je crois* VOTRE OUVRAGE EXCELLENT *et* QUE VOUS REMPORTEREZ LE PRIX; dites : *Je crois* QUE VOTRE OUVRAGE EST EXCELLENT, *et* QUE VOUS REMPORTEREZ LE PRIX.

120. Les verbes passifs ont leurs régimes indirects formés par la préposition *de* et *par*. On emploie *de* quand le verbe passif exprime un sentiment, une passion : *Il est aimé* DE *ses parents.* — On emploie *par* quand le verbe passif exprime une action du corps ou de l'esprit : *Il a été battu* PAR *son maître, cet ouvrage a été composé* PAR *mon frère.*

121. *Exception.* Cependant afin d'éviter plusieurs *de*, on emploie *par*, même pour exprimer un sentiment ou une passion; ainsi au lieu de dire : *Il a été approuvé* D'*une commune voix* DE *tous ses amis*; dites : *Il a été approuvé* D'*une commune voix* PAR *tous ses amis*; — (si l'on supprimait *d'une commune voix*, il faudrait rétablir la préposition DE : *Il a été approuvé* DE *tous ses amis.*)

122. Le régime direct se place avant le régime indirect quand ils sont tous les deux d'égale longueur : *Je donnerai*

CE LIVRE *à ma sœur*, (et non pas : *je donnerai à ma sœur ce livre*).

123. Quand les régimes ne sont pas d'égale longueur, le plus court se place le premier :

Je donnerai *ce livre* à ma sœur qui habite la campagne.
Je donnerai *à ma sœur* ce livre que j'ai reçu de Paris.

124. Les régimes indirects doivent se placer de manière à éviter toute équivoque; ainsi ne dites pas : *Je veux ramener ces esprits égarés* PAR LA DOUCEUR ; dites : *Je veux ramener* PAR LA DOUCEUR *ces esprits égarés.*

Chapitre XIII. — Des Auxiliaires pour les verbes neutres.

125. Les 600 verbes neutres de la langue française peuvent se partager en 4 classes :

1re *classe.* Verbes neutres prenant *toujours* l'auxiliaire *avoir* aux temps composés; c'est le plus grand nombre, (sur les 600 verbes neutres, il y en a 540) : *Il* A *marché, il* A *couru, il* A *succombé, il* A *comparu, il* A *subvenu, il* A *paru,* etc., etc.

2e *classe.* Verbes neutres prenant toujours l'auxiliaire *être;* c'est le plus petit nombre, (il n'y en a que 21) : Il EST *arrivé, il* EST *né, il* EST *intervenu, il* EST *chu, il* EST *décédé,* etc.

Les voici tous, rangés par ordre alphabétique :

Aller.	Entrer.	Redevenir.
Arriver.	Intervenir.	Rentrer.
Choir.	Issir (*il est issu*).	Retomber.
Décéder.	Mourir.	Revenir.
Devenir.	Naître.	Survenir.
Disconvenir.	Parvenir.	Tomber.
Éclore.	Provenir.	Venir.

Total : 21 verbes.

3e *classe.* Verbes neutres prenant l'auxiliaire *avoir* quand on veut exprimer une action : *La rivière* A MONTÉ *rapidement* ; et l'auxiliaire *être* quand on veut exprimer un état : *La rivière* EST *bien* MONTÉE *maintenant.*

4e *classe.* Verbes neutres prenant l'auxiliaire *avoir* dans un sens, et l'auxiliaire *être* dans un autre sens : *Cette maison* A CONVENU, (c'est-à-dire *a paru convenable*). — *On* EST CONVENU *du prix,* (c'est-à-dire *on est demeuré d'accord pour le prix*).

Il ne sera question dans ce chapitre que des verbes neutres de la 3e et de la 4e classe, l'usage seul pouvant fixer sur ceux de la 1re et de la 2e.

126. Ainsi, les verbes neutres de la 3e classe prendront l'auxiliaire *avoir* ou l'auxiliaire *être*, selon l'idée qu'on voudra exprimer. — Si l'esprit se porte principalement sur l'*action*, ce qu'il est facile de voir par les circonstances de lieu, de temps, ou autres, qui accompagnent ordinairement le verbe, il faudra employer l'auxiliaire *avoir*. — Si l'esprit, mettant de côté l'action du verbe, ne veut considérer que l'*état* qui suit cette action ou qui en est l'effet, on emploiera l'auxiliaire *être*.

Conséquemment on dira avec l'auxiliaire *avoir* : *Elles* ONT *péri l'année dernière. La fièvre* A *cessé pendant quelques heures. Il* A *déchu de jour en jour. Il* A *disparu aussitôt*, etc. — Et avec l'auxiliaire *être* : *Elles* SONT *péries depuis long-temps. La fièvre* EST *cessée depuis quelques jours. Il* EST *bien déchu maintemant. Il* EST *disparu, on ne sait où il est*, etc.

127. Les verbes neutres de la [4e classe, c'est-à-dire qui changent d'auxiliaire en changeant de signification, sont les verbes suivants, (il n'y en a que 4) :

1o CONVENIR signifiant *être convenable*, prend *avoir* : *Cette maison* A *convenu.* — Signifiant *demeurer d'accord*, il prend *être* : *On* EST *convenu du prix.*

2o ÉCHAPPER : *Cela m'*A *échappé* signifie *je l'ai oublié*; ou dans un autre sens : *Je ne l'ai pas remarqué.* — *Cela m'*EST *échappé* signifie *je l'ai dit par inadvertance, sans y prendre garde.*

3o EXPIRER signifiant *mourir*, prend *avoir* : *Cet homme* A *expiré.* — Dans toute autre signification, il prend *être* : *Mon bail* EST *expiré.*

Cependant on peut appliquer à ce verbe la règle 126, et dire : *Mon bail* A *expiré* HIER. (Académie.)

.4o PASSER : *Ce mot* A *passé* signifie *ce mot a été reçu, il a été introduit dans la langue.* — *Ce mot* EST *passé* signifie *ce mot est vieux, il n'est plus en usage.*

128. L'auxiliaire *être* peut se sous-entendre : *Un bail expiré* (c'est-à-dire *qui* EST *expiré*).

L'auxiliaire *avoir* ne doit jamais être sous-entendu; ainsi ne dites pas : *Voilà un homme expiré*; dites : *Voilà un homme* QUI A *expiré*.

CHAPITRE XIV. — DE L'EMPLOI DES TEMPS DE L'INDICATIF ET DU CONDITIONNEL.

129. Le *Présent* de l'indicatif s'emploie pour le passé défini ou indéfini, afin de rendre la narration plus vive; mais dans ce cas il faut que tous les verbes qui composent la narration soient au présent : J'ENTRE , *je le* TROUVE *baigné dans son sang,* (et non pas : J'ENTRE , *je le* TROUVAI *baigné dans son sang*).

130. L'*Imparfait* de l'indicatif ne doit pas s'employer pour le présent ; ainsi ne dites pas : *J'ai appris que vous* ÉTIEZ *malade ;* dites : *J'ai appris que vous* ÊTES *malade,* parce que la chose a lieu au moment où l'on parle. — Ne dites pas non plus : *Je vous ai dit que la santé* ÉTAIT *préférable à la fortune ;* dites : *Je vous ai dit que la santé* EST *préférable à la fortune,* parce qu'il s'agit d'une chose vraie dans tous les temps.

131. On emploie indifféremment le *passé défini* et le *passé indéfini* pour exprimer un temps absolument passé ; ainsi on peut également dire :

J'ai reçu une lettre ⎫ l'année dernière, le mois passé,
ou : Je reçus une lettre ⎭ la semaine dernière, hier.

132. Mais on ne peut pas se servir du *passé défini* pour désigner un temps dont il reste encore quelque partie à écouler ; ainsi ne dites pas : JE REÇUS *une lettre cette année, ce mois-ci, cette semaine, aujourd'hui ;* dites : J'AI REÇU *une lettre cette année, ce mois-ci,* etc., etc.

133. Le *Plusque-parfait* ne doit pas s'employer pour le passé indéfini ; ainsi ne dites pas : *On m'a dit que vous* AVIEZ ACHETÉ *une maison ;* dites : *On m'a dit que vous* AVEZ ACHETÉ *une maison.*

Nota. Pour employer le plusque-parfait dans cette phrase, il faudrait que l'action d'*acheter* eût été faite avant une autre : *On m'a dit que vous* AVIEZ *déjà* ACHETÉ *une maison, quand vous avez hérité de votre oncle.*

134. Le *Conditionnel présent* ne doit pas s'employer pour le futur de l'indicatif ; ainsi ne dites pas : *On nous a assuré que vous* VIENDRIEZ *avec nous ;* dites : *On nous a assuré que vous* VIENDREZ *avec nous.*

Nota. Pour employer le conditionnel dans cette phrase, il faudrait que l'action de *venir* dépendît d'une condition : *On nous a assuré que vous* VIENDRIEZ *avec nous, si votre père vous le permettait.*

135. Le *Conditionnel passé* ne doit pas s'employer pour le conditionnel présent ; ainsi ne dites pas : *J'aurais parié que vous* SERIEZ VENU ; dites : *Que vous viendriez.*

Nota. pour employer le conditionnel passé dans cette phrase, il faudrait que l'action de *venir* eût été faite avant une autre : *J'aurais parié que vous* SERIEZ *déjà* VENU, *quand nous arriverions.*

CHAPITRE XV. — DU MODE SUBJONCTIF.

136. On emploie le mode *subjonctif* après un verbe qui
exprime une des sept choses suivantes : 1º un commandement, 2º un desir, 3º un doute, 4º une crainte, 5º une
négation, 6º une interrogation, 7º l'étonnement :

1. Il veut
2. Il desire
3. Il doute
4. Il craint   } que je *fasse* cette démarche.
5. Il ne croit pas
6. Croit-il
7. Il est étonné

137. *Exception*. Malgré l'interrogation du premier verbe,
on emploie le mode *indicatif*, (et non le mode subjonctif),
lorsque l'interrogation n'exprime pas un doute de la part
de celui qui interroge. — L'interrogation, dans ce cas, est
une tournure de phrase qui donne plus de vivacité au discours : *Oubliez-vous que je* SUIS *votre fils ?*

On emploie encore l'indicatif, quoique après une interrogation, lorsque le *second verbe* exprime quelque chose
de certain, de positif : *Sait-il que nous* PARTONS *demain ?*

138. On emploie le mode subjonctif après un verbe unipersonnel : *Il faut que je* FASSE *cette démarche.*

139. *Exception*. Cependant on emploie le mode indicatif après les verbes unipersonnels *il paraît, il résulte, il
est certain, vrai, sûr* (ou tout autre adjectif exprimant
une idée certaine, positive), et après le verbe *il semble*
accompagné d'un régime indirect de personne :

Il paraît
Il résulte
Il est certain   } que je *sais* cela.
Il est vrai
Il me semble

Cependant si ces verbes sont accompagnés d'une négation, ou s'ils sont conjugués interrogativement, le verbe
qui suit se met au subjonctif : *Il ne paraît pas que je* SACHE
cela. Paraît-il que je SACHE *cela ?* Etc., etc.

140. On emploie le subjonctif après un pronom relatif
(*qui, que, dont, où,* etc.) précédé des mots : *Le seul,
l'unique,* — *peu, guère,* — *personne, nul, aucun, rien,*
— ou d'un *superlatif relatif :*

Ce chapitre est *le seul* que je SACHE.
Il y a *peu* d'enfants qui SACHENT cela.
Je ne connais *personne* qui SACHE cela.
C'est *le plus* habile qu'on PUISSE citer.

141. On emploie le subjonctif après un pronom relatif (*qui, que, dont, où*, etc.), quand l'ensemble de la phrase présente quelque chose d'incertain, de douteux :

> Je cherche un instituteur qui VEUILLE se charger de mon fils.
> Montrez-moi un chemin *qui* CONDUISE à Paris.

Nota. Si l'ensemble de la phrase ne présente rien d'incertain, de douteux ; si au contraire il exprime quelque chose de sûr, de positif, on emploie le mode indicatif :

> J'ai trouvé un instituteur *qui* VEUT bien se charger de mon fils.
> Montrez-moi le chemin *qui* CONDUIT à Paris.

142. On emploie le subjonctif après *quelque* ou *quel que*, — *quoique* ou *quoi que*, — *qui que* : *Quelque* riche *que* vous SOYEZ..... — *Quel que* soit votre mérite..... — *Quoique* vous SOYEZ mon ami... — *Quoi que* vous FASSIEZ, vous ne réussirez pas. — *Qui que* vous SOYEZ...

143. On emploie l'indicatif après *tout que*, (et non le subjonctif) : *Tout* riche *que* vous ÊTES... (et non pas : *Tout* riche *que* vous SOYEZ...).

144. On emploie le subjonctif après certaines conjonctions, telles sont : *Afin que, avant que, de peur que, sans que*, et plusieurs autres que l'usage seul peut faire connaître : *J'ai travaillé* AFIN QUE *vous* FUSSIEZ *content. J'ai travaillé* AVANT QUE *vous* VINSSIEZ, etc.

Nota. Quelquefois les mots *afin, avant, sans*, etc., sont sous-entendus ; mais il n'en faut pas moins employer le subjonctif : *approchez, que je vous dise quelque chose*, (c.-à-d. AFIN *que je vous dise*). — *Il ne s'amuse jamais qu'il ne soit fatigué*, (c.-à-d. SANS *qu'il soit fatigué*). — Etc., etc.

145. La conjonction *que* exige le subjonctif quand elle sert à éviter la répétition de la conjonction *si* : *Si vous revenez et* QUE *je n'y* SOIS *pas, vous m'attendrez.*

Nota. La conjonction *si* ne gouverne jamais le subjonctif : *Savez-vous* SI *elle part demain?*

146. Il y a des conjonctions qui gouvernent tantôt le subjonctif, tantôt l'indic., selon le sens que présente la phrase ; telles sont : *De manière que, de sorte que, si ce n'est que*, etc. — On emploie le subjonctif quand l'ensemble de la phrase présente une idée de doute, de temps futur : *Conduisez-vous* DE MANIÈRE QUE *nous* SOYONS *contents de vous.*

On emploie l'indicatif quand l'ensemble de la phrase présente quelque chose de certain, de positif, dans un temps présent ou passé : *Il se conduit* DE MANIÈRE QUE *nous* SOMMES *contents de lui. Il s'est conduit* DE MANIÈRE QUE *nous* AVONS ÉTÉ *contents de lui.*

Nota. Cette règle a beaucoup d'analogie avec celle du n° 141. — Au reste, il n'est guère possible d'énumérer tous les cas où l'on doit employer le mode subjonctif ; il en est de cette difficulté comme de

beaucoup d'autres; L'USAGE doit suppléer au silence ou à l'insuffi-
sance des règles.

CHAPITRE XVI. — DE L'EMPLOI DES TEMPS
DU SUBJONCTIF.

147. Le *Présent* du subjonctif s'emploie après le présent
et le futur de l'indicatif, quand on veut exprimer un présent ou un futur par rapport au premier verbe :

Je doute
Je douterai } que vous FASSIEZ cela *aujourd'hui*, *demain*.

Si l'on veut exprimer un passé par rapport au premier
verbe, on emploie le *passé* du subjonctif :

Je doute
Je douterai } que vous AYEZ FAIT cela *hier*.

148. *Exception*. Quoique le premier verbe soit au présent
ou au futur de l'indicatif, on met le second à l'*imparfait* du
subjonctif (au lieu du présent), et au *plusque-parfait* (au
lieu du passé), quand le verbe au subjonctif a sous sa dépendance une expression conditionnelle :

Je doute
Je douterai } que vous FISSIEZ cela aujourd'hui, demain, *si*
l'on ne vous y forçait.

Je doute
Je douterai } que vous EUSSIEZ FAIT cela hier, *si l'on ne vous y*
avait pas forcé.

Nota. La conjonction *si* n'est pas la seule expression
conditionnelle; il faut ranger sous ce nom les expressions
suivantes : *sans vous*, *sans lui*, *sans cela*, *sans votre protection*, etc.

149. L'*imparfait* du subjonctif s'emploie après l'imparfait de l'indicatif, les passés, le plusque-parfait, et les
conditionnels, quand on veut exprimer un présent ou un futur par rapport au premier verbe :

Je doutais
Je doutai
J'ai douté
J'avais douté
Je douterais
J'aurais douté } que vous FISSIEZ cela *aujourd'hui*, *demain*.

Si l'on veut exprimer un passé par rapport au premier
verbe, on emploie le *plusque-parfait* du subjonctif :

Je doutais
Je doutai
J'ai douté
J'avais douté
Je douterais
J'aurais douté } que vous EUSSIEZ FAIT cela *hier*.

150. *Exception.* Quoique le premier verbe soit à l'imparfait de l'indicatif, à l'un des passés, au plusque-parfait ou aux conditionnels, on met le second au *présent* du subjonctif (au lieu de l'imparfait), quand le verbe au subjonctif exprime une chose qui existe au moment même où l'on parle : *Il n'*A *rien* DONNÉ, *quoiqu'il* SOIT *riche.* — Ou quand le verbe au subjonctif exprime une chose qui est vraie dans tous les temps : *Dieu nous* A DONNÉ *plusieurs facultés pour que nous en* FASSIONS *usage.*

Nota. Après le passé indéfini, on emploie quelquefois le *passé* du subjonctif (au lieu de l'imparfait) : *A-t-on jamais vu un homme qui* AIT MONTRÉ *plus de courage?* — Cette exception a beaucoup d'analogie avec la précédente.

CHAPITRE XVII. — DU MODE INFINITIF.

151. L'infinitif employé comme régime indirect doit se rapporter clairement, sans équivoque, à un mot exprimé dans la phrase. Ainsi ne dites pas : *Qu'ai-je fait pour* VENIR *troubler mon repos?* (parce que l'infinitif *venir* ne se rapporte à aucun mot exprimé dans la phrase : on ne sait pas qui *vient*); dites : *Qu'ai-je fait pour* QUE VOUS VENIEZ *troubler mon repos?* — Ne dites pas non plus : *Je vous ai instruit pour* ÊTRE *utile à vos parents,* (parce que le sens de la phrase est équivoque ; on ne sait si l'infinitif *être* se rapporte à *vous* ou à *je*); dites donc : *Je vous ai instruit pour* QUE VOUS SOYEZ *utile à vos parents;* ou dans un autre sens : *Je vous ai instruit pour* ME RENDRE *utile à vos parents.*

152. *Nota.* Cependant si la phrase offre un sens suffisamment clair, l'infinitif peut être employé, quoiqu'il ne se rapporte à aucun mot exprimé dans la phrase : *Le temps est trop précieux pour le* PERDRE.

153. Il vaut mieux employer l'infinitif que tout autre mode qui rendrait l'expression lente et peu gracieuse ; ainsi ne dites pas : *Avez-vous peur que vous ne tombiez?* dites : *Avez-vous peur de* TOMBER? — Ne dites pas non plus : *Je crois que j'ai fait ce que je devais;* dites : *Je crois* AVOIR FAIT *ce que je devais.*

154. Il est au contraire d'autres circonstances où l'infinitif doit être remplacé par un autre mode ; c'est lorsqu'il s'agit d'éviter la répétition de la préposition *de;* ainsi ne dites pas : *Il me chargea* DE *leur dire* DE *sa part* DE SONGER DE *bonne heure à se procurer ce qu'il fallait;* dites : *Il me chargea de leur dire de sa part* QU'ILS SONGEASSENT *de bonne heure à se procurer ce qu'il fallait.*

155. L'infinitif doit encore être remplacé par un autre mode lorsqu'il y a 3 infinitifs qui se suivent, et à plus forte raison quand il y en a 4; ainsi ne dites pas : *Il ne faut pas* CROIRE POUVOIR *le* FAIRE SORTIR; dites : *Il ne faut pas croire* QU'ON PUISSE *le faire sortir.*

156. L'infinitif peut être régime d'un autre verbe, 1° sans préposition; 2° ou précédé de la préposition *à ;* 3° ou précédé de la préposition *de ;* 4° ou précédé de la préposition *à* ou *de* indifféremment. Voici un exemple sur chacun de ces cas :

Je compte *venir.*
J'aime à *venir.*
Je crains *de venir.*
Je le forcerai à *venir* ou *de venir.*

C'est le verbe placé avant l'infinitif, qui exige telle ou telle préposition, ou qui la rejette.

Les Grammairiens donnent ordinairement des *listes* de ces 4 sortes de verbes, et quoique ces listes soient en général fort incomplètes, quelle mémoire pourrait se flatter de retenir tous les verbes qu'elles contiennent? La Grammaire de Girault-Duvivier y consacre 15 pages à 2 colonnes, format in-8°. avec 67 notes!.... Il faut donc laisser à *l'usage* et surtout à la *lecture des bons auteurs* le soin de nous les apprendre. D'ailleurs un Dictionnaire un peu étendu lèvera tous les doutes à cet égard.

Chapitre XVIII. — Observations sur quelques Verbes.

157. *Aider quelqu'un,* c'est l'assister : AIDEZ CETTE PERSONNE *de votre bourse,* AIDEZ-LA *de vos conseils, de votre crédit.* — *Aider à quelqu'un,* c'est l'assister en partageant ses efforts, sa fatigue, son embarras : AIDEZ A CET HOMME *à porter ce fardeau,* AIDEZ-LUI *à se relever.*

Nota. Il ne faut pas oublier que les pronoms *le, la, les* forment des régimes directs; et *lui, leur,* des régimes indirects.

158. *Agir.* — Ne dites pas : *Il* A *s'agi de faire cela;* dites : *Il* S'EST *agi de faire cela.*

159. *Aller.* — Ne dites pas : *Je* FUS *le voir;* dites : J'ALLAI *le voir.*

IL A ÉTÉ *le voir* signifie qu'il est de retour; — IL EST ALLÉ *le voir* signifie qu'il y est encore.

Ne dites pas : *Je me suis* EN *allé;* dites : *Je m'*EN *suis allé.*

160. *Assurer quelqu'un*, c'est rendre témoignage à quelqu'un de quelque chose : ASSUREZ VOTRE FRÈRE *de mon amitié*. — *Assurer à quelqu'un*, c'est affirmer quelque chose à quelqu'un : *Assurez à votre frère que je m'occupe de lui.*

161. *Atteindre à quelque chose*, suppose des difficultés à vaincre, des efforts à faire : ATTEINDRE A *la perfection*, ATTEINDRE AU *but*. — *Atteindre quelque chose* ne suppose pas de difficulté : ATTEINDRE *l'âge de raison.*

162. *Changer.* — Ne dites pas : *Vous êtes tout trempé*, CHANGEZ-VOUS, *allez* VOUS CHANGER ; dites : *Changez de vêtements, allez changer de linge.*

163. *Éclairer.* — Ne dites pas : *Éclairez à monsieur*, (pour signifier lui faire voir clair sur son passage à l'aide d'une lumière) ; dites : *Éclairez monsieur.* (Académie.)

164. *Emprunter* prend indifféremment *à* ou *de* : EMPRUNTER *de quelqu'un* ou A *quelqu'un*. (Académie.) — Cependant *emprunter* signifiant recevoir de, tenir de, ne prend que la préposition *de* : *La lune* EMPRUNTE *sa lumière* DU *soleil* (c'est-à-dire reçoit sa lumière). *Les magistrats* EMPRUNTENT *leur autorité* DE LA *justice* (c'est-à-dire tiennent leur autorité). (Académie.)

165. *Envier.* — On *envie* les choses, et l'on *porte envie* aux personnes : J'ENVIE *son sort. Je ne* PORTE ENVIE *à personne.*

166. *Espérer, promettre.* — Ces 2 verbes présentant à l'esprit l'idée d'un temps futur, ne doivent pas être suivis d'un verbe à un temps passé ou présent; ainsi ne dites pas : J'ESPÈRE *que vous* AVEZ FAIT *tous vos devoirs ;* dites : *je* PENSE *que vous avez fait tous vos devoirs;* ni : *Je vous* PROMETS *que je m'amuse bien ;* dites : *Je vous* ASSURE *que je m'amuse bien.*

167. *Éviter.* — Ne dites pas : *Je veux* VOUS ÉVITER *cette peine ;* dites : *Je veux* VOUS ÉPARGNER *cette peine.* Ne dites pas non plus : *Je voudrais* M'ÉVITER *des reproches, des chagrins, une course, une démarche*, etc.; dites : *Je voudrais* M'ÉPARGNER *des reproches, des chagrins*, etc.

168. *Faillir.* — On dit également bien : *J'ai* FAILLI A *tomber*, ou *j'ai* FAILLI DE *tomber*, ou enfin *j'ai* FAILLI *tomber*. (Académie.) C'est le goût qui en décide.

169. *Fixer.* — Ne dites pas dans le sens de *regarder* : *J'ai* FIXÉ *cette personne;* dites : *J'ai* REGARDÉ FIXEMENT *cette personne*, ou simplement : *J'ai* REGARDÉ *cette personne.*

170. *Fleurir.* — Au figuré, ce verbe fait *florissait* à l'imparfait de l'indicatif, et *florissant* au participe présent :

Les arts FLORISSAIENT *à cette époque. Un pays* FLORISSANT *par l'industrie et le commerce.*

Nota. Florissant est aussi un adjectif qualificatif, (dans ce cas il ne fait jamais *fleurissant*) : *un pays* FLORISSANT, *une nation* FLORISSANTE.

171. *Imaginer* signifie créer, inventer : IL A IMAGINÉ *tout ce que vous voyez là.* — *S'imaginer* signifie croire, se persuader : IL S'IMAGINE *que tout le monde l'admire.*

172. *Imiter l'exemple.* — Ne dites pas : IL IMITE L'EXEMPLE *de ses parents;* dites : IL SUIT L'EXEMPLE *de ses parents.* — Mais on dit : *Imiter un exemple d'écriture.*

173. *Imposer.* — *En imposer* se prend en mauvaise part, et signifie tromper : *Ne le croyez pas, il* EN IMPOSE. — *Imposer* signifie inspirer du respect, de la crainte : *C'est un homme dont la présence* IMPOSE.

174. *Insulter quelqu'un,* c'est le maltraiter en actions ou en paroles : *Vous avez* INSULTÉ CET HOMME. — *Insulter à,* c'est manquer à ce qu'on doit aux personnes ou aux choses : *Vous avez* INSULTÉ A *ce malheureux. Vous* INSULTEZ A *la raison,* AU *bon sens,* AU *bon goût.* (Académie.)

175. *Joindre.* — On dit également bien *joindre à* et *joindre avec;* c'est une affaire de goût : JOINDRE *la prudence* A *la valeur,* ou AVEC *la valeur.* — Cependant *joindre* prend la préposition *à* quand il signifie ajouter : *Il a* JOINT *sa maison* A *la mienne.*

176. *Mêler avec* se dit de ce que l'on confond ensemble : MÊLER *de l'eau* AVEC *du vin.* — *Mêler à* signifie joindre une chose à une autre : *Il* MÊLE *les affaires* AUX *plaisirs.* — *Mêler dans* signifie inculper, comprendre dans : MÊLER *quelqu'un* DANS *une accusation. Ne me* MÊLEZ *point* DANS *vos discours,* DANS *vos caquets.* (Académie.)

177. *Observer.* — Ne dites pas : *Je* VOUS OBSERVE *que la question est mal posée;* dites : *Je vous* FAIS OBSERVER *que la question est mal posée.* — Cependant on peut très-bien dire : *Un membre* OBSERVA QUE *la question était mal posée,* parce que le verbe *observer* n'a pas de régime indirect.

Nota. Le motif de cette règle est que le verbe *observer* signifie *remarquer;* or, comme on ne dit pas : *remarquer à quelqu'un,* on ne peut pas dire non plus : *observer à quelqu'un.*

178. *Pardonner.* — Ce verbe veut un régime direct de chose, et un régime indirect de personne : *On pardonne quelque chose,* et *l'on pardonne à quelqu'un.* C'est donc une faute de dire : *Je pardonne votre frère, je le pardonne;* dites : *je pardonne* A *votre frère, je* LUI *pardonne.*

179. *Participer à*, c'est prendre part à : *Je veux que vous* PARTICIPIEZ A *la fête.* — *Participer de,* c'est tenir de la nature de : *Le caractère de cet enfant* PARTICIPE DE *celui de son père.*

180. *Plaire.* — *Ce qui plait* signifie *ce qui est agréable* : *Il ne lit que* CE QUI *lui* PLAÎT. — *Ce qu'il plait* signifie ce que l'on veut : *Il ne fait que* CE QU'IL *lui* PLAÎT.

181. *Plier* signifie mettre en un ou plusieurs doubles, et avec quelque arrangement : PLIER *du papier,* PLIER *du linge,* PLIER *sa serviette.* — *Ployer* signifie faire fléchir, courber : PLOYER *une branche d'arbre.*

Au figuré, on emploie indifféremment *plier* et *ployer* : *Ce jeune homme ne veut pas* PLIER ; ou : *Ce jeune homme ne veut pas* PLOYER.

182. *Prendre.* — Ne dites pas : *L'idée lui* A PRIS *de faire cela* ; dites : *L'idée lui* EST VENUE *de faire cela.*

183. *Promener.* — Ne dites pas : *Je vais promener ;* dites : *Je vais* ME PROMENER.

184. *Rappeler.* — Ne dites pas : *Je me rappelle* DE CELA ; ni : *Je m'*EN *rappelle ;* dites : *Je me rappelle* CELA, *je me* LE *rappelle.* (Le verbe *rappeler* étant *actif*, veut un régime direct : *en* serait un régime indirect.) — Cependant avec un infinitif on peut employer la préposition *de* : *Je me rappelle* D'*avoir dit cela.*

185. *Remplir.* — Ne dites pas : *Il a* REMPLI *son but ;* dites : *Il a* ATTEINT *son but.*

186. *Renommé par* se dit quand la cause du renom est constante, et ne dépend ni de la vogue ni du caprice : *Bagnères et Baréges sont des lieux* RENOMMÉS PAR *leurs eaux minérales.* — *Renommé pour* se dit quand le renom ne tient qu'à quelques considérations particulières de goût et de fantaisie : *Verdun est* RENOMMÉ POUR *les bonbons, et Reims* POUR *le pain d'épices.*

187. *Rester.* — Ne dites pas : *Où* RESTEZ-*vous?* dites : *Où* DEMEUREZ-*vous?*

188. *Retrancher de* signifie diminuer, ôter quelque chose d'un tout : *On a retranché un passage* DE *ce livre* (et non pas : A *ce livre*). — *Retrancher à* signifie priver de quelque chose, en imposer la privation : *On* A *retranché le vin* A *ce prisonnier.*

189. *Réunir.* — Ce verbe prend la préposition *à* : *Le Portugal a été autrefois* RÉUNI A *l'Espagne.* — Cependant *réunir* signifiant *posséder en même temps*, ne veut aucune préposition, mais bien la conjonction *et* : *Il* RÉUNIT *les talents et la fortune.* (Académie.)

190. *Saigner.* — Ne dites pas : *Je saigne* AU *nez ;* dites : *Je saigne* DU *nez,* (dans quelque sens que ce soit).

191. *Servir à rien* signifie une nullité momentanée de service : *Voilà des livres qui ne me* SERVENT A RIEN *pour le moment.* — *Servir de rien* signifie une nullité absolue de service : *Voilà des livres qui ne me* SERVIRONT *jamais* DE RIEN.

192. *Sortir, tirer.* — On dit également bien : *On l'a* SORTI *d'une affaire fâcheuse*, ou : *on l'a* TIRÉ *d'une affaire fâcheuse*. SORTEZ *ce cheval de l'écurie*, ou : TIREZ *ce cheval de l'écurie. Il a* SORTI *de l'argent de sa bourse*, ou : *il a* TIRÉ *de l'argent de sa bourse*, etc. (Académie.)

193. *Sucrer.* — Ne dites pas : *Vous avez du café*, SU-CREZ-VOUS ; dites : *Prenez du sucre.*

194. *Suppléer une chose*, c'est ajouter ce qui manque, fournir ce qu'il faut de surplus et de *même nature*, pour que cette chose soit complète : *Il manque dix francs pour compléter la somme, je* LES *suppléerai.* — *Suppléer à une chose* signifie en tenir lieu, en fournir l'équivalent, mais d'une *nature différente* : *Souvent l'adresse supplée* A *la force.*

On dit cependant *suppléer quelqu'un*, (et jamais *suppléer à quelqu'un*) : *Si mon père ne vient pas, je* LE *suppléerai.*

195. *Unir.* — On dit également bien : *Unir à* et *unir avec* : UNIR *un mot* A *un autre*, ou : UNIR *un mot* AVEC *un autre.* (Académie.) — Cependant on dit plus souvent *unir à* : *Unissez-vous* A *nous. Il unit la modestie* AU *mérite.*

196. *Voir.* — Ne dites pas : *J'ai la vue si mauvaise que je n'*Y VOIS *goutte*; dites : *que je ne* VOIS *goutte.* — Pour employer *y*, il faudrait qu'il y eût un substantif auquel se rapporterait le mot *y* : *Il fait si obscur dans cette chambre que je n'*Y VOIS *goutte*, (c'est-à-dire *que je ne* VOIS *goutte* DANS CETTE CHAMBRE).

CHAPITRE XIX. — DE LA PRÉPOSITION.

197. *C'est à vous* A éveille une idée de tour : *Je viens de jouer, c'est à vous* A *jouer.*

C'est à vous DE exprime une idée de droit, de devoir : *C'est à vous* DE *jouer le premier.*

198. Ne dites pas : *Il n'y avait que cinq* A *six personnes*; dites : *Cinq* OU *six personnes.* — Mais on dirait bien : *Il viendra de cinq* A *six heures*, (parce que l'heure peut se diviser).

199. Ne dites pas : *J'ai acheté cela bon marché*; dites : A *bon marché.*

200. Ne dites pas : *La clef est* APRÈS *la porté*, *il y a de la boue* APRÈS *mes bas*, *mettez les chevaux* APRÈS *la voiture*; dites : *La clef est* A *la porte*, *il y a de la boue* A *mes bas*, *mettez les chevaux* A *la voiture*.

201. *Au travers* veut *de* : AU TRAVERS DES *champs.* — *A travers* ne veut pas la prép. *de* : A TRAVERS *les champs.*

202. Ne dites pas : *J'ai déjeuné* AVEC *du café*; ni : *J'ai déjeuné* DE *café*; dites : *J'ai pris du café à mon déjeuner.*

203. On dit également bien : *Lequel fut plus éloquent, Démosthènes ou Cicéron?* ou : *Lequel fut plus éloquent,* DE *Démosthènes ou* DE *Cicéron?* (avec la préposition *de*).

204. *Durant* exprime une durée continue : *Les troupes se sont cantonnées* DURANT *l'hiver*, (c'est-à-dire elles sont restées cantonnées tant que l'hiver a duré). — *Pendant* marque un moment, une époque, à part la durée : *Les troupes se sont cantonnées* PENDANT *l'hiver*, (c'est-à-dire elles ont fait choix de l'hiver pour se cantonner; l'esprit dans cet exemple ne se porte pas sur la durée).

205. Ne dites pas : EN *outre* DE *cela*; dites : *Outre cela.*

206. *Entre* s'emploie presque toujours avec deux substantifs ou deux pronoms : ENTRE *le frère et la sœur*, ENTRE *lui et moi.*

Parmi ne s'emploie qu'avec un pluriel indéterminé ou avec un substantif collectif : PARMI *les hommes*, PARMI *le peuple.*

Cependant on dit : *Il fut trouvé* ENTRE *les morts.* ENTRE *nous.* — PARMI *le bon grain.*

207. On dit également bien : *Jusqu'aujourd'hui* ou *jusqu'à aujourd'hui.*

On dit aussi *jusqu'à* et *jusques à* : JUSQU'à *demain.* JUSQUES à *quand.*

208. *Par terre* se dit de ce qui touche à la terre : *Cet arbre est tombé* PAR TERRE. — *A terre* se dit de ce qui ne touche pas à la terre : *Les fruits sont tombés* A TERRE.

209. *Près de* exprime une idée de proximité : *Il demeure* PRÈS DE *la Bourse.* — *Auprès de* éveille une idée d'assiduité, de sentiment, de faveur : *Cet enfant n'est heureux qu'*AUPRÈS DE *sa mère. On l'a placé* AUPRÈS DU *ministre.*

210. Ne dites pas : *J'ai lu cela* SUR *un journal*; dites : DANS *un journal.*

211. Ne dites pas : *Il s'est mal conduit* VIS-A-VIS DE *moi*; dites : ENVERS *moi*, ou A MON ÉGARD.

212. *Vis-à-vis, près, hors*, doivent être suivis de la préposition *de* : VIS-A-VIS DE *mes fenêtres*, PRÈS DE *l'église*, HORS DE *la ville.* — Cependant dans la conversation et dans le style familier, on peut supprimer la préposition *de* : VIS-A-VIS *mes fenêtres*, PRÈS *l'église*, HORS *la ville.*

213. *Voici* indique ce qui suit : VOICI *ce que vous devez faire : copier cette lettre et la porter à la poste.* — *Voilà* indique ce qui précède : *Lire et méditer,* VOILÀ *ce que je vous conseille.*

214. Les prépositions *à*, *de*, *en*, se répètent toujours avant chaque régime : *Je vais* A *Rouen,* A *Paris, et* A *Lyon,* (et non : *Je vais à Rouen, Paris, et Lyon*). *Je tâcherai* DE *mériter et* D'*obtenir votre confiance. Il a voyagé* EN *Asie,* EN *Afrique, et* EN *Amérique.*

215. Les autres prépositions ne se répètent que lorsque les substantifs n'ont aucune ressemblance de signification : DANS *la ville et* DANS *la campagne. Il est* SOUS *mes yeux et* SOUS *ma main.* — Mais lorsque les substantifs sont à-peu-près synonymes, la préposition ne se répète pas : *Dans l'oisiveté et l'indolence. Il est sous la garde et la protection des lois.*

Nota. En général, c'est le goût et l'oreille qui décident si les prépositions doivent être répétées ou sous-entendues.

216. Quand on dit : *Voici la Fable du meunier, son fils, et l'âne*, on ne répète pas la préposition *de* devant chaque substantif, parce que c'est *le titre* de la Fable, auquel il ne faut rien ajouter; c'est comme un texte qu'on doit respecter. Ce serait donc une faute de dire : *la Fable du meunier,* DE *son fils, et* DE *l'âne.* — Il en est de même du titre d'un ouvrage : *le roman de Paul et Virginie,* (et non : *le roman de Paul et* DE *Virginie*).

CHAPITRE XX. — DE L'ADVERBE.

217. Les mots *dessus, dessous* ; — *dedans, dehors* ; — *auparavant*, étant des adverbes, ne doivent pas avoir de régime; ainsi ne dites pas : DESSUS *la table,* DEDANS *la chambre, j'arriverai* AUPARAVANT *vous*; dites : SUR *la table,* DANS la *chambre, j'arriverai* AVANT *vous.*

Excepté : 1° quand ces mots sont employés en opposition : *les ennemis sont* DEDANS *et* DEHORS *la ville.* — 2° lorsqu'ils sont précédés d'une préposition : PAR DESSUS *les murs. On a tiré cela* DE DESSOUS la table. (Académie.)

218. Ne dites pas : AUSSITÔT *mon arrivée*; dites : AUSSITÔT APRÈS *mon arrivée.*

219. *Alentour, auparavant, davantage*, ne peuvent être suivis ni du mot *de*, ni du mot *que*; ainsi ne dites pas : *Ils étaient* ALENTOUR DE *lui*; dites : AUTOUR DE *lui*; ni : AUPARAVANT QU'*il arrive*; dites : AVANT QU'*il arrive*;

ni : *Il a* DAVANTAGE DE *plaisir ;* dites : *Il a* PLUS DE *plaisir ;* ni : *Il en a* DAVANTAGE QUE *vous ;* dites : *Il en a* PLUS QUE *vous,* etc.

220. L'adverbe *davantage* ne doit pas s'employer pour *le plus ;* ne dites pas : *De tous les arts, la Musique est celui que j'aime* DAVANTAGE ; dites : *Que j'aime* LE PLUS.

221. *Aussi* signifiant *pareillement* s'emploie dans les phrases affirmatives : *Je viendrai* AUSSI. *Et moi* AUSSI. — *Non plus* s'emploie dans les phrases négatives : *Je ne viendrai pas* NON PLUS. *Ni moi* NON PLUS.

222. On se sert des adverbes *aussi, autant,* pour exprimer la comparaison : *César était* AUSSI *éloquent que brave, on l'admirait* AUTANT *qu'on le craignait.* — On se sert des adverbes *si, tant,* pour marquer l'extension : *Je ne le croyais pas* SI *faible, ni* TANT *fatigué ;* (ce serait une faute de dire : *Je ne le croyais pas* AUSSI *faible, ni* AUTANT *fatigué).*

Nota. Avec une négation *si* et *tant* peuvent s'employer pour *aussi, autant : Il n'est pas* SI *habile que vous. Rien ne m'a* TANT *contrarié que cette nouvelle.*

223. Les adverbes *si, aussi,* se joignent aux adjectifs et aux adverbes. — *Tant* et *autant* se joignent aux substantifs et aux participes.

C'est donc une faute de joindre *aussi* à un participe ; ainsi ne dites pas : *Il est* AUSSI ESTIMÉ *que chéri ;* dites : *Il est* AUTANT ESTIMÉ *que chéri.*

224. L'adverbe *si* ne doit pas modifier des locutions adverbiales ; ainsi ne dites pas : *Il était* SI *en peine,* SI *à son aise ;* dites : *Il était* SI FORT *en peine,* SI BIEN *à son aise.*

225. Ne confondez pas *de suite* avec *tout de suite. De suite* signifie *successivement, sans interruption : Il a travaillé deux heures* DE SUITE. — *Tout de suite* signifie *sur-le-champ : Sortez* TOUT DE SUITE.

226. *Tout-à-coup* et *tout d'un coup* offrent les différences suivantes : *Tout-à-coup* signifie *soudainement : Il se présenta à moi* TOUT-A-COUP. — *Tout d'un coup* signifie *tout en une fois : Il fit sa fortune* TOUT D'UN COUP.

227. L'adverbe *très* ne doit pas s'ajouter aux substantifs ; ainsi ne dites pas : *J'ai* TRÈS-*faim,* TRÈS-*soif,* TRÈS-*peur ;* dites : *J'ai* BIEN *faim, j'ai* EXTRÊMENENT *soif, j'ai* GRAND' *peur.*

228. On peut employer également bien l'adverbe *où* et la conjonction *que,* après un substantif qui exprime le temps : *au moment où il entra,* ou : *au moment* QU'IL *entra.*

229. Voici des adverbes employés d'une manière vicieuse :

NE DITES PAS :	DITES :
Venez à bonne heure	Venez *de* bonne heure.
Venez *plus de bonne* heure.	Venez *de meilleure* heure.
Comme *de juste*.	Comme *de raison*.
Du jour *au lendemain*.	D'*un jour à l'autre*.
Ce livre *ici*.	Ce livre-*ci*.
Une fois pour *tout*.	Une fois pour *toutes*.
Il *pourra peut-être* réussir.	Il réussira *peut-être*.
Je *préfère plutôt* rester.	Je *préfère* rester.
Et puis ensuite il partit.	*Et puis* il partit, ou *ensuite* il partit.
Il n'a *seulement* qu'à parler.	Il n'a qu'à parler.
Pour ne pas que je fasse cela.	*Pour que je ne* fasse *pas* cela.
Dépêchez-vous *vite*.	*Dépêchez-vous*.
Un *petit* peu.	Un *peu*.
Il recula *en arrière*.	Il *recula*.
J'irai *tout de même*.	J'irai *de même*, ou *aussi*.
Plus qu'à moitié faite.	*Plus d*'à moitié faite.

EMPLOI DES NÉGATIONS.

230. Les conjonctions *à moins que*, *de peur que*, *de crainte que*, exigent toujours après elles la négation *ne* : A MOINS QUE *vous* NE *veniez*, DE PEUR QUE *vous* NE *vous trompiez*, DE CRAINTE QU'*on* NE *vous parle*.

231. On emploie aussi la négation après *autre*, *autrement* formant un comparatif, — après *plus*, *mieux*, *moins* formant aussi un comparatif, — après le verbe *craindre* (et ses synonymes *avoir peur*, *trembler*, *appréhender*), — et après le verbe *empêcher* : *Il est tout* AUTRE *qu'il* NE *le paraît*; *vous parlez* AUTREMENT *que vous* NE *pensez*; *Il est* PLUS *instruit que vous* NE *le croyez*; *je* CRAINS *qu'il* NE *se trompe*; *j'*EMPÊCHERAI *qu'il* NE *vienne*.

232. *Exception à la règle précédente.* On supprime *ne*, quand le verbe précédent est accompagné d'une négation : *Il* N'EST PAS *tout autre qu'il le paraît*. *Vous* NE PARLEZ PAS *autrement que vous pensez*. *Il* N'EST PAS *plus instruit que vous le croyez*. *Je* NE CRAINS PAS *qu'il se trompe*. *Je* N'EM-PÊCHERAI PAS *qu'il vienne*.

Cependant, pour le verbe *empêcher* accompagné d'une négation, l'Académie permet d'employer ou de supprimer *ne* : *Je* N'EMPÊCHE PAS *qu'il* NE *fasse cela*, ou : *Je* N'EMPÊ-CHE PAS *qu'il fasse cela*.

233. On emploie la négation *ne* après les verbes *nier*, *disconvenir*, *désespérer*, *douter*, lorsque ces verbes sont eux-mêmes accompagnés d'une négation : *Je* NE NIE PAS *que cela* NE *soit*, etc.; — mais si ces verbes sont employés affirmativement, on supprime la négation *ne* : JE NIE *que cela soit*, etc.

234. Le pronom indéfini *rien* signifiant *nulle chose* exige la négation : *Je* NE *demande* RIEN. RIEN NE *l'a retenu.* — *Rien* signifiant *quelque chose* s'emploie sans négation : *Y a-t-il* RIEN *de plus beau que cela ?*

Nota. Quoique le mot *rien* signifie *nulle chose*, l'usage permet de supprimer la négation avec le verbe *compter* : *Il* COMPTE *pour* RIEN *les services qu'on lui rend.* — (Cependant il est mieux de dire avec la négation : *Il* NE *compte pour* RIEN *les services qu'on lui rend.*)

235. Les conjonctions *avant que*, *sans que*, et le verbe *défendre*, ne doivent jamais être suivis de la négation *ne* : AVANT QUE *vous veniez*. SANS QUE *je vous le dise.* J'AI DÉFENDU *que vous vinssiez;* (et non pas : AVANT QUE *vous* NE *veniez*, SANS QUE *je* NE *vous le dise*, J'AI DÉFENDU *que vous* NE *vinssiez*).

236. On ne doit pas employer *pas* ni *point*, quand il y a dans la phrase une expression dont le sens est négatif, comme *jamais*, *nul*, *nullement*, *personne*, *aucun*, *rien*, *ni* (répété), *ne..... que* (signifiant *seulement*); ainsi ne dites pas : *Il ne faut* PAS JAMAIS *mal parler des absents*; dites : *Il ne faut jamais mal parler des absents.* Ne dites pas non plus : *Il ne passe* PAS AUCUN *jour sans venir me voir;* dites : *Il ne passe aucun jour*, etc.; ni : *Il ne sait* PAS RIEN *faire*; dites : *Il ne sait rien faire*, etc., etc.

237. Ne dites pas : *Ces animaux sont peu ou point venimeux;* dites : *ces animaux sont peu venimeux ou ne le sont point*, (parce que *pas* et *point* doivent toujours être précédés de *ne.*)

CHAPITRE XXI. — DE LA CONJONCTION.

238. On emploie *et* dans les phrases affirmatives : *Les hommes sèment* ET *moissonnent;* et *ni* dans les phrases négatives : *Les oiseaux ne sèment* NI *ne moissonnent.* — Ainsi ne dites pas : *Il ne veut pas que j'aille vous voir*, ET *que je vous écrive;* dites : *Il ne veut pas que j'aille vous voir*, NI *que je vous écrive.*

239. *Nota.* Il est mieux de supprimer *pas* de la proposition précédente, et de répéter la conjonction *ni*. Ainsi au lieu de dire : *Je n'aime* PAS *les ignorants ni les pédants;* dites : *Je n'aime* NI *les ignorants* NI *les pédants.*

240. Quoique la préposition *sans* ait une signification négative, on la fait précéder de *et* quand elle se répète :

Sans esprit ET *sans talent.* — Mais quand la préposition *sans* n'est pas répétée, on emploie *ni : Sans esprit* NI *talent.*

241. On peut dire : *soit l'un ou l'autre;* ou bien : *soit l'un, soit l'autre;* mais on ne peut pas dire : *soit l'un ou soit l'autre,* (parce qu'il y aurait un pléonasme).

242. Lorsque *plus, mieux, moins, autant,* sont placés au commencement de deux membres de phrase, il ne faut pas unir ces deux membres de phrase par la conjonction *et;* ainsi ne dites pas : PLUS *je bois* ET *plus j'ai soif;* dites : *Plus je bois, plus j'ai soif;* ni : *Plus je lis cet auteur* ET *moins je le comprends;* dites : *Plus je lis cet auteur, moins je le comprends.*

243. A *cause que, malgré que, durant que,* ne se disent plus; on remplace *à cause que* par *parce que, malgré que* par *quoique,* et *durant que* par *pendant que;* ne dites donc pas : *Je n'ai pu venir,* A CAUSE QUE *j'ai été malade;* dites : PARCE QUE *j'ai été malade;* ni : *Il est très-instruit,* MALGRÉ QU'*il soit fort jeune;* dites : QUOIQU'*il soit fort jeune;* ni : DURANT QUE *cela se passait;* dites : PENDANT QUE *cela se passait.*

244. On emploie mal-à-propos *comme* au lieu de *que,* pour unir les deux termes d'une comparaison; ainsi ne dites pas : *J'arriverai aussitôt* COMME *vous;* dites : *J'arriverai aussitôt* QUE *vous.* — Ne dites pas non plus : *Il est aussi instruit* COMME *modeste;* dites : *Il est aussi instruit* QUE *modeste.*

245. Quand deux substantifs ou deux verbes sont synonymes, ou quand ils sont placés par gradation, ils ne doivent être unis par aucune conjonction; ainsi ne dites pas : *L'attachement* ET *l'amitié d'un grand homme est un bienfait des Dieux;* dites : *L'attachement, l'amitié d'un grand homme est un bienfait des Dieux;* ne dites pas non plus : *Cet ouvrage ravit* ET *transporte;* dites : *Cet ouvrage ravit, transporte.*

CHAPITRE XXII. — DES PARONYMES.

246. Un *Paronyme* est un mot qui ressemble à un autre mot, comme *provenir* et *prévenir, prescription* et *proscription, abjurer* et *adjurer, allocation* et *allocution,* etc., etc.

247. Il y a beaucoup de Paronymes dans la langue française. (*) Il ne sera question ici que de ceux sur lesquels

---

(*) Voyez le *Dictionnaire des Paronymes,* qui se trouve à la fin du Dictionnaire universel de la Langue Française, par Boiste (6° édition, in-4°, 1825).

on se trompe quelquefois ; ces paronymes seront présentés dans des *exemples* toujours plus faciles à retenir que les meilleures explications.

248. PARONYMES.

1. *Abjurer, adjurer.* — Il *abjure* son erreur. Il *abjure* sa religion (c.-à-d. il renonce à....) — Je t'*adjure* de dire la vérité (c.-à-d. je te conjure de...)

2 *Alléger, allégir.* — *Alléger* quelqu'un de son fardeau. *Alléger* un bateau. *Alléger* la charge d'un cheval. *Alléger* les contribuables. Ma douleur s'est un peu *allégée.* — *Allégir* une poutre. *Allégir* une planche (c.-à-d. diminuer en tous sens le volume, l'épaisseur d'un corps. Terme d'arts et métiers).

3. *Allocation, allocution.* — Il n'a pu obtenir l'*allocation* de la somme qu'il demandait. — Le Général prononça une *allocution* à ses soldats.

4. *Armistice, amnistie.* — On conclut un *armistice* (c.-à-d. une suspension d'armes). — Le roi accorda une *amnistie* générale (c -à-d. un pardon général).

5. *Centaure, Stentor.* — Un *centaure* est un être fabuleux, moitié homme et moitié cheval. — Il a une voix de *Stentor;* (nom d'un guerrier qui était au siège de Troie, et qui avait, dit-on, une voix si éclatante qu'elle faisait seule autant de bruit que celle de cinquante hommes criant tous ensemble. (Académie.)

6. *Charroyer, charrier.* - On a *charroyé* (ou *charrié*) toutes ces pierres. — Il a toujours *charrié* droit (c.-à-d. il s'est toujours bien conduit). Les rivières *charrient* du sable. Cette rivière sera bientôt prise, car elle *charrie* (c.-à-d. elle entraine des glaçons).

7. *Coasser, croasser.* — Les grenouilles et les crapauds *coassent* — Les corbeaux *croassent.*

8. *Collusion, collision.* — Il y a eu *collusion* entre eux (c.-à-d. intelligence secrète.) — La *collision* du caillou et de l'acier produit des étincelles (c.-à-d. le choc du caillou).

9. *Colorer, colorier.* — Un teint *coloré.* Du vin *coloré.* — Des estampes *coloriées,* des images *coloriées.* Ce peintre *colorie* mieux qu'il ne dessine.

10. *Consommer, consumer.* — *Consommer* des denrées, du sucre, du café, etc. *Consommer* un ouvrage (c.-à-d. l'achever). *Consommer* un crime. Être *consommé* dans un art. — Le feu *consuma* cet édifice. La rouille *consume* le fer. Cette maladie le *consume.* Les chagrins le *consument.* J'ai *consumé* tout mon temps à cet ouvrage. Se *consumer* sur un ouvrage.

11. *Enfumé, fumé.* — Des meubles *enfumés* (c.-à-d. noircis par la fumée). Vous allez nous *enfumer.* — Du jambon *fumé.* Des langues *fumées* (c.-à-d. qu'on a exposées à la fumée pour les sécher et les conserver).

12. *Eminent, imminent.* - Un lieu *éminent* (c.-à-d. élevé). Un homme d'un savoir *éminent*. Un péril *éminent* (c.-à d. un grand péril). — Un péril *imminent* (c.-à-d. un péril inévitable).

13. *Eruption, irruption.* — L'*éruption* d'un volcan. L'*éruption* de la petite vérole. L'*éruption* des dents. — Une *irruption* de Barbares. L'*irruption* des eaux.

14. *Flairer, fleurer.* — *Flairez* cette rose. — Cela *fleure* bon (c.-à-d. cela a une bonne odeur).

15 *Héron, huron.* — Un *héron* est un grand oiseau à long bec et à jambes hautes. — Un *huron* est un sauvage du Canada.

16. *Infecter, infester.* — Cela *infecte*. La peste *infecte* ce pays. Si vous fréquentez cet homme, il vous *infectera* de ses dangereuses maximes. — Les ennemis *infestaient* le pays. Les rats *infestent* cette maison. Les mauvaises herbes *infestent* notre jardin.

17. *Lynx, sphinx.* — Il a des yeux de *lynx* (c.-à-d. il a la vue très-perçante). — Le *sphinx* proposait des énigmes aux passants ; (c'était un monstre fabuleux qui avait le visage d'une femme, le corps d'un lion, et les ailes d'un aigle).

18. *Recouvrer, recouvrir.* — Il a *recouvré* la santé. Elle a *recouvré* la vue. *Recouvrer* l'estime publique. On l'a chargé de *recouvrer* cette somme. — *Recouvrir* un toit, une maison. *Recouvrir* un livre. *Recouvrir* un vase.

19. *Sibylle, sébile.* — Les *sibylles* prédisaient l'avenir. — Une *sébile* de buis (vaisseau de bois, qui est rond et creux).

20. *Vernir, vernisser.* — *Vernir* un tableau. *Vernir* un meuble. — *Vernisser* de la poterie.

CONCLUSION.

Le nombre des Observations qu'on peut faire sur l'*Orthologie* est considérable; il faut donc se borner, et se souvenir que :

« Pour bien écrire, il faut surtout consulter les livres qui sont bien écrits. »   (J.-J. ROUSSEAU.)

« Car il n'y a de Grammairiens par excellence que les grands écrivains. »   (***)

FIN DE LA GRAMMAIRE.

APPENDICE POUR L'ORTHOGRAPHE.

SUBSTANTIFS EMPRUNTÉS
DES LANGUES ÉTRANGÈRES. (*)
(Voyez la 7ᵉ règle d'Orthographe, page 104.)

Un abdomen.	Un bénédicité.	Un confiteor.
Un accessit.	Un boni.	Un contralto.
Un adagio.	Un brava.	Un cosmorama.
Un admittatur.	Un bravissimo.	Un credo
Un agenda.	Un bravo.	Un crescendo.
Un agio.	Un cantabile.	Un criterium.
Un album.	Un caput-mortuum.	Un da-capo.
Un alibi.	Des carbonari.	Un décorum.
Un alinéa.	Un carbonaro.	Un débet.
Un allégro.	Le cérumen.	Un déficit.
Un alleluia.	Le choléra.	Un deleatur.
Un alpha.	Un cicéro.	Un de-profundis.
Un alto.	Un cicérone.	Un desiderata.
Un amen.	Un circonfusa.	Un dictamen.
Un ana.	Un cochléaria.	Un dictum.
Un andanté.	Un coda.	Un dilettante.
Un aparté.	Le colostrum.	Des dilettanti.
Un applicata.	Un committitur.	Un diorama.
Un aria.	Un compendium.	Un dito.
Un auto-da-fé.	Un concerto.	Un dolce.
Un avé.	Un concetti.	Un domino.
Un avé maria.	Des conclusa.	Un duo.
Un benè.	Un conclusum.	Un duplicata.

(*) Les Grammaires disent que les substantifs étrangers fréquemment employés prennent la marque du pluriel; mais ne serait-il pas mieux d'adopter une règle uniforme pour les substantifs étrangers, c.-à-d. de les mettre *tous* au pluriel, ou de n'en mettre *aucun?* — D'ailleurs il n'est pas si facile de savoir quels sont ces substantifs *fréquemment employés :* Les Grammaires et les Dictionnaires sont loin d'être d'accord sur ce point; l'Académie même ne peut servir de guide à cet égard, puisqu'elle écrit avec la marque du pluriel :

Des altos.	*Des factotums.*	*Des opéras.*	*Des trios.*
Des bravos.	*Des factums.*	*Des placets.*	*Des vertigos.*
Des dominos.	*Des folios.*	*Des quolibets.*	*Des zéros.*
Des duos.	*Des numéros.*	*Des récépissés.*	*Etc.*

— Puis sans la marque du pluriel :

Des accessit.	*Des ana.*	*Des avé.*	*Des quiproquo.*
Des alibi.	*Des aparté.*	*Des pater.*	*Des solo.*
Des alinéa.	*Des auto-da-fé.*	*Des quatuor.*	*Etc.*

— Et elle garde le silence sur le pluriel des substantifs suivants :

Abdomen.	*Allégro.*	*Confiteor.*	*Oméga.*
Adagio.	*Alleluia.*	*Credo.*	*Piano.*
Agenda.	*Alpha.*	*Crescendo.*	*Recto.*
Agio.	*Amen.*	*Débet.*	*Verso.*
Album.	*Andanté.*	*Motet.*	*Visa. Etc.*

Un ecce homo.
Un embargo.
Un épitome.
Des errata.
Un erratum.
Un et cœtera.
Un excernenda.
Un excreta.
Un exeat.
Un exequatur.
Un ex-œquo.
Un extra.
Un ex-voto.
Un fa.
Un fac-simile.
Un factotum.
Un factum.
Le fémur.
Un fidéi-commis.
Un folio.
Un forte.
Un forte-piano.
Un fortissimo.
Le forum.
Un frater.
Un gala.
Un genera.
Un géranium.
Un gesta.
Un gramen.
Un grandioso.
Un grazioso.
Le hic
Un idem.
Un illico.
Un imbroglio.
Un impromptu.
Un incognito.
Un in-folio.
Un ingesta.
Un in-octavo.
Un in-quarto.
Un interim.
Un intestat.
Un iota.
Un item.
Un jubé.
Un judicatum solvi.
Un kirie-éléison.
Un la.
Un labarum.

Un lapsus linguæ.
Un largo.
Du laudanum.
Un lavabo.
Des lazaroni.
Un lazarono.
Un lazzi.
Un lento.
Un libéra.
Des libretti.
Un libretto.
Un macaroni.
Un maestro.
Un magister.
Un magnificat.
Un major.
Un maxima.
Un maximum.
Un meâ-culpâ.
Un méconium.
Un médium.
Un mémento.
Un mémorandum.
Un mezzo-termine.
Un mezzo-tinto.
Un mi.
Un minima.
Un minimum.
Du minium.
Un minuetto.
Un miscellanea.
Un motet.
Un muséum.
Le nec plus ultrà.
Un néorama.
Un ne-varietur.
Un nota.
Un nota bené.
Un numéro.
Un obit.
Un occiput.
Un octuor.
Un olim.
Un oméga.
Un opéra.
De l'opium.
Un optimè.
Un oratorio.
Un palladium.
Un palma-christi.
Un panorama.

Un pariséum.
Un pasticcio.
Un pater.
Un peccavi.
Un pensum.
Un percepta.
Un pessimè.
Un pianino.
Un pianissimo.
Un piano.
Un placenta.
Un placet.
Un post-scriptum.
Un postulatum.
Un préciput.
Un prestissimo.
Un presto.
Un primata.
Un prorata.
Un quanquam.
Un quanquan.
Un quartetto.
Un quatuor.
Un quidam.
Un quinque.
Un quinquennium.
Des quintetti.
Un quintetto.
Un quiproquo.
Un quolibet.
Un ré.
Un récépissé.
Un récipè.
Un recto.
Le rectum.
Un référé.
Un referendum.
Un reliquat.
Un réquiem.
Un rescrit.
Un retentum.
Un rinforzando.
Un rondo.
Un salve.
Un satisfecit.
Un septuor.
Un sextuor.
Un si.
Un sinciput.
Un siné quâ non.
Un sol.

Un solo.
Un soprano.
Un specimen.
Un staccato.
Un statu quo.
Un substratum.
Un tacet.
Un te-deum.
Un tenor.
Un terzetto.
Un transeat.

Un transit.
Un tréma.
Un trio.
Un triplicata.
Un tu-autem.
Un tutti.
Un ultimatum.
Un ultrà.
Un ut.
Un vade-mecum.
Un veni-creator.

Un veni-mecum.
Un verso.
Un vertigo.
Un veto.
Un visa.
Un visorium.
Un vivace.
Un vivat.
Un volumen.
Un zelanti.

SUBSTANTIFS PROPRES

EMPLOYÉS COMME TERMES DE COMPARAISON.

(Voyez la 11e règle d'Orthographe, page 105.)

Un Achille (c'est-à-dire un vaillant guerrier).
Un Alexandre (= un conquérant, un vaillant capitaine).
Un Antonin (= un bon roi, un bon prince).
Un Apelle (= un peintre célèbre).
Un Archimède (= un mécanicien, un géomètre célèbre).
Un Aristarque (= un critique judicieux, un commentateur).
Un Aristide (= un sage).
Un Aristippe (= un philosophe en crédit, riche).
Un Auguste (= un roi protecteur des Arts et des Lettres).
Une Babylone (= une riche capitale).
Un Baron (= un bon acteur).
Un Benjamin (= le fils chéri de sa famille).
Un Boileau (= un poète satirique).
Un Bossuet (= un célèbre prédicateur).
Un Bourdaloue (= un célèbre prédicateur).
Un Caligula (= un tyran, un prince cruel).
Un Catinat (= un vaillant homme de guerre).
Un Caton (= un sage).
Un César (= un conquérant, un vaillant capitaine).
Un Cicéron (= un bon orateur).
Un Colbert (= un ministre habile).
Un Condé (= un vaillant homme de guerre).
Un Corneille (= un bon poète tragique).
Un Cotin (= un mauvais écrivain).
Un David (= un grand roi, = ou un grand peintre).
Un Didot (= un habile imprimeur-typographe).
Un Duquesne (= un brave marin).
Un Épictète (= un philosophe).
Une Éponine (= une femme dévouée à son mari).
Un Ésope (= un fabuliste célèbre, = ou un philosophe pauvre).
Un Euclyde (= un grand géomètre).
Un Fénelon (= un digne archevêque).
Un Fléchier (= un célèbre prédicateur).
Un Garat (= un habile chanteur).
Un Gilbert (= un poète satirique).

Un Homère (= un poète épique , = ou un philosophe pauvre).
Un Jean Barth (= un brave marin).
Un Joseph (= un ministre habile , intègre , éclairé).
Un Juvénal (= un poète satirique).
Un La Fontaine (= un bon fabuliste).
Une Lucrèce (= une femme vertueuse).
Un Lycurgue (= un législateur).
Un Mahomet (= un fanatique).
Un Marc-Aurèle (= un bon roi , un bon prince).
Un Martial (= un poète satirique).
Un Massillon (= un célèbre prédicateur).
Un Mécène (= un protecteur des Lettres et des Arts).
Un Michel-Ange (= un peintre célèbre).
Un Milton (= un poète épique).
Un Molière (= un bon poète comique).
Un Mozart (= un habile musicien).
Un Nathan (= un ministre habile , intègre , éclairé).
Un Néron (= un tyran , un prince cruel).
Un Newton (= un grand géomètre).
Un Œdipe (= un homme qui devine les discours énigmatiques).
Un Omar (= un fanatique).
Un Orphée (= un musicien habile).
Un Pelletier (= un mauvais poète).
Une Pénélope (= une femme vertueuse).
Un Pharaon (= un grand roi).
Un Platon (= un philosophe en crédit , riche).
Un Plaute (= un bon poète comique).
Un Pompée (= un conquérant , un vaillant capitaine).
Un Pradon (= un mauvais écrivain).
Un Praxitèle (= un sculpteur habile).
Un Racine (= un bon poète tragique).
Un Raphaël (= un peintre habile).
Un Rhuyter (= un brave marin).
Un Richelieu (= un habile ministre).
Un Rode (= un habile violoniste).
Un Rollin (= un savant instituteur de la jeunesse).
Un Salomon (= un grand roi).
Un Sardanapale (= un voluptueux).
Un Saumaise (= un critique judicieux , un commentateur).
Un Sénèque (= un sage).
Un Socrate (= un sage).
Un Solon (= un législateur).
Un Sully (= un ministre intègre , habile).
Un Tacite (= un célèbre historien).
Un Talma (= un bon acteur).
Un Térence (= un bon poète comique).
Un Thalberg (= un habile pianiste).
Un Thersite (= un homme difforme , un homme méprisable).
Un Turenne (= un vaillant homme de guerre).
Un Vauban (= un habile ingénieur).
Un Virgile (= un bon poète).

Un Voltaire (= un bon poète, un écrivain supérieur).
Une Xantippe (= une femme d'une humeur fâcheuse et incommode).
Un Zoïle (= un critique passionné et jaloux).
Un Zopire (= un ministre dévoué).

SUBSTANTIFS COMPOSÉS
AVEC LEURS DÉCOMPOSITIONS.
(Voyez la 12e règle d'Orthographe, page 105.)

Un à-compte (c'est-à-dire une somme donnée sur un *compte*).
Des à-compte (c'est-à-dire des sommes données sur un *compte*).
Un appui-main (= un *appui* pour la *main*).
Des appuis-main (= des *appuis* pour la *main*).
Un arc-en-ciel (= un *arc* qui est *dans le ciel*).
Des arcs-en-ciel (= des *arcs* qui sont *dans le ciel*).
Un arrière-neveu (= un *neveu* qui est en *arrière*).
Des arrière-neveux (= des *neveux* qui sont en *arrière*).
Une arrière-saison (= une *saison* qui est en *arrière*).
Des arrière-saisons (= des *saisons* qui sont en *arrière*).
Un avant-coureur (= un objet *coureur avant* un autre).
Des avant-coureurs (= des objets *coureurs avant* un autre).
Un bec-figues (= un oiseau dont le *bec* pique les *figues*).
Des bec-figues (= des oiseaux dont le *bec* pique les *figues*).
Une belle-de-nuit (= une fleur qui n'est *belle* que *de nuit*).
Des belles-de-nuit (= des fleurs qui ne sont *belles* que *de nuit*).
Un blanc-seing (= un *seing* ou signature en *blanc*).
Des blanc-seings (= des *seings* ou signatures en *blanc*).
Un bout-rimé (= un *bout* de ligne qui est *rimé*).
Des bouts-rimés (= des *bouts* de ligne qui sont *rimés*).
Un brèche-dents (= un homme qui a une *brèche* dans les *dents*).
Des brèche-dents (= des hommes qui ont une *brèche* dans les *dents*).
Un caille-lait (= une plante qui *caille* le *lait*).
Des caille-lait (= des plantes qui *caillent* le *lait*).
Un casse-tête (= un instrument ou un bruit qui *casse* la *tête*).
Des casse-tête (= des instruments ou des bruits qui *cassent* la *tête*).
Un char-à-bancs (= un *char* qui a des *bancs*).
Des chars-à-bancs (= des *chars* qui ont des *bancs*).
Une chauve-souris (= une *souris* qui est *chauve*, c'est-à-dire qui a des ailes chauves, sans plumes).
Des chauves-souris (= des *souris* qui sont *chauves*).
Un chef-d'œuvre (= un ouvrage qui est le *chef de l'œuvre*).
Des chefs-d'œuvre (= des ouvrages qui sont les *chefs de l'œuvre*).
Un chef-lieu (= un *lieu* qui est le *chef*, c.-à-d. le principal).
Des chefs-lieux (= des *lieux* qui sont les *chefs*, c.-à-d. les principaux).
Un chien-loup (= un *chien* qui ressemble à un *loup*).
Des chiens-loups (= des *chiens* qui ressemblent à des *loups*).
Un chou-fleur (= un *chou* qui ressemble à une *fleur*).
Des choux-fleurs (= des *choux* qui ressemblent à des *fleurs*).
Un coffre-fort (= un *coffre* qui est *fort*).
Des coffres-forts (= des *coffres* qui sont *forts*).

Un contre-coup (= un *coup* dans la partie *contre*, opposée).
Des contre-coups (= des *coups* dans la partie *contre*, opposée).
Un contre-poison (= un remède *contre* le *poison*).
Des contre-poison (= des remèdes *contre* le *poison*).
Une contre-vérité (= un discours qui est *contre* la *vérité*).
Des contre-vérité (= des discours qui sont *contre* la *vérité*).
Un coq à-l'âne (= un discours sans suite où l'on passe du *coq à l'âne*).
Des coq-à-l'âne (= des discours sans suite où l'on passe du *coq à l'âne*).
Un coupe-gorge (= un lieu où l'on *coupe* la *gorge*).
Des coupe-gorge (= des lieux où l'on *coupe* la *gorge*).
Un coupe-jarrets (= un homme qui *coupe* les *jarrets*).
Des coupe-jarrets (= des hommes qui *coupent* les *jarrets*).
Un cure-dents (= un instrument qui *cure* les *dents*).
Des cure-dents (= des instruments qui *curent* les *dents*).
Un essuie-mains (= un linge avec lequel on *s'essuie* les *mains*).
Des essuie-mains (= des linges avec lesquels on *s'essuie* les *mains*).
Un hôtel-Dieu (= un *hôtel* consacré à *Dieu*).
Des hôtels-Dieu (= des *hôtels* consacrés à *Dieu*).
Un oiseau-mouche (= un *oiseau* qui est petit comme une *mouche*).
Des oiseaux-mouches (= des *oiseaux* qui sont petits comme des *mouches*).
Un passe-partout (= une clef avec laquelle on *passe partout*)
Des passe-partout (= des clefs avec lesquelles on *passe partout*).
Un perce-neige (= une fleur qui *perce* la *neige*).
Des perce-neige (= des fleurs qui *percent* la *neige*).
Un pied-à-terre (= un logement où l'on a seulement un *pied à terre*).
Des pied-à-terre (= des logements où l'on a seulement un *pied à terre*).
Un porc-épics (= un *porc* avec des *épics*, ou piquants).
Des porcs-épics (= des *porcs* avec des *épics*, ou piquants).
Un porte-clefs (= un homme qui *porte* les *clefs*).
Des porte-clefs (= des hommes qui *portent* les *clefs*).
Un porte-faix (= un homme qui *porte* des *faix*, ou charges).
Des porte-faix (= des hommes qui *portent* des *faix*, ou charges).
Un porte-mouchettes (= un plateau qui *porte* les *mouchettes*).
Des porte-mouchettes (= des plateaux qui *portent* les *mouchettes*).
Un réveille-matin (= une horloge ou un objet qui *réveille* le *matin*).
Des réveille-matin (= des horloges ou des objets qui *réveillent* le *matin*).
Un terre-plein (= un lieu *plein* de *terre*).
Des terre-pleins (= des lieux *pleins* de *terre*).
Un tête-à-tête (= un entretien où l'on est seul à seul, une *tête avec une autre tête*).
Des tête-à-tête (= des entretiens où l'on est seul à seul, une *tête avec une autre tête*).
Un va-nu-pieds (= un misérable qui *va nu-pieds*).
Des va-nu-pieds (= des misérables qui *vont nu-pieds*).
Un ver-à-soie (= un *ver* qui fait de la *soie*).
Des vers-à-soie. (= des *vers* qui font de la *soie*).

FIN DE L'APPENDICE.

TABLE DES MATIÈRES.

2ᵉ *Partie* : ANALYSE GRAMMATICALE.

1ʳᵉ Partie de l'Analyse : *Classification et Accidents des Mots.*

2ᵉ Partie de l'Analyse : *Rapports des Mots entre eux ou Fonctions des Mots.*

3e *Partie* : ANALYSE LOGIQUE.

4e *Partie* : ORTHOGRAPHE DE PRINCIPES.

5e *Partie* : ORTHOLOGIE.

FIN DE LA TABLE.

OUVRAGES DE M. CLOUZET aîné.

Le Livre des Mères de famille pour la première instruction de leurs Enfants, ou Connaissances diverses pour le 1er et le 2e âge. — In-18.

Division de la Grammaire, ou Plan d'une Grammaire complète de la langue française — Tableau synoptique.

Introduction à l'étude de la Grammaire française, ou Exercices d'Orthographe pour le 1er et le 2e âge, et en général pour tout commençant. — In-18. (11e édition).

Petit Traité d'Orthographe, ou Recueil des Règles d'Orthographe les plus utiles pour les commençants, et dont on trouve l'application dans l'ouvrage précédent. — In-18 (2e édition).

Grammaire des Commençants, divisée en 3 parties : Conjugaison, Analyse grammaticale, et Orthographe de principes ; avec des *Exercices* sur chacune de ces parties. — In-12. (5e édition).

Grammaire française sur un plan entièrement nouveau, divisée en 5 parties : Conjugaison, Analyse grammaticale, Analyse logique, Orthographe de principes, et Orthologie. — In-12. (3e édition).

Programme de Questions sur les 3 premières parties de cette Grammaire. — In-12.

Petite Épreuve offerte à ceux qui croient savoir l'Orthographe. — In-8.

Exercices de Prononciation française, à l'usage des Étrangers, des Enfants, et des personnes qui ont quelque vice de prononciation. — In-18.

Modèle des quatre conjugaisons et des différentes espèces de Verbes de la langue française. — Grand Tableau synoptique.

Mécanisme de la Conjugaison française, et Application de ce Mécanisme a plus de 1600 Verbes considérés, mal-à-propos, par la plupart des Grammairiens, comme difficiles ou irréguliers. — In-12, avec Tableau synoptique.

De l'Analyse grammaticale. — Traité complet en 3 grands Tableaux synoptiques.

Petit Traité-pratique des Participes. — In-32. (4e édition).

Résumé des Principes de la Sténographie. (Système d'Aimé Paris.) 2e édition. (Ouvrage épuisé.)

Pensées morales et Poésies, écrites en caractères sténographiques (d'après le système d'Aimé Paris). — In-12. (Ouvrage épuisé.)

Centiloquium, ou Recueil de 100 Maximes écrites en caractères sténographiques (d'après le système d'Aimé Paris). — In-24.

Mélanges en Prose et en Vers, écrits en caractères sténographiques (d'après le système de Bertin). — In-12.

Jeu de tout un peu. — Jeu amusant et instructif pour tous les âges, dédié à ses Élèves. — In-18. (Ouvrage épuisé.)

Échelle des Peuples, ou Époques de leur origine. — Tableau synoptique.

Questions de Chronologie et d'Histoire de France, avec les Réponses. — In-8.

Cent Dates de l'Histoire de France. — In-8.

Premières Leçons de Géographie ancienne. — In-8.

Tableau de la Numération, pour apprendre à lire et a écrire tous les nombres.

Tableau du Système Métrique, pour apprendre les nouvelles mesures.

Arithmétique des Enfants et de tout commençant. — In-8.

Problèmes sur toutes les parties de l'Arithmétique, suivis de Problèmes donnés aux Examens de l'Hôtel-de-Ville de Bordeaux. — In-8.

Bibliothèque d'une Jeune personne. (Guide des Familles pour le Choix des Livres.) — In-8.

L'Harmonie en Exemples ou Harmonie-pratique des Jeunes pianistes. — Recueil d'Accords, de Modulations, de Progressions ou Marches d'Harmonie, etc., pour servir de préparation a l'étude de cette science. — In-4. (Nouvelle édition.)

Journal d'Éducation. (12 cahiers in-8, par an. — Prix : 10 francs par an, payables 5 francs tous les six mois.) — Ce Journal paraît depuis le 1er Novembre 1849.